WALTER GEBHARD (HRSG.)

SOZIALGESCHICHTLICHE ASPEKTE DES GARTENS
GARDENS IN SOCIAL HISTORY

PETER LANG
Europäischer Verlag der Wissenschaften

Die Deutsche Bibliothek - CIP-Einheitsaufnahme

Sozialgeschichtliche Aspekte des Gartens = Gardens in social
History / Walter Gebhard (Hrsg.). - Frankfurt am Main ; Berlin ;
Bern ; Bruxelles ; New York ; Oxford ; Wien : Lang, 2002
 (Bayreuther Beiträge zur Literaturwissenschaft ; Bd.24)
ISBN 3-631-35921-7

Gedruckt auf alterungsbeständigem,
säurefreiem Papier.

ISSN 4721-2844
ISBN 3-631-35921-7
US-ISBN 0-8204-4392-1
© Peter Lang GmbH
Europäischer Verlag der Wissenschaften
Frankfurt am Main 2002
Alle Rechte vorbehalten.

Das Werk einschließlich aller seiner Teile ist urheberrechtlich
geschützt. Jede Verwertung außerhalb der engen Grenzen des
Urheberrechtsgesetzes ist ohne Zustimmung des Verlages
unzulässig und strafbar. Das gilt insbesondere für
Vervielfältigungen, Übersetzungen, Mikroverfilmungen und die
Einspeicherung und Verarbeitung in elektronischen Systemen.

Printed in Germany 1 2 4 5 6 7
www.peterlang.de

Sozialgeschichtliche Aspekte des Gartens
Gardens in Social History

BAYREUTHER BEITRÄGE ZUR LITERATURWISSENSCHAFT

Herausgeber: Walter Gebhard, János Riesz, Richard Taylor

Band 24

PETER LANG
Frankfurt am Main · Berlin · Bern · Bruxelles · New York · Oxford · Wien

INHALTSVERZEICHNIS

Walter Gebhard: Einführung   7

Silvain Guignard
The Main Types of the Classical Japanese Garden - Their Spiritual and Social Background   19

Walter Gebhard
Hortus reclusus. Zur Typologie des religiösen und säkularen Rückzugsgartens in Europa   39

Immacolata Amodeo
Die Gärten der Markgräfin Wilhelmine von Bayreuth   75

Ursula Link-Heer
Die Pappelinsel von Ermenonville. Rousseaus letzte Ruhestätte als 'retour à la nature'   97

Peter Klotz
Gesellschaftsdiskurs und Gartenkonstruktion: Zur Spiegelung des Ordnungswandels in Goethes Roman „Die Wahlverwandtschaften"   113

Noëlle Dauphin
Versailles et ses jardins à l'époque contemporaine   133

Armin Schäfer
Gärten in der Lyrik Stefan Georges   151

János Riesz
„An Island of Civilization Set in a Wilderness of Savagery".
Europäische Gärten im kolonialen Kontext   167

Kazuyasu Hiramatsu
Edward S. Morse's „Japanese Homes and their Surroundings"   189

Christian Bruneau
The Garden as Insertion Means: A Centenarian Idea   213

Alain Fleury
A Few Words about Gardens in Bulgaria   231

Daryl Masao Arakaki
American-style Tort Liability Theory as Applied to a Japanese Garden   239

EINFÜHRUNG

Die großen Erzählungen der Kulturgeschichte räumen dem Garten eine so prominente Stellung im Verbund mit Ursprungs- und Rechtfertigungsmythen ein, daß der Garten als eine anthropologische Kategorie gewertet werden muss. Es stellt sich dabei bald heraus, daß sein Charakter als gestaltete Natur besonderen Aufschluss gibt über das ideologische Verhältnis, in dem eine bestimmte Kultur sich zur Natur verhalten will. Das wird augenfällig an dem Unterschied, mit dem die heidnischen Kulturen der Antike den Garten gleichsam als Verlängerung und Fortführung naturgöttlicher Instanzen verstehen, gegenüber einer durchaus kulturinternen, und das heißt wohl: spiritualistischen Wertung im monotheistischen Bereich des Judentums.

Im frühorientalischen Kulturbereich Ägyptens wird der Garten exponiert als Raum der Zelebration der Toten einerseits – anderseits als Raum des königlichen Luxus, in dem die Kostbarkeiten arabischer Duftpflanzen – so bei Hatschepsut – gehütet werden. Wenn die altpersischen Könige Wildparkanlagen aufbauen, in denen der Adel zur Jagd fahren kann, so erscheint die soziale Bedeutung auch im Ausschluss des niederen Volkes. Herrschaft erst ermöglicht die Kultur der Hütung, wie sie Nebukadnezar II. in exklusiver Anlage der „Hängenden Gärten" vorführt (vgl. *Reallexikon für Antike und Christentum*, hrsg. von Theodor Klauser, Bd. VIII, Stuttgart: Anton Hiersemann 1972, Spalte 1056). Auch die griechische Kultur kennt den Zusammenhang zwischen Ideal-Phantasie und Garten-Gestaltung: „In der gesamten griechischen Welt gehören zu den bedeutendsten Tempeln gepflegte Tempel-Gärten" (ebd. Spalte 1050). Den Tempeln selbst eignet bekanntlich ein deutlich ‚naturpositiver' Zug: Dementsprechend sind es die Götter Aphrodite, Adonis, Priapus und Pan, die in mimetischer und adorativer Absicht in Gärten aufgestellt werden. Das Prinzip der Schutzgötter-Kultur wird in der römischen Kultur weit über das griechische Maß hinaus entwickelt: Solche Schutz-Instanzen sind Mater Matuta, Flora, Pomona, Silvanus (vgl. ebd. Spalte 1055). Rom kennt den *ruber hortorum custos* – den *rigidus deus* mit Sichel und vorbildlich großem Phallus, der Diebe abwehrt und für Fruchtbarkeit sorgt.

Einen weniger naturmythologischen Zugang zum Phänomen des Gartens entwickeln die nachmythologischen Kulturen des buddhistischen Indien und des frühen Judentums. Es ist kennzeichnend, daß jene „Achsenzeit", von der Karl Jaspers in der weltgeschichtlichen Orientierung spricht, also die Zeit vom 6. vorchristlichen Jahrhundert bis zur Entstehung des Christentums, seinen religionsstiftenden Kulturheroen immer einen hervorragenden Bezug zum Garten einräumt: Dies gilt für Buddha, jenen herrschaftskritischen Stadt-Flüchtling, der seine Erleuchtung unter dem Pipal-Baum und in einem Garten erlangt, der zugleich Versammlungsort für die frühen Predigten wird; das gilt aber in abstrakterer Form auch für das Alte Testament, das sich der Idee des Gartens einerseits hochtheologisch und kreationistisch bedient, indem es (das persisch geprägte) ‚Paradeisos' zum primären Schöpfungsobjekt Gottes noch vor der Weltentstehung macht, anderseits aber auch in diesem Bewährungs-Garten den endgültigen Abfall vom geplanten Heilszustand lokalisiert: Dort überliefert Eva das Menschengeschlecht der Verderbnis. Der verruchte Garten, das Verlorene Paradies – diese Denkfigur hat sozialgeschichtliche Auswirkungen sonderlicher Art auf die ‚Naturgeschichte' des Judentums: „Rabbinische Naturfeindlichkeit [...] war es wohl, die die Vorschrift erließ, in Jerusalem keine Gärten anzulegen, und nur dem Tempel erlaubte man einen Garten" (ebd. Spalte 1057). Die Propheten – so ließe sich zugespitzt sagen – hegten einen grundsätzlichen kulturellen Verdacht gegen den Garten: Er könnte das Einfallstor der in der Gnadentheologie schon überwunden gewähnten sündhaften Natur sein. So spielt sich die Auseinandersetzung zwischen ‚Natur' und latenter Askese-Kultur am Ende der Achsenzeit mit einer jahrtausendlangen Konsequenz auch in Europa ab, in einer der heidnischen Natur- und Weltfrömmigkeit entzogenen Klosterkultur, die erst mit der Renaissance überwunden wird (vgl. Walter Gebhards Beitrag „Hortus reclusus. Zur Typologie des religiösen und säkularen Rückzugsgartens in Europa").

Lässt sich am Verhältnis zum Garten ein Index für den typischen Umgang einer Kultur zur Natur ablesen, so sind auf sprachlichen Ebenen die diversen Metaphoriken des Gartens noch signifikantere Indikatoren für die jeweiligen Diskurse, in denen sich zum Teil hochelequente Kulturen der Metaphorik ausbilden. Selbst wo z. B. der Garten eine durchaus fragliche Rolle zu übernehmen hat – in der christlichen Kultur des Mittelalters bildet er ein ergiebiges Reservoir spiritueller und moralischer Weltdeutung und evangelischen Menschenbildes. Allgemein interessiert sich eine sozialgeschichtliche Analyse der so unterschiedlichen Formen der Gartenkultur an dem Faktum, dass Gärten

Schaubilder sozialer Schichtungen bieten, das Verhältnis einer mehr oder weniger pragmatischen Kultur zu ihren Bildungsinhalten und zu deren Anwendungsformen offenbaren: Den utilitaristischen Stil der römischen Kultur vermögen wir an ihrer Bevorzugung des Nutzgartens ebenso abzulesen wie den spiritualistischen und tendenziell paranoischen Zug des Mittelalters an Abgrenzung und Minimalisierung des Gartens. Wie verhalten sich ‚individualistische' zu ‚konformistischen' Bewegungen, welche Gärten korrelieren einer Lesekultur, welche einer Lebekultur? Hat nicht sogar im 20. Jahrhundert, das vom 19. eine einmalige Lesekultur ererbt hat, auch der Garten den Weg in die totale Verinnerlichung genommen – wird er nicht, in anderem Sinn als der Mariengarten des späten Mittelalters, zum Ideal-Terrain eines je vom Subjekt und seiner Sensitivität zu gewinnenden „Weltinnenraums"?

Diese späte poetische Transzendentalität im Gefolge eines Nietzscheanischen „Mythos vom Erdenreich" (vgl. den entsprechenden Titel von Rudolf Kreis mit dem Untertitel *Gegen Gottesmord und Erdzerstörung*, Frankfurt, Bern u. a. 1991) hat Rainer Maria Rilke im Umkreis seiner „rühmenden", weltbejahenden Dichtung eindrucksvoll Form werden lassen:

> Singe die Gärten, mein Herz, die du nicht kennst; wie in Glas
> Eingegossene Gärten, klar, unerreichbar.
> Wasser und Rosen von Ispahan oder Schiras,
> singe sie selig, preise sie, keinem vergleichbar.
>
> Zeige, mein Herz, daß du sie niemals entbehrst.
> Daß sie dich meinen, ihre reifenden Feigen.
> Daß du mit ihren, zwischen den blühenden Zweigen
> Wie zum Gesicht gesteigerten Lüften verkehrst.
>
> Meide den Irrtum, daß es Entbehrungen gebe
> Für den geschehn Entschluß, diesen: zu sein!
>
> (Vgl. dazu die weitgreifende Studie von Ulrich Fülleborn: *Besitzen als besäße man nicht. Besitzdenken und seine Alternativen in der Literatur*, Frankfurt: Insel 1995, S. 265.)

Rilkes Gedicht spricht die höchste symbolische Bedeutung des Gartens aus: Er wird als utopischer Raum, der seiner Weltfülle wegen das Schema des Besitzdenkens übersteigt, in die Biegung einer nicht-asketischen Entsagung gezwungen, in der sich die ontische Würde des Menschen verwirklichen ließe. Rilkes spätes Projekt eines poetischen Wirklichkeitsentwurfs, der „Weltinnenraum", kehrt gleichsam den wertvollsten, weil zur Lust und Muße gestalteten Erlebnisraum des Gartens in einen völlig ‚inneren' Besitz um – es demonstriert damit, wie der Garten als soziale Kulturleistung zu einer friedlichen Norm geworden ist.

Das der langjährigen Kooperation der Universitäten Orléans, Osaka Gakuin und Bayreuth verpflichtete multidisziplinäre Kolloquium zum Thema „Gardens in Social History/Sozialgeschichtliche Aspekte des Gartens" setzt als zehntes Kolloquium eine Reihe fort, die sich mit kulturwissenschaftlich akzentuierten Themen wie Metropolen, „Youth" (1994), „The Old" (1997) befasst haben. Kulturgeschichtliche, literarhistorische, soziologische und juristische Aspekte werden im Durchgang unterschiedlicher Kulturräume und Nationalitäten entfaltet, so daß ein vielfältiges Bild der Funktionen entsteht, in denen sich die urbane und zivilisatorische Realität des Gartens bewährt.

Die Reihenfolge der Vorträge des Kolloquiums, das am 4. und 5. September 1998 stattfand, folgt im Groben einer historischen Anordnung. So ist es sinnvoll, dass der ostasiatische Garten einleitend und am Beispiel des klassischen japanischen Gartens von Silvain Guignard in seinen spirituellen und sozialen Hintergründen dargestellt wird. Dem Zusammenspiel von Fels und Wasser folgt eine archetypische Struktur von der Prähistorie bis zu den zen-buddhistischen Trockengärten; Rezeptionen der Gartenkulturen Koreas und Chinas speisen zum japanischen Shinto taoistische Symboliken ein, wie die von Kranich und Schildkröte; aber auch buddhistische Welt-Modelle wie das des Berges *sumeru* (jap. *shumi*) werden integriert und in vielfältiger Ausbildung einigen zentralen Modellierungen unterzogen: Einmal gibt es in Ostasien die angedeutete Exposition eines Gegensatz-Bildes: der vom Ozean/Wasser umgebene Berg/Fels, und eine grundsätzliche Haltung: Der Garten repräsentiert ein Gebiet des Sakralen, wenn dies eine Praxis der Betrachtung, der Enthaltung von Handlung und willentlicher Veränderung bedeutet. Dies begünstigt eine besonders nahe Beziehung zur Malerei, so dass Gärten als Übersetzungen von Naturauffassungen in der Malerei gelten können. Meditative, nicht-exploitative Praktiken sind grundlegend für den ganzen Bereich der auch auf den Garten bezogenen Tee-Zeremonie. Zum großen sozialen Wandel-Garten hat sich der japanische Garten bei der Entstehung einer Massengesellschaft verändert, wobei auch neue, zur politischen Repräsentation dienliche Varianten der alten Typen entstehen, wie am Beispiel des ‚säkularisierten' *kaiyuki*, des „joyful entertainment garden" des Nijo-Schlosses in Kyoto dargestellt wird.

Einen erheblichen Kontrast zum tendenziell ‚naturbelassenen' ostasiatischen Garten entwickelt die lange Geschichte der abendländischen Gärten, die sich auf ein kaltes Klima, auf eine vom Christentum grundsätzlich kritisierte Natur beziehen mussten. Walter Gebhard geht von den antiken Konzeptionen des adligen Gartens und des römischen Nutzgartens aus, um dann einen Grundtyp der mittelalterlichen Restriktion des Gartens und des Bewusstseins von ihm darzustellen: „Hortus reclusus. Zur Typologie des religiösen und säkularen Rückzugsgartens in Europa". Mit dem Untergang der griechisch-römischen Kultur ging, zusammen mit einer Verlagerung der Herrschaft nach Mittel- und Nord-Europa, auch jene heidnische Gartenkultur unter, die erst in der italienischen Renaissance, allerdings spirituell gefiltert, wiederersteht. Lebenskonzeptionen der Sozialabwehr – also solche des Einsiedlers und der Eremitenklöster – haben den Grundtyp des eingeschlossenen Gartens entstehen lassen. Eingeschränkte Lebenslust wird unter den sozialgeschichtlichen Vorgaben des Klosterlebens und der Kirchenkultur in die Literarisierung des Gartens als Bild von Paradies und gnadenhafter Erlösung verschoben. Am allegorischen Schicksal der – von ferne an Rilkes säkularisierte Religiosität erinnernden – Gartenidealisierung läßt sich die Struktur einer internalisierten Selbstbeherrschung ablesen. (Es wäre aufregend geworden, hätten wir auch zur strikt ornamentalen, achsensymmetrisch ausgerichteten Kultur persischer Gärten einen Referenten gewinnen können: Hier schienen mir zwei Formen spezifisch architekturaler Gartenauffassung mit spiritueller Dominante vergleichbar.) Am Beispiel der Rückzugsmetropole Venedig werden schließlich frühneuzeitliche und moderne Funktionen des Gartens – auch als Austausch von Geheimnissen, Ort der Willensbildung, Ausdruck ästhetischer Genussbereitschaft – dargestellt. In der Moderne gewinnt dabei der öffentliche Garten als Gegenbild des abgeschlossenen eine hervorstechende didaktische Funktion: als Demonstrationsraum der emanzipativen und artistischen Historie.

Am Schnittpunkt zwischen Barock und Aufklärung siedelt sich die architektonische und gartenbauliche Tätigkeit an, die Immacolata Amodeo anhand der Bayreuthischen Gärten analysiert, die von der Schwester Friedrichs des Großen ab 1731 nach ihrer Heirat mit dem Markgrafen angelegt worden sind. Hier entwickelt sich der bereits um 1600 als Nutz- und Gemüsegarten angelegte Hofgarten zum klassischen französischen Schloßgarten, während der in der freien Landschaft angesiedelte Felsenhain von Sanspareil sich auf die Tradition der italienischen manieristischen Gärten im Stil Bomarzos zurückbezieht. Dem aufgeklärten, intentional bereits Ständeschranken überspringenden Absolutismus wurde die *natura naturalis* wichtiger als die *natura artificialis*: Dann können auch ländlicher und bäuerischer Geschmack in die neue Einfachheit des zu vorübergehender Askese gesonnenen fürstlichen Lebens integriert werden. Zucht und preußische Sparsamkeit diktieren das Maß der Aufwendungen. In der Eremitage werden – wie sonst – literarische und bildliche Anregungen auch zu einem „Neuen Schloss" weitergeführt, das als Orangerie in einem ansonsten heterogenen Programm dient: Die Intimität des *Hortus conclusus* einer säkularisierten Zellen-Architektur verbindet sich mit der Wasserspiel-Schaukunst einer ins Pleinair transponierten Theatralität. In sie werden auch Bedürfnisse eines historischen Exotismus in Gestalt künstlicher ‚römischer Ruinen' eingebaut.

Einen entscheidenden, zur romantischen Moderne führenden Individualisierungsprozess beschreibt Ulla Link-Heer, wenn sie den Zusammenhang von J. J. Rousseaus Ruhestätte auf der Pappelinsel von Ermenonville mit dem europäischen Topos „retour à la nature" rekonstruiert. Der Rezeptionszusammenhang der strikt ‚naturphilosophisch' ausgerichteten Selbstmythisierung Rousseaus mit der Erhöhung zum „Halbgott" durch Hölderlin verdeutlicht, wie naturbezogene Lebenselemente – „Wälder, Fußwanderungen, Flüsse, ein frugales Mahl, Wein, Inseln, Asyle der Ruhe, Momente der Rast und des Glücks" – eine „vie errante" letztlich in einem Schema kulturgetragener Regression zur Vorbildlichkeit bringen. Der Plebejer Rousseau findet auf der Pappelinsel sein letztes Asyl, bereitgestellt von einem Aristokraten. Der Lebensraum eines hausbezogenen Gartens wird – etwa in der 1777 erschienenen Schrift *De la composition des paysages* von Girardin – zum Landschaftlichen hin erweitert. Vorgängige Literarisierung liegt dabei in dem Rückbezug dieses Parks auf den in der *Nouvelle Héloïse* geschilderten Seelenpark: Girardin hat „die Pappelinsel als eine Art von Tempel beschrieben, der von der Natur selbst gebildet zu sein scheint, um ihren Lieblingssohn in ihrem Schoße aufzunehmen".

Garten, Park und Friedhof macht Peter Klotz in seiner Analyse des Ordnungswandels in Goethes Roman *Die Wahlverwandtschaften* unter den Leitbegriffen Gesellschaftsdiskurs und Gartenkonstruktion als historisch signifikante Absonderungen von ‚wilder' Natur kenntlich. Er sieht den Roman von 1809 als „eine Versuchsanordnung, bei der gesellschaftliche Ordnungen für die nach-absolutistische und auch nach-revolutionäre Zeit dergestalt diskutiert werden, dass sie sich nicht zuletzt in den verschiedenen Gartenkonstruktionen niederschlagen". Klotz greift das bereits angeschlagene Thema des „Zurück zur Natur" auf und setzt es in Beziehung zu den Vorschlägen, die Goethes sehr offener Romanschluss nach Praktiken des Veredelns und des Anlegens englischer Landschaftsgärten anbietet. Diese stehen – vereinfacht gesagt – für die Möglichkeit einer neuen Freiheit am Leitfaden einer „Naturnotwendigkeit", die zur Kreuzung der freien Lieben mit den pflichtkonformen Ehen führt. Der Roman und seine Analyse rekapitulieren die Geschichte des englischen Gartens im 18. Jahrhundert, wobei es um „die fortwährende Gestaltung des Natürlichen geht". Es handelt sich aber wohl um Wörlitz, den an der Elbe gelegenen Landschaftsgarten, den Goethe gekannt hat, und um dessen neue Anlagen es den vier Betroffenen geht. Die poetische Versuchsanordnung schließt so einerseits das Zeichensytem Garten/Park, anderseits auch das der naturwissenschaftlichen und chemischen Darstellung in sich.

Eine Experimentalpoesie könnte man nennen, was Stefan George im Rahmen der um die Jahrhundertwende florierenden Dichtung mit Gartenmotiven in seiner Lyrik praktiziert: experimentelle und kreative Praktiken der Setzung von stillgestellten Bildern: Thematiken und Prozesse des ‚Ausblicks' werden ästhetisierend stillgestellt, Wahrnehmungen selbst ihrer raum-zeitlichen Struktur entzogen und abbildliche Relationen damit zurückgenommen. Im Vollzug der so anberaumten Gesten der Meditation gewinnt der Garten Dimensionen des Bildes: Wie von Armin Schäfer entwickelt, verlieren die Gartengedichte damit ihre signifikante soziale Beziehung, artikulieren aber in der spezifischen Form ihrer im Gedicht bereitgestellten Rahmung (Mauer-, Fenster-Perspektiven, Rahmungen durch Zweige u. ä.) im Imaginativen, was im Realen auch der Garten anbietet: den Eintritt – und musikalisch ließe sich sagen: den Beitritt – in eine entzeitlichte abgegrenzte Räumlichkeit, in der sich sensitives und symbolisches Leben (wieder-)findet. Die in der früheren Forschung allzu direkten Anwendungen sozialer und politischer Kategorien auf die Georgeschen Gebilde ästhetischer Selbstreferenz haben nur vage sozialphilologische Aussagen ermöglicht. Unter Heranziehung phänomenologischer Analysen zeigt Schäfer: „Der soziale und historische Index dieser Wahrnehmungsbilder bleibt vage". Aber mit dem Vollzug der Konstitution solcher gartenräumlicher Wahrnehmungen realisieren die Gedichte selbst ihre Umformung in Bilder der Natur im Rahmen von Kultur: „Diese phänomenologische Präzision, mit der die Gedichte in sprachlichen Bewegungen verzeichnen, wie Wahrnehmung funktioniert, geschieht allerdings um den Preis des Ausschlusses von sozialer Erfahrung."

Zurück zu den sozialgeschichtlichen, und weltpolitischen Aspekten von Gartenkultur führt der Beitrag von János Riesz: „An Island of Civilization Set in a

Wilderness of Savagery". Er bestimmt die zivilisatorische Funktion der Ausbreitung der europäischen Gartenverständnisses unter den Auspizien der missionierenden Aufklärung und ihres utilitaristischen Gesellschaftsverständnisses. Das 18. Jahrhundert exportierte einen praktischen Physiokratismus als Zivilisierung der „Wilden" durch Aufbau von Landwirtschaft, Verzäunung der ‚freien' Natur und Enkulturation der eingeborenen Ethnien zur prospektiven Lust der Kulturanstrengung, die sich – im Unterschied zu den Subsistenzwirtschaften – erst künftig rentiere. Im Zusammenhang einer Kolonialismusgeschichte erscheint der Garten als „koloniale Urszene". Und die Gärtner verstehen sich – und werden verstanden – als Vorhut einer Gesittung, die in näherer Wahrheit aber der Zurichtung der exotischen Bevölkerung für den modernen Kolonialkrieg und dem endlichen Ziel dient, sie an fremdbestimmte Produktion zu gewöhnen, die schließlich die Akzeptanz der Selbst-Rodung ermöglicht. Riesz stellt diese ‚Europäisierung' im jahrhundertelangen Kampf gegen die unbegrenzte, mörderisch drohende Natur dar; der *broussard*, der französische Kolonialist, verrichtet im Busch sein mühsames Handwerk; im fortgeschrittenen Stadium können in den Kapitalen der Kolonien Versuchsgärten eingerichtet werden, „Garden-Cities", die – nach dem Inlandsexport von Nutz- und Kulturpflanzen – in die Funktionsstelle unterhaltsamer Parks hinüberwechseln. Auch in diesem Beitrag werden literarische Quellen in ihrer mehrfachen Funktion herangezogen: unmittelbare Kundgaben idealer Konstrukte und Entwürfe zu sein, aber auch Effekt pragmatischer Okkupationen einer expansiven Kultur. Der Garten erscheint hier als fragwürdig dialektische Offerte auf einer großgeschichtlichen, zivilisatorisch-totalitären „Integrationsjagd". Es wäre höchst interessant, diesen imperialistischen Befund mit den religiös fundierten Gartenkulturen Ostasiens zu vergleichen.

Eine Vielfalt von Entwicklungen des gartenkulturellen Erbes aus dem Versailles Ludwigs des XIV. demonstriert und interpretiert Noelle Dauphin als Spiegelbild sozialer Veränderungen vom Absolutismus bis in die Gegenwart. Durch die Französische Revolution vollzog sich die Emanzipation des Bürgertums, und zu Beginn des 20. Jahrhunderts die Selbstbewusstwerdung der Arbeiterschaft, die den Anspruch auf Nutzung lebenswichtiger Grünflächen mit der Idee einer gemeinsam zu tragenden Verantwortung zu verbinden lernte. So entwickelt sich Versailles selbst von einer Dependance für die königliche Dienerschaft zu einer selbstbewussten lebendigen Stadt, die den Bedarf an öffentlichen Gärten erkannte und sie progressiv als Sozialisierungsräume nutzte. Gleichzeitig entstanden zahlreiche Gesellschaften, die Ausbildungsstätten aufbauten und dabei Institutionen für Forschung, Preisverteilung, Ausstellung und Vermarktung einrichteten. Krönung dieser Bemühungen war die bereits 1833 von Francois Philippard, einem Botaniker, propagierte Erziehung zum sorgfältigen und respektvollen Umgang mit der Natur. Dieser in der humanistischen Tradition stehende Gedanke lebt noch heute in der 1907 gegründeten Gesellschaft der Arbeitergärtner, die deren Familien vor der Sicherung ihrer Lebensbedingungen durch eine gartenkulturelle Ausbildung vor allem eine moralische Entwicklungschance geben wollte, wie sie im Umkreis der „École Managère" durch Unterweisung in Höflichkeit, Manieren und Etikette zur Bildung rücksichtsvoll handelnder Personen gesichert wurde. So wird in einer emanzipationsbewussten Kultur Gartenpflege als Humanisierung verstanden und zu einem Stück Pädagogikgeschichte.

Den oben angedeuteten Kontrast zur von vornherein aggressiv konzipierten europäischen Kolonialisierung entwickelt Kazuyasu Hiramatsus Analyse zur Rezeption der japanischen Garten/Haus-Relation bei Edward S. Morse. Sie dokumentiert jene von einem 1838 geborenen, in Selbstkritik seiner Kultur gegenüber verankerten Amerikaner geleistete Aufwertung des Fremden, die sogar eine Selbstbegegnung einer – vielleicht in anderer Weise historisch fühlenden – Kulturnation ermöglicht. Gegen die allmählich in konkreten Forschungen revidierte Total-These Edward Saids, daß Europa und der Westen sich ausschließlich imperialisisch-okkupativ verhalten hätten, zeigt Hiramatsu ein Fundament produktiver Kulturbegegnung in der Distanz zur Eigenkultur. Morse hat die Friedlichkeit einer konvivial gesicherten Garten-, Hof- und Hauskultur emphatisch bejaht und in seinen Zeichnungen ein legitimierendes Fremdverständnis nahegelegt, wenn er sozialgeschichtliche Typen von Gärten wiedergibt. Gärten von Tempeln, Kaufleuten, Feudallords, Bürgern – sie alle erscheinen außerhalb des europäischen Primärkodes der Kommerzialisierung. Morse wie Bigelow kritisieren angesichts des solidarischen Soziallebens in Japan die aus den Burghausmauern entstandene Architektur machtgeschützter Privatheit im Westen: „While so-called civilized nations were a group of savage people, there seemed to be few barbarians in Japan." In einem Gang durch die moderne Prosaliteratur zeigt Hiramatsu die langsame, im Verhältnis zur Kleidung retardierte Veränderung des japanischen Gesamtwohnraums, um abschließend mit wiederum selbstkritischer Note nicht nur den offenkundigen Verlust der gartenkulturell gesicherten Lebensqualität, sondern auch ihrer in der traditionellen Aufmerksamkeitskultur liegenden Voraussetzungen zu beklagen.

Übernahme der Reisekosten für die auswärtigen Kollegen erst die Voraussetzung geschaffen, daß dieses Jubiläumskolloquium zu dem Erfolg wurde, zu dem schließlich auch der Präsident der Universität, Herr Prof. Dr. Dr. h.c Helmut Ruppert, mit seiner freundlichen und fachkundigen Begrüßung als Geographiedidaktiker wesentlich beigetragen hat. Dankbarkeit verbindet mich mit dem Studentenwerk Oberfranken, in dessen Räumen wir uns mit Medien und Cafeteria heimisch einrichten durften. Die Vorbereitung und Durchführung der Veranstaltung lag zum großen Teil in den bewährten Händen meiner Sekretärin Frau Heidemarie Reichert: Ihr und den beiden Hilfskräften Jan Ehlenberger und Michael Gerlich wie auch dem Assistenten Herrn Dr. Armin Schäfer, der zusätzlich bei der redaktionellen Nacharbeit eine kaum zu überschätzende Stütze bildete, bleibe ich dankbar verbunden. Die disparaten Glieder des Bandes wurden nach meinem Ausscheiden aus der Universität im April 2000 von Frau Carmen Diwisch in gewohnt souveräner Weise zusammengeführt; ihr gebührt herzlicher Dank. Zum Schluss darf ich unser aller große Dankbarkeit, die den Genannten gilt, auch Frau Eva Kunzmann aussprechen: Sie hat auf Veranlassung von Frau Kristel Monheim, der auch im Namen der auswärtigen Teilnehmer für eine gelungene Stadtführung herzlich zu danken ist, den Tagungsräumen mit einer Ausstellung von Meisterfotografien zu den Themen Garten, Brunnen, Bäume und Stadtlandschaft erst jenes so wohltuende Flair von glücklicher Aufmerksamkeit geschenkt, wie es zum Realerlebnis von Gärten gehört, – ohne welches auch dieses Kolloquium nicht so schön gelungen wäre.

Bayreuth, im Dezember 2000   Walter Gebhard

The Main Types of the Classical Japanese Garden – Their Spiritual and Social Background

Silvain GUIGNARD

The following introduction into the art of Japanese garden setting does not claim to be a result of original scholarly research but was considered to provide a base for intercultural discussion on the topic of socio-historical backgrounds in Eastern and Western garden concepts.

I. Holy sites in prehistoric Japan and Religious or Mythical Back-ground of Garden Arrangements

Before Japan got in close and frequent contact with the highly developed culture of China and Korea in the 6 – 8th centuries we can assume that the spiritual life of the Japanese was very much determined by the autochthone religion which later developed into what we know now as *shintô*. *Shintô* has many animistic features which means that trees, ponds, rocks etc. can be regarded as holy objects inhabited by a god. Since old periods such places or items had been marked by ropes of rice-straw. Even nowadays you will find ropes with attached white paper stripes (*gohei*) mostly bound around a huge tree in the precincts of a *shintô* shrine. The oldest *shintô* remnants are however not trees but rocks. There are several interpretations about their meaning. One is that they were nothing but markings of a designated area. The other is that they were considered holy objects from the very beginning[1]. Whatsoever, the place around them and they themselves were called *iwakura* and *iwasaka* meaning "rockseat" or "rockfrontier".

---

[1] Cf. Nitschke, Günter: *Japanische Gärten*, Köln 1993: Taschen, S.18f.

Another interesting feature of early *shintô* sites regarding gardens is the so called *himorogi* which is a place on a hill or more often an area of pebbles close to a riverside where purification rituals took place. In many *shintô* shrines we still find this area; the most beautiful one is in Ise, the holiest of all *shintô* shrines. These two phenomena, *iwasaka* and *himorogi*, may be called the archetypes of the Japanese gardens.

When it comes to areas which we more likely would call a garden, we have to refer to the ancient sources of literature. The oldest reference books are the chronicles Kojiki and Nihongi, the latter dating from 720. Of course, we have always to be cautious with the historic reliability of these entries, but nevertheless it is interesting to consider their scattered mentions of gardens. We read about the Emperor Keikô who in 74 „letting loose carp in a pond, amused himself by looking at them morning and evening".[2] In the year 402 „The Emperor (Richû) launched the two-forked boat on the pond of Ichishi at Ihare and went on board with the Imperial concubine, each separately, and feasted. The Lord Steward Akeshi set *sake* before the Emperor."[3]

Such entries show that even before the great influx of continental culture, high ranking Japanese already imitated Chinese and Korean noblemen who enjoyed a highly developed garden culture for centuries. The first Japanese garden architect was a Korean: Michiko no Takumi. It is said that he suffered from a terrible skin-disease for which he was to be exiled to a remote island. He, however, could escape this fate by offering to the Empress Suiko (592-628) the construction of a garden with a „*kure*-bridge" and a „*shumi*-mountain". *Kure* means „Chinese" and *shumi* is the so called „world mountain". In the buddhist cosmology, the earth is considered to be a round plate with the mountain *shumi* or *sumeru* in the center. In concentric circles there are seven other mountain massives of gold, the eighth being a circle of a mountain massif made of iron. Between these massives there are oceans. Men live on four islands in the ocean between the seventh golden massif and the surrounding iron massif. Mount Shumi in the center is therefore the axis of the cosmological world in Buddhism. The mount Shumi represented by the Korean garden architect might have been a carved rock like the one in

---

[2]   Ashton, W. G.: Translation of „Nihongi", Vol. I, p. 190.

[3]   Ashton, W. G. (s. Anm. 2).

Nara. (s. picture in Hennig, p.15) It is interesting that such rocks were constructed like fountains, having inside a water-pipe and pouring out the water on one spot in the front side. Fountain-like elements are completely absent in the following centuries of Japanese garden culture.

Two rocks in the sea Futamiga usa

In later arrangements, Mount Shumi is represented by a rather large natural rock close to the center of a garden-site. But not every big rock in Japanese gardens is Mount Shumi. If it is somehow combined with another more flat rock, it mostly represents or is interpreted as a crane and a turtle, both of which are symbols for longevity.

These two animals are taoist symbols adding a second philosophical/religious dimension to the Japanese garden. The taoist Immortals are flying on cranes around the peak of their island called *Hôrai* which rests on the back of a huge turtle in the ocean. For the man of the Middle Ages in Japan to reach this imaginary island – something like a paradise – meant attaining eternal happiness.

Many islands in the pond of Japanese gardens as well as crane and turtle stones are considered to be representations of the island Hôrai.

In Japan we find usually only one Hôrai island whereas in the Chinese myth there were originally five, two of them got lost when the turtle on whose back the island rested had a fight with a seamonster. The most prominent of the remaining three islands was *Peng-lai*, in Japanese *Hôrai*. In some gardens Hôrai is therefore represented by a group of five rocks in a pond – or seven like in the famous temple Tenryûji.

Another related symbol is the „Ship of Treasures" *takarabune* on which the popular seven gods of good fortune, a subgroup of the immortals, travel to Hôrai. One of the most beautiful *takarabune* stones we can find in the temple Daisen-in in Kyôto.

Besides a buddhist and a taoist background, there is geomancy, equally imported from China, which is considerably determining the outlook of a Japanese garden. The directions North, South, West and East have different specifics: North is the direction of the evil. Therefore cities, palaces and gardens had to be protected from demons and devils by a mountain or at least a hill in the North. In the West is the paradise Nirvana, and a Buddha figure has to face East where the sun rises. South is good as opposite of North. Present day architectural arrangements still take some of these geomantic aspects into consideration.

Related to this interpretation of the four directions is the belief in the meaning of the nine one-figure numbers. In the nine partition square called *Lo-shu* they are arranged in a way that three horizontally, vertically or diagonally adjacent numbers build the sum of 15.

$$\begin{matrix} 4 & 9 & 2 \\ 3 & 5 & 7 \\ 8 & 1 & 6 \end{matrix}$$

In the center is the numeral five. The Chinese had not only four directions but five, the fifth being the „central direction". Five is also the number of elements which constitute the world (wood, fire, soil, metal and water).

The middle row of this square of nine partitions is: $3 - 5 - 7$. These numbers are the most important numerals for all kind of arrangements in China and in many aesthetic disciplines in Japan – a garden display is, of course, no exception.

II. The Nara period (710-794) and the Heian period (794-1185)

The entries in the chronicles of the 8th century indicate clearly the character of the gardens created from the Nara period on, when the Japanese culture in architecture, technology, writing, lawmaking and government policy followed exactly the Chinese models. Gardens became what we in the 20th century also consider they should be: mainly areas for recreation and entertainment. There were two – sometimes combined – species. One was huge and consisted mainly of hills (or mountains) and a large pond reflecting the traditional term for landscape *sansui* – „mountain – water". It might be influenced in size by the ancient oriental gardens which actually were hunting grounds.

We have got almost no early remnants of these huge „mountain – water"-gardens. The Ozawa pond which was built in Saga in the Northwest of Kyôto in the early 9th century still exists. During the Meiji period, however, the pond was dammed up with a high wall in order to rise the water capacity for the cultivation of the rice paddies in the vicinity. By this irrigation, the stone settings at the shore were inundated and disappeared. Therefore the pond looks quite natural today and suggests only by the adjacent Daikoku temple that it has an illustrious history.

Osawa pond

Another early remnant of a garden with a large pond is the Môtsu temple in Hiraizumi, some 100 kilometers north of Tôkyô. The beautiful softly descending shores are made of pebbles reminding us of the above mentioned *himorogi*. There are always two boats anchoring there which by their stylization should remind us of gorgeous leisure boats of the Heian nobility, because the most splendid entertainment on such a large pond was riding a boat, dining in the boat and listening to music being played in another boat. Therefore such a garden was called *funa asobi niwa*, literally „boat pleasure garden".

The other species of garden – or better use of water in a garden – was an area with a little river gently descending and winding down a hill. This type of course was also imported from the continent.

Such charming rivulets were enjoyed for *kyokusuien* parties – another famous pastime of the nobility in the Middle Ages. *Kyokusuien* means literally „banquet at the winding water". The entertainment was a kind of competition: noblemen were sitting at several points of the shore. A sake cup was set afloat in the water. When it passed in front of a courtier he started to write a poem. His poem had to be finished when the sake cup reached the next contestant.

The Heian nobility enjoyed one of the most refined lifestyles of mankind as we know by the greatest novel of the time, the *Genji monogatari*. In this novel, we find exquisite descriptions of garden sceneries. Like in Chinese classical literature there is a praise of abundant flowers, bushes, trees and also birds, preferably couples of mandarin ducks being a symbol of good husband and wife. The other side of the luxurious court life was a tendency to pessimism which became dominant around the turn of the millenium.

The well educated man in Japan then was convinced that this world was facing its near end. The most wide spread religion, Amida Buddhism, taught that human being can only be saved from this catastrophy by repeating again and again the name of Amida Buddha, the Enlightened Buddha of the Pure Land in the West. Temple structures tended therefore to become representations of this paradise in the West in order to remind people what choice they had – to enter the Nirvana or to be lost at the imminent end of the world. Gardens in such temples were made to enhance this heavenlike image of the main building.

Even though there were changes in the garden arrangement, the temple Byôdô-in (South of Kyôto) still gives an impressive idea as to how a pond adds to the ce-

Motsu temple in Hiraizumi

Central structur Byodoin

lestial appearance of a building. The pond in front of the main hall of Byôdô-in is big enough to serve as a perfect mirror for the temple. A huge Amida Buddha figure's head can be seen through a window in the upper part of the building. In former times the believers stood on a platform in the center of the pond contemplating the beautiful site. Because the Buddha figure faces East the believers were watching West, in other words, in the direction of the Pure Land.

This garden setting is called *shinden* style because shinden, literally, „sleep-hall", was the main hall in an analogous palace-structure. Historically, the *shinden* type garden follows the gardens with a pond for boat-riding entertainment or gardens with a little river for poem competition parties. Nevertheless in some arrangements all the three types were combined or were reinterpreted by the functional change of a palace into a temple (a very frequent change in the Middle Ages).

The son of the builder of Byôdô-in, Tachibana no Toshitsuna, is the author of the most famous garden theory of the Middle Ages. The book's title is *Sakuteiki*, it was written in the second half of the 11th century. This book is extremely fascinating. One of its main themes is the creation of a garden under its natural and topographical conditions. Nothing should be forced: stones have to be arranged according to their character. They are not dead objects, they have a soul, they have a head and a face, and this face should always look toward heaven. A builder of a garden should feel the atmosphere of the location and create settings which seem to come naturally out of the environment. Not to put and to make things is the ideal, but to let them happen. The original expression is: you have to follow the wishes of a stone, of a river, of an island or of a shore. The condition for the builder to achieve this state of creation means that he himself is internally calm and empty in the sense of the zen-philosophy.

III. Gardens of the Kamakura (1185-1333) and Muromachi (1333-1537) periods

Zen philosophy is the driving spiritual force for the development of the garden arrangements in the following centuries. The rise of zen has social reasons. The luxury orientated but nevertheless pessimistic Heian society of Kyôto lost its political power at the end of the 12th century in a series of wars between two clans: the Heike and the Genji. The winner of this epoch of war were the Genji.

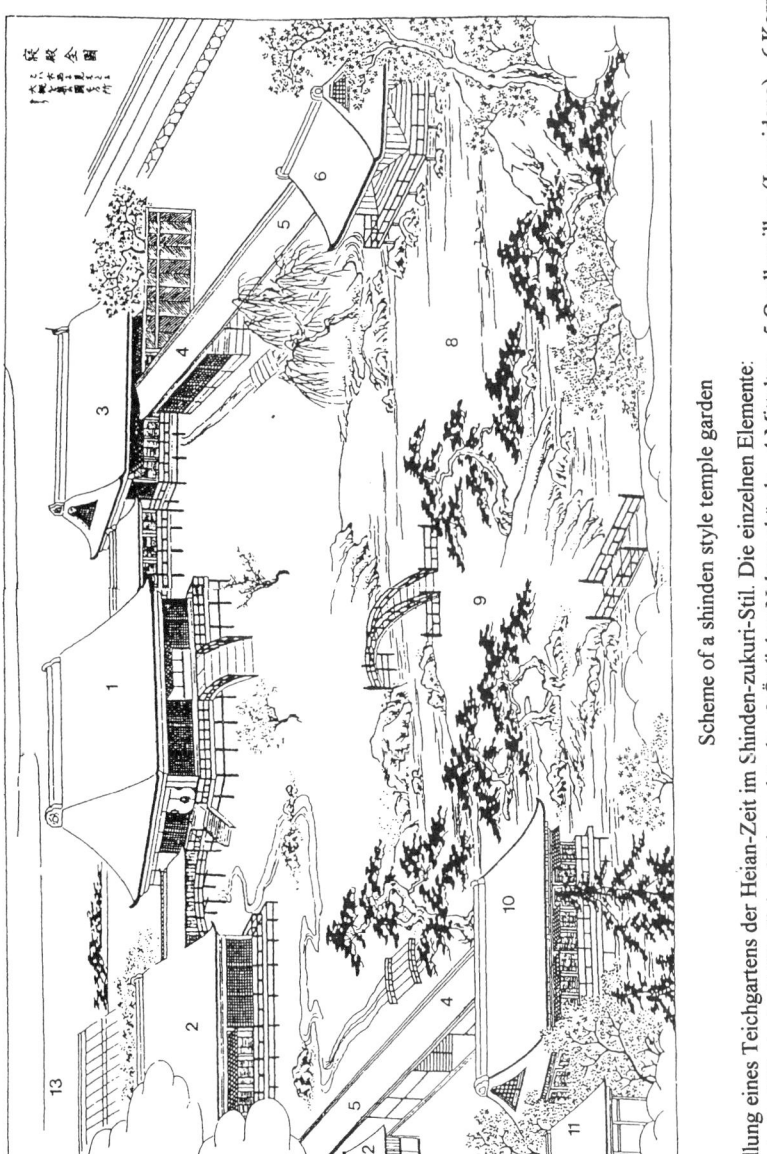

Scheme of a shinden style temple garden

Darstellung eines Teichgartens der Heian-Zeit im Shinden-zukuri-Stil. Die einzelnen Elemente:
1 Haupthalle (Shinden) - 2 Westliches Nebengebäude - 3 Östliches Nebengebäude - 4 Mitteltor - 5 Quellpavillon (Izumidono) - 6 Korridor - 7 Künstlicher Berg (Tsukiyama) - 8 Teich - 9 Hauptinsel - 10 Pavillon zum Fischen - 11 Kutscherhaus - 12 Stall - 13 Dienerquartiere
(after K. Hennig p. 22)

They kept clear of Kyôto and put up their headquarters in Kamakura, some five-hundred kilometers east of the capital in order to be far enough from the decadence of the Heian-court. The Genji were less refined people, they stuck to the military tasks with the actual power center of the *shôgun*, a fierce and sober general.

Devoted to *samurai* ideals did not mean lack of spiritual consciousness. On the contrary, the Kamakura *samurai* very much relied on buddhism – not the Amida buddhism which promised to lead the believer to the Nirvana, but a newly imported Chinese form of buddhism: the *chan* buddhism or, in Japanese, the zen. Zen – in sanskrit *dhyan* – means "meditation" and focuses on man's ability to control himself which solely leads to enlightenment. To control the feelings and thoughts fits perfectly to a martial discipline. This educational aspect encouraged the generals of the headquarter to found numerous temples in Kamakura. These temples followed in structure and arrangement the ones of the Chinese Sung dynasty (960-1276). Architecture, painting and philosophy of the Sung enabled the Kamakura-gentry to stand culturally their ground against the Kyôto-culture. A temple site included many subtemples where priests or monks lived. They became more and more independent under the hood of the main temple. These subtemples started to create the first types of the so called *kare sansui* garden – the "dry landscape" made essentially of rocks and pebbles. These extremely abstract gardens were ideal places for meditation even though we might not pretend that they were created in order to lead a monk or a samurai to enlightment. It is rather the other way round: zen philosophy created new aesthetics in every aspect of the culture, and the „stone gardens" – as *kare sansui* is commonly called – is just one expression of the zen aesthetics. Of course, a *kare sansui* garden may help to concentrate because it is a garden to be appreciated from only one or a few determined points in contrast to the Heian garden with its funny little river or boat ride enjoying pond. Another zen aspect of the stone garden is its maintenance. In a zen monastery the sand of a stone garden has to be raked every day. For a monk to rake the sand of a stone garden is not opposite to meditation but a form of zen practice – the Japanese version of „ora et labora".

The most beautiful and famous stone gardens are not in Kamakura but in Kyôto. After 130 years of governing the country from Kamakura, the *shôgun* in charge went back to Kyôto. The sober aesthetic of Kamakura now was blended with the refinement of Kyôto and helped to bring forth a climax of Japanese art and culture in every field. This is the explanation why the most beautiful gardens of Japan were created in the Muromachi period (1336-1573) called after the quarter Muromachi in Kyôto where the *shôguns* now lived.

Ryôgenin

The temple Ryôanji has a perfect realization of the stone garden's concept. In a big square of 340 m² there is nothing but sand and some groups of rocks with very few patches of moss around them. A tall wall frames this garden, dividing clearly nature from an intellectual universe. Many theories tried to puzzle out the geometry of the stone setting, but each failed because there is none. There is only one obvious arrangement rule which every visitor can check immediately. There are 15 rocks in three groups of 3, 5 and 7 rocks (see above: the magic Chinese numeric square *Lo shu*). But there is no point in the garden where you can see all the 15 rocks at once. Always at least one stone is hidden. This setting indeed passes an extraordinary message to the contemplating visitor: Our senses are limited, they never catch the whole truth. Rational considerations building on our sensual experiences are deficient. For the zen monk this means: forget about counting, rake the sand and become thus part of the universe by controlling mind and body.

Ryôanji

We do not know for sure who created this most peculiar garden, but according to the recent theory it was made by so-called *kawaramono* in collaboration with specialized zen-monks (*ishitatesô*) and not by one famous garden architect. Actually, there were no professional garden architects in this Golden Age of Japanese garden-building – with one major exeption: Musô Kokusui created the moss garden of the temple Saihôji and the garden of Tenryûji. *Kawaramono* are literally „people from the riverbanks", i.e. socially low-ranking men living in primitive huts on the shore of the river Kamogawa which flows through Kyôto. They started as unskilled workmen carrying stones for the noblemen who designed their gardens as amateurs mostly by themselves. The *kawaramono* did so often similar work for different lords that they became skilled specialists despite their lack of education in literature or philosophy.

Not only in the field of garden culture this low stratum of the society became very important for the arts and the aesthetics. The Muromachi period is also the age of the *nô* theatre. The greatest author and theorist of nô, Zeami, too, was a *kawaramono*. The high quality of all arts in these two-and-a-half centuries might be explained by the healthy mixture of different social levels, a phenomenon which disappeared in later centuries in Japan when social movements were almost impossible.

Ryôanji is a large stone garden, the prototype of a *karesansui* arrangement is much smaller. The complex of the temple Daitoku in Kyôto harbours many small gardens in its subtemples. Some of them are abundant in representing the above mentioned symbols. Long stories and interpretations about the stone setting exists – some of them are exquisite – but they tend to be illustrative miniature landscapes being related to paintings. Such gardens were actually modelled after Chinese inkbrush paintings. In accordance to the so-called *suibokuga* where no colors are used these gardens depict mountains, lakes, waterfalls and bridges spanning over rivers just by stones, in other words, in the same monochrome way.

I have stressed above the fact that in the Muromachi period in many aspects of the Japanese culture the highest achievements can be observed. This is for sure also true for the tea ceremony in the late 15th and 16th centuries which, like the stone garden concept, is very much influenced by zen. The requirements for a tea-party brought forth a new type of garden, the *chatei*. The main characteristic of a tea ceremony is that the host and the guest share a moment of calm in an aesthetic atmosphere. While serving tea only little conversation takes place, and the topic of this conversation is never daily life, business or politics. To enter a tearoom means: forget your social rank, be modest, humble and peaceful, in other words, be prepared to be just a part of the universe. The setting has in most cases an elegant rural touch with thatched huts and bamboo fences. The prefered model was the Chinese poet-hermit's hut in the mountains as we find it on many inkbrush paintings. The little terrain in front of a tea house should not be gorgeous. There are no colorful trees and bushes with flowers; not more than a plum tree or a maple tree are adequate. Evergreen plants like moss and fern and the like are favored. The arrangements resemble closely the small temple-stonegardens, but they usually do not feature the symbolic settings of crane and turtle islands or Mount Shumi or Hôrai. New elements are pavement and stepping stones as well as stone water basins wells and a stone lantern. They are all related to the ceremony itself. A place where tea is served needs a small shelter-like place with a bench where the guests of a tea invitation wait until they are asked to enter the room for the tea ceremony.

The path between these two places is carefully designed because it should prepare the guests' mood in a way that they can enjoy the ceremony. „Stepping stones" (*tobiishi*) make him walk in a flexible uncramped way. The regular setting of pavements calms his heart with its rhythm, and an uncarved moss-covered waterbasin helps him to respect simplicity, the old and the purity – three important ideals of the tea world. A tea garden is a small walking garden, the movements from one place to the other reveals its sense and beauty.

The aspect of walking through a garden is also the main theme of the last garden type developed in Japan before the modern period.

IV. Walking gardens of the Edo period (1615-1868)

The turn to the 17th century brings the most historically important changes. Three *shôgun* had put all their military efforts into the unification of the country which had been split into numerous quarrelling states or counties. The second in succession, Hideyoshi, was of low social origin and had a parvenu-taste for gorgeousness and sumptuousness. His extensive promotion of arts and crafts shaped a short but entire epoch of Japanese art history, the Momoyama period. One of his garden creations can still be seen in the temple Daigoji southwest of Kyôto. It includes all the elements of former garden types like crane/turtle islands, stone representation of Mount Hôrai, a big pond suitable for boat-riding and a teahouse-garden. This garden in Daigoji is not yet a walking garden but it sets the standard of luxury for the following centuries.

These gardens were purely secular, there was no religious or philosophical background in their concepts. They served for demonstration of the might and wealth of their owner. It makes sense that the architects of such representative sites are no longer unknown *kawaramono* but high ranking specialists. The most famous is Kobori Enshû, a member of an important *samurai*-family. He had

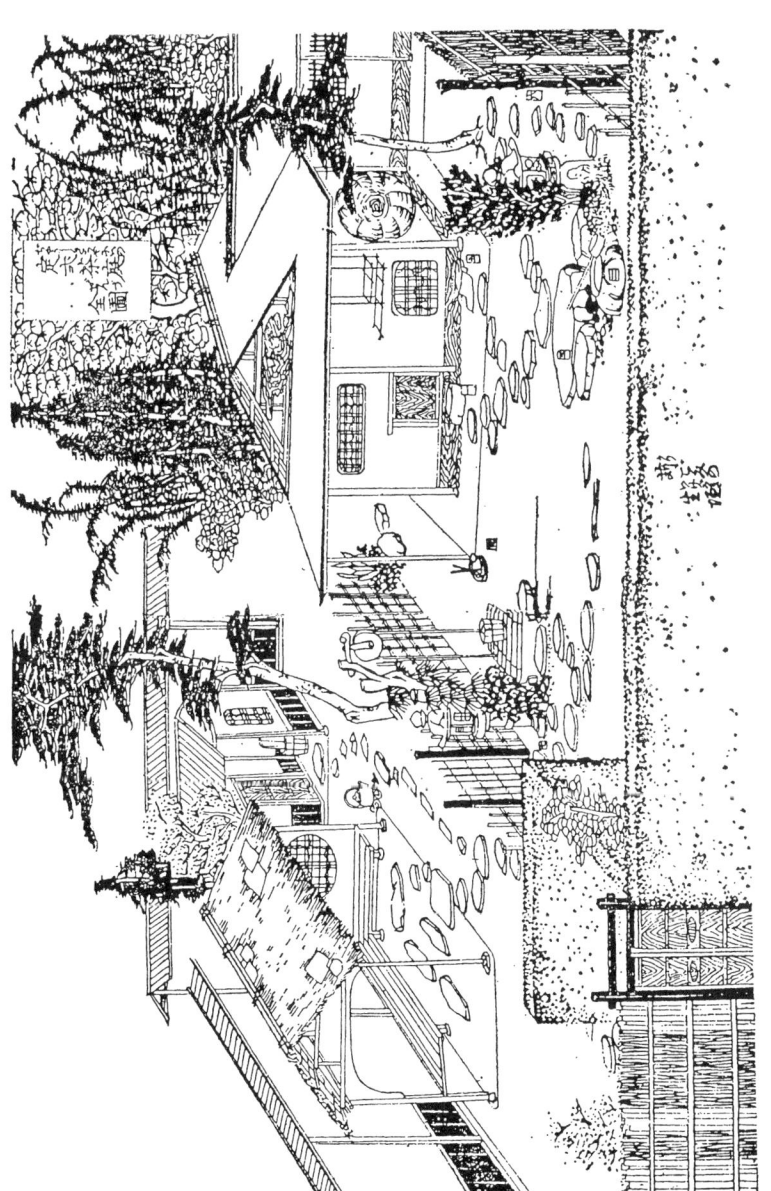

The Type of a Tea Garden
(after K. Hennig p. 22)

studied zen at the Daitokuji temple and became a disciple of Sen no Rikyû, the best-known tea master at the end of the 16th century. He was well versed in literature and was a remarkable calligrapher. He did not work just by himself but had a kind of atelier with many co-workers. This is why perhaps more gardens are said to be created by him than is actually the case. For sure, however, he designed the garden of the shôgun's residence in Kyôto, the Nijô castle. The grandeur of this garden was mainly intended to impress the emperor and to make clear to him who had the ruling say in the country.

Garden of the Nijo castle

This luxurious garden too got a traditional crane-and-turtle island as well as a Hôrai-island. New, however, was a bridge leading to the „Islands of the Immortals" which was unthinkable in former times. Guests could now stroll on „Mount Hôrai" and everywhere else in the garden. This element reflects the secularisation of the Edo-period garden concept called *kaiyûki*, „joyful entertainment garden".

The original waterfall south of the present one had a double structure. It could be worked with water, but the stone setting indicates that it could also be a silent *karesansui*-waterfall. The pebbles at the ground of the large pond suggest a similar idea: even without water, the pond is represented as such in the stonegarden setting.

The characteristics of the prototype of an Edo-garden is the assembly of optically entertaining sceneries. These sceneries can be miniature forms of famous landscapes, or they are associated with fictive landscapes which people knew from the literature. For such reasons – for example to represent Mount Fuji – huge hills were piled up.

Suisenji garden „Fuji"

A new and very effective optical element is the geometrical trimming of bushes (*karikomi*). It started in the late Muromachi period and was extensively used in the Edo-gardens. Kobori Enshû was its undisputed master.

Suisenji garden „thatched roof"

I stressed that the stone garden concept is very abstract and intellectual, but it has to be added that *karikomi* as an artistic device was somehow surpassing the stone fantasies of the Muromachi period. The trimming of bushes comprises four steps: the bushes (1) stand for rocks (2) which represent a turtle or a crane (3) being symbols of longevity (4). With such extremes of artistry, the period for manierism was imminent. Japan's garden culture declined in the late 18th and in the 19th centuries. The stereotypes were repeated and there was no innovation. The 20th century showed a revival of the *karesansui* garden of the Muromachi period which points to the fact that Japan's most important contribution to the world's garden culture is the realization of the stone garden concept.

LITERATURE

Ashton, W.G.: *Translation of „Nihongi"*, Rutland Vermont 1985.

Hennig, Karl: *Japanische Gartenkunst*, Köln 1980.

Hisamatsu, Sh.: *Zen and the Fine Arts*, Tôkyô 1984.

Itoh, T.: *The Gardens of Japan*, Tôkyô 1984.

Nitschke, Günter: *Japanische Gärten*, Köln: Taschen 1993.

Hortus reclusus. Zur Typologie des religiösen und säkularen Rückzugsgartens in Europa

Walter GEBHARD

Um sozialgeschichtliche Aspekte des abgeschlossenen und nichtöffentlichen Gartens in der langen europäischen Geschichte wenigstens idealtypisch vorzustellen, sei ausgegangen von den Traditionen der griechischen und römischen Antike. Mit drei Begriffen und Wortstämmen bedacht das vorklassische Griechentum das zur Debatte stehende Phänomen – den zu besonderer hütender Kultur ausgegrenzten Ausschnitt von Landschaftsnatur. 'Umzäunung' wurde für bestimmend gehalten bei *K ä p o s* = verwendet für den kleinen Obst- und Gemüsegarten. Das Wort 'Kübel' wohl noch etymologisch mit dem griechischen Stamm verwandt. Das althochdeutsche 'huoba' gehört desgleichen hinzu. Wir haben das Wort 'Hufe' als bearbeitbares Landstück heute noch. Der 2. Stamm *érkos* = *hérkos* entspricht dem Verb *erchatáo* = 'ich grenze ein'. Die nach innen bestimmte Eingrenzung des bewohnten, daher gepflegten und behüteten Gebiets lebt heute noch fort in dem slavischen Wort *Hradschin*: der Burggarten-Raum – zur Bezeichnung des größten weiten Landschaftsgartens, in dem Natur großenteils in Vegetation und Wildbestand belassen, aber gehütet wird, benötigte Altgriechenland ein Fremdwort: Bei den Persern lernt man den ausgedehnten Wildpark kennen: *Paradeisos*. In diesem Begriff ist die späterhin entwickelte religiöse Interpretation eingeschlossen worden. Der germanische Stamm für 'Garten' meint den umzäunten und kultivierten Raum. Auch die Ableitung von 'Park' aus dem mittellateinischen *parricus* meint ein Naturgebiet, in dem Natur menschlich definiert wird. Es scheint aber, als sollte eigentlich der Garten – als das zum Haus gehörende Stück gezüchteter und aufgewerteter Natur – von früh an gleichsam zum Aushängeschild gelungener Zivilisation werden. Die soziale Selbstinterpretation einer frühen, auf rigiden Sklaven- und Herrschaftssystemen ruhenden 'Kultur' erfolgt so im Schatten des Gartens.

I. Aspekte des Gartens in der griechischen und römischen Antike

Die frühe Weihe der Gärten an Götter spricht davon, daß der ideelle Ordnungswert des Gartens fast analog zu dem Verpflichtungswert des Tempels erfahren und symbolisiert wurde. Vermutlich in Nachahmung ägyptischer Vorbilder sind uns vorhomerische Darstellungen auf Kreta überliefert. Nimmt man an, daß der homerischen Streit-Kultur die Zucht von Blumen noch unbekannt war, so begegnen aber doch aristokratische Gärten bereits als wohlgepriesene Topoi dieses Lebens. 'Prachtgärten' enthielten Nutz-Beete und Obstbäume; die Gärten des Laertes und des Antinoos in der „Odyssee" sind von Dornsträuchern umgrenzt. Wichtig ist unter sozialkultureller Sicht, daß der Garten bereits so früh zu einem Synonym und Symbol für die Memoria eines wohlbehüteten und wohlbehausten Aristokratenlebens geworden ist. Odysseus trifft im Laertes-Garten seinen Vater wieder und erinnert sich der glücklichen Jugend in diesem Garten. Die Gärten sind *prasiai* = *Prachtorte*. Es gehört zum natürlichen Ausweis hoher Kultur, daß Könige, denen alles in den Fingern zu Gold wird wie Midas, einen fabelhaft großen Garten besitzen. Und es versteht sich, daß die symbolische Soziologie des Gartens jene Projektionen einer Vitalitäts-Religion favorisiert, die gelingende Sinnlichkeit darstellen. Die Gärten, ihre Blumen insbesondere, stehen unter dem Schutz des Dionysos. Die Horen und die Chariten – die 'Stundengötter' und die Lustvermittler – behüten die eudämonische Kraft des Gartens. So bildet sich der Zusammenhang von göttlicher 'Kreation' und menschlicher 'Rekreation'. Der Star der frühkulturellen Züchtungen, die Rose, ist die Favoritin der Aphrodite. Insbesondere bei den mehr pragmatisch denkenden Römern gewinnt der Fruchtbarkeitsgott Priapus – dessen erigierte Stelen schon in Griechenland apotropäische Wächter-Funktionen innehatten – vermehrte Bedeutung als Förderer von Gemüse und Obst. Bedeutende Tempel der griechischen Welt sind von wohlgepflegten Tempelgärten umstanden – eine Situation, die in der besser erhaltenen Hütungskultur noch der heutigen buddhistischen Welt ganz analog gefunden wird: In Indien sind die Groß-Stupas der ersten Lehrauftritte des Buddho von Großgehegen mit zahmen Damhirschen umgeben (so in Sarnath, Bodgaya), in Thailand finden sich die Tempelgärten als Reservoirs magisch-göttlicher Kraft mit zahlreichen kleinen, auf hohen Hölzern stehenden Tempelchen, allesamt von Blumenschmuck erdrückt. Ähnlich dürften die antiken Artemis- und Nymphentempel von reichen Blumengärten umgeben gewesen sein. In den wesentlich der Natur sich zuwendenden Mythen der Antike sind insbesondere die 'zahmen' Götter häufig als Gartenbesitzer vorgestellt. Es entsprechen sich Domestikation des Naturbezuges und des Götterbildes. Auch in profanen Gärten werden Instanzen der Fruchtbarkeit wie Okeanos und Pan, Instanzen der kulturellen Lustvermittlung wie Dionysos-Anthios und Hermes aufgestellt. Ein so schöner wie fruchtbarer Jünglingsgott der Antike hat einer ganzen Gattung zierlicher Devotionalien-Gärten den Namen gegeben: Waren die Adonis-Gärten nur die in Töpfen gehaltenen Schmuck-Blumen, oder hat sich der 'Adonishof' – die *aulâ Adónidos* – aus einem säkularisierten Kultur-Garten entwickelt? Jedenfalls beginnt hier bereits die allegorische Auslegung, wonach die Blüten des Adonisgartens in der Tonschale mit der Seele im Leib verglichen werden. Der mystisch-sakrale Sinn der Adonisgärtchen liegt in einer „Wiederholung des Sterbens und Auferstehens des Gottes": „wie aus dem Blut des toten Adonis Blumen sprießen, so auch aus dem Gärtchen. Die Ambivalenz wird jedoch dadurch deutlich, daß diese Blumen rasch verwelken, der Tod des Gottes sich ständig wiederholt".[1]

Der Garten als geleistetes Paradies tritt in der Memoria-Kultur der Antike an den besten Platz, den das Totenreich zu vergeben hat. Seit Pindars Zeiten wird „der schönste Teil des Totenreiches [...] als Garten vorgestellt. Die Asphodelos-Wiese gehört zu ihm, überhaupt ist das Elysium ein duftender Rosengarten mit immerblühenden Blumen, Bäumen und wunderbaren Früchten."[2]

Selbst die früheste intellektuelle Hochkultur Europas ist letztlich als Garten-Kultur konzipiert: Anfang des 4. Jahrhunderts vor Chr. hatte Kimon ein trockenes Gelände in Athen in einen Garten umgewandelt; 388 kaufte Plato diesen Garten als Grundstück seiner Akademie – und fast tausend Jahre, nämlich bis 529 nach Chr., blieb dieser Garten in dem Besitz der Platoniker. Aristoteles und die Peripatetiker philosophierten im Garten des Lykeion. Und der Beginn einer literarischen Biologie bei Theophrast liegt in seinem ausgedehnten Garten. Seine Schule der Botanik ist als Widerstandsschule gegen die Anti-Kulturen des Militärischen noch bei Bertolt Brecht und Peter Huchel gegenwärtig. Als Exempel humanistischer Hütungskultur bleibt der griechische Diskussionsgarten bis in unsere Zeiten ein berufenes Inbild dafür, daß Pflanzenliebe und pädagogischer Eros gleichen Grundtrieben entspringen. Inbild gelassenen und nachdenklichen, musenreichen und geselligen Zusammenlebens wird dann der

---

[1] *Reallexikon für Antike und Christentum. Sachwörterbuch zur Auseinandersetzung des Christentums mit der antiken Welt*, Bd. VIII, Stuttgart 1972, Spalte 1051.

[2] Ebd. Spalte 1052.

306 von Epikur gekaufte Garten. Rückzugsgarten, allerdings lebensoffenes Territorium des Nicht-Schrecklichen, ein Gegen-Entwurf zur Militarisierung der Außenwelt: Hier lebt stoische Philosophie geschützt vor dem Lärm des Lebens – und noch der Einsame Denker des 19. Jahrhunderts, der Tiefenanalytiker von Sils-Maria Friedrich Nietzsche entwirft seine letzte abendliche Utopie eigentlich als einen Garten Epikurs.

Wir stehen hier vor einer Sozialanthropologie des Rückzugsgartens. Neben der Kampfwelt der auf Rossen durch die Welt stürmenden Streiter-Reiche läuft eine Kulturwelt als Suche nach Gewißheit und Austausch im Medium langfristiger – darin bald auch ökologischer – Aktivität als Gartenkultur. Der Heilpflanzengarten ist bereits seit den Tagen der ionischen Naturphilosophie gegenwärtig – nicht nur als therapeutische Korrektur des männermordenden Heldentums. König Attalos der III. von Pergamon (gest. 133) hat hier einen berühmten Heilkräuter-Garten angelegt. – Am Ende der griechischen Kulturwelt wurde in der stoischen Bildersprache der allegorische Topos verankert: Die Philosophie selbst ist eine Art Garten: Logik gleicht einem umgebenden Zaun, Physik dem Boden und den Bäumen, die Ethik gleicht „dem Ertrag an Früchten".[3] Die Analogie von bewahrendem und veredelndem Gartenpflanzenbau und sittlicher Kultur ermöglicht – in ganz anderer Weise, aber zunächst mit ähnlichen Wirkungen – auch im antiken Westen ein Bild des Gartens als Geborgenheit und Schutz; immer aber unter dem Zeichen der Förderung des Individuums.

Weiterführung und Steigerung der griechischen durch die römische Kultur ließ neue und prächtige Formen aristokratischer Selbstbespiegelung entstehen. Die Wichtigkeit des Gartens beruhte zunächst auf pragmatischem Argument einer Massenkultur. Als Nutzgarten ist im Mediterranklima ein Garten letztlich wichtiger als eine Behausung. „Im republikanischen Rom war der Garten das Feld der Armen; die Hausfrau besorgte ihn und legte an erster Stelle Gemüsebeete an, doch brachte es schon die Bienenzucht mit sich, daß auch Blumen gezogen wurden."[4] In der Kaiserzeit entstanden die Gegentypen dazu: „Die riesigen öffentlichen, auch privaten Garten-Parks mit raffinierter Bewässerung, Heckenschnitt, einem reizvollen Nebeneinander von Kunstgarten

---

[3] Ebd. Spalte 1053.

[4] Ebd.

und Nachahmung von Naturlandschaften"⁵ – wie etwa Nachahmung des Tempe-Tals. Die hohe Zeit der „Villen" beginnt. Im Nahbezug zur Landhaus-Villa des Aristokraten wird der Villengarten Darstellung der gelungenen Unterwerfung von Natur. Importierte Bäume, zahme Tiere, Massen an klassischer Kunst geben sich ein prunkvolles, gelegentlich auch subtiles Stelldichein.

Gegenüber dem pompösen Freilandgarten wird eine Verwandlung des Villen-Hauses durchgeführt, die den Garten in das Herz des Haus-Hofes aufnimmt. Der griechische Peristylhof hatte keinen Bewuchs, er war gepflasterter Hof. In Rom werden nun die Peristyl-Höfe zu Stätten der öffentlichen Empfänge. Damit erweitert und differenziert sich die Fläche, die sich aber nicht beliebig ausdehnen kann. Vielmehr bleibt der 'Hof-Garten' ein architektural integriertes Element des guten Hauses, anders und nur vorübergehend genutzt wie die offene Veranda, in der man – mit Ausblick auf Großgarten und Meer – zu langanhaltenden Symposien und Gastmählern sich niederläßt.

II. Der Untergang der Antike und der Gartenkultur

Die aristokratische Gartenkultur der Antike beruhte auf Land- und Sklavenbesitz. Römische Mentalität des Urbanen schließt Vielvölkergesellschaft, Stolz auf die *pax romana*: auf den Frieden von Zivilisation und Bildung, selbstverständliches Recht auf kulturelle Mission ein. Der von uns favorisierte Term 'Hütungskultur' verweist darauf, daß auch technische Virtuosität im Umgang mit der Natur selbstbewußt genossen wurde. Latifundien mit weithingestrecktem Strand-Panorama, raffinierte Integrationen von Bergen, Schluchten, Tälern, Einbezug gezähmter Natur im Wild-Gehege, so daß das Vergnügen der Jagd zur Kostbarkeit von Abendveranstaltung wurde. Die patrizischen Villen stellten Welten im Kleinen dar. Sie demonstrieren Autarkie und Luxus. Die weithin in Europa residierenden römischen Herren faßten ihren Villen-Besitz als „*regna*" auf, als „Königreiche".

Die ungebildeten, analphabetischen, undomestizierten Horden der Germanen beendeten in der Völkerwanderungszeit – im 3. bis 6. Jahrhundert – das großkulturelle römische Monopol an Kultur, Bildung, Gartenkunst. Gleichzeitig

---

⁵ Ebd.

aber predigen die spätrömischen Kaiser und ihre Bischöfe ein Christentum, das grundsätzlich gegen die Lust der Welt gerichtet ist. Brutalisierung und dogmatische Christianisierung der aus den nördlichen Wäldern strömenden Soldateska arbeiten mit dem Untergang von Wirtschaftsordnungen zusammen. Gefährdet sind die Städte mit ihren Bibliotheken, ihren Sozialeinrichtungen, ihren Gärten. In wirren Jahrhunderten der Not erfolgt eine Inversion der Kultur, die sich auf Seelenheil allein oder doch zuvörderst besinnt. Kultivierte Geschliffenheit stoischer Humanität stirbt einen schnellen Tod. Kirchen – Aufseher – Bischöfe – retten Restbestände an moralischer Ordnung, richten sie aus auf die Konkurrenz zwischen 'weltlicher' und 'religiöser' Macht, die nun ein Jahrtausend um die Vormacht ringen.

Die große religiöse Inversion des christlichen Abendlandes hat nachhaltige Folgen für die sozialgeschichtlichen Voraussetzungen der Gartenkultur. Scharf skizziert, läßt sich pointieren: Die Nordeuropäisierung eines Kulturgebietes, das zunehmend von Kräften nördlich der Alpen beherrscht wird, heißt: Beginn der Burgkultur; Versteinerung der Angst-Anwesen; defensive und grundsätzlich vorwaltende Mauer-Kultur in Bergnestern; man verschanzt sich; zieht nur zu Kämpfen aus; diese Besitztümer sind – die Geschlechter kämpfen jahrhundertelang um Landnahmen – langfristig und können vererbt werden; Kämpferkulturen an der Stelle von Großstadtkultur; unterm Mandat des Christentums werden 320 spanische Bäder geschlossen; die neue Selbstbildungsform eines Land- und Kampfadel einerseits, in Hörige und Bauern anderseits gespaltenen 'Volkes', das sich z.T. stammesgeschichtlich, z.T. religionsgeschichtlich definiert, heißt für überragend zahlreiche Orte Eintritt in das Kloster; aus den Extrem-Gesellschaften der alten Welt treten Extremformen der Lebensverachtung den Weg nach Westen an. Die Signatur der Weltflucht okkupiert breite Schichten des Bewußtseins. So wird die antike Welt vermauert in Zufluchtsburgen des Mönchtums. Härteste Askesen nehmen epidemischen Charakter an. Anfang des 4. Jahrhunderts löst der Hl. Antonius nach 20 Jahren des Lebens in der Einöde Ägyptens Massenbewegungen aus. 4000 seiner Nachfolger sollen im 4. Jahrhundert dort ihr Leben in Kasteiungen, in Höhlen und auf Säulen verbracht haben. Einsiedlertum verurteilt jede Vorstellung hortensischen Hedonismus. Besitz wird diffamiert als Habgier, Selbstbewußtsein als teuflischer Hochmut, jede Anwandlung von Liebe als Sünde des Fleisches. Soziale Mobilität realisiert sich als Vorgriff aufs Weltende, Einsiedlermönche bauen allenfalls wenige Nutzpflanzen an. Erst im 5. Jahrhundert kommt es zu dorfartigen Erweiterungen der Einsiedlerzellen. Ein großer Teil des volkshaften

Verkehrs findet als Pilgerfahrt statt. Pilgerherbergen gleichen in ihrer äußersten Einfachheit monastischen Ansiedelungen. Um die Säule, wo Simeon Stylites der Ältere die letzten 30 Jahre sein Leben verbrachte, erwachsen mehrere Kirchen, mehrere Pilgerhäuser.

III. Benediktinische Klosterkultur als Ausgleich der Extreme

Nach den Regeln des Hl. Augustinus (354-430) und des Hl. Benedikt (gest. Mitte 6. Jh.) entstehen nun in Europa Klosterkomplexe nach einem durch Mauerumgrenzung und leeren Innenhof bestimmten Atriumsmodell. Dieses Modell geschlossener Architektur bestimmt dann auch den öffentlichen Kirchenbau in den (gleichwohl kleinen) Bischofsstädten. In einem Großkloster wie Tours leben in Holzhütten zahlreiche Mönche in ummauertem großen Hof. Zunächst eine kleine Kirche, dann mehrere. Das Ganze wie eine kleine wehrhafte Dorfsiedlung. Den Schutz der Kirchen und Klöster übernehmen Adlige, meist Könige und der Kaiser. Im Umkreis des „Klosterkraals"[6] beginnen sich Bauern anzusiedeln. An den Fernwegen – nahe den altrömischen Schutzmauern der ziemlich nomadenhaften Hütten- und Zeltsiedlungen – werden bis zum 'hohen Mittelalter' immer mehr Kirchen gebaut. Aber es sind kleine, arme, schmucklose Wehrkirchen: Die Kunstleistungen der Jahrhunderte der Merowingerzeit (7.-8. Jahrhundert) beschränken sich auf einfache Ornamentik. Der herrschaftliche Garten fehlt ebenso wie das herrschaftliche Haus. – Auch in Nordeuropa zieht noch lange keine Hortikultur ein: Besiedelungsträger wie die irischen Mönche haben selbst noch die Unwegsamkeit von Kliffen, Inseln, Schluchten aufgesucht, um die religiöse Idee der 'Unbewohnbarkeit', also die Idee des himmlischen Pilgerziels zu realisieren. Der Imperativ zur Askese herrscht in der Rückzugskultur der mönchischen Einsamkeit vom Berge Athos bis zu Cassiodors irischem Kloster Vivarium.[7]

Es war aber eine humanistisch gemilderte, soziale Verträglichkeit favorisierende Kulturidee, die dem europäischen Mittelalter die Chance des Wiedergewinns antiker Kulturwerte vermittelte. Nicht die syrisch-ägyptischen Totalverneiner der

---

[6] Vgl. dazu Wolfgang Braunfels: *Abendländische Klosterbaukunst*, Köln 1969, S. 30.

[7] Ebd. S. 34.

Welt errangen den Erfolg, sondern der nüchterne und auf Langfristigkeit bedachte Geist des Benediktus von Nursia. Er wechselt vom Einsiedlerleben zum Gemeinschaftsleben, schreibt die benediktinische Ordensregel und kombiniert Arbeit mit Gebet. Die *stabilitas loci* – die lebenslange Verbindung mit einem Kloster – gewährt die Möglichkeit kontinuierlicher Kulturarbeit, nun wieder in Ackerbau, Gartenbau. Sozialgeschichtlich wurde die Abkehr von den Massenklöstern des Orients – die sich in Syrien wie im weiteren buddhistischen Osten mit Größen zwischen zwei- bis dreitausend Mönchen pro Ort abgaben – wegweisend. Den europäischen Erfolg der Benediktiner organisierte und sicherte Karl der Große, der die benediktische Ordensregel als Grundstruktur selbst für die nicht-mönchischen Kapitel vorschrieb.

Vom frühmittelalterlichen Einsiedlerdenken behält allerdings die religiöse Kultur Europas das grundsätzliche Element, daß der Garten nicht als kleine Wiederholung, als verbesserte Auflage der schönen Welt inszeniert wird, sondern nur als 'Einschränkungskultur' geduldet. Das Stichwort dieses Aufsatzes, der vom *hortus reclusus* spricht, spielt auf die Rückzugsideologie, auf die manifeste Anti-Weltlichkeit christlicher Gartenkultur an. Mönchsorden, wie sie dann im 13. Jahrhundert als Bettelorden (der Franziskaner und Dominikaner) entstehen und rasante Verbreitung finden, reduzieren 'In-der-Welt-Sein' grundsätzlich auf das Allernötigste. Meditation verbunden mit Verachtung von *luxuria*. – Der in der Außenwelt negierte Garten aber entsteht als Innen-Garten. Die Askese-Paradiese der Schmucklosigkeit – die Reformorden der Zisterzienser und Prämonstratenser verzichten sogar auf jeden Turm als Architektur-Schmuck – dulden den Garten nur als Lebensfristungsmittel. Jede Außenwelt wird durch die religiöse Innenwelt überboten. Die Utopie richtet sich auf Seele – und selbst die Architektur der Rückzugsorte spiegelt den bloßen Hilfsdienst, der außenweltlichen Werten zugebilligt wird. Die Natur wird spirituell umfunktioniert. Lebenswerte werden umbesetzt und nur toleriert, soweit sie allegorische Verweisung für das transzendente Heil verbuchen. Eine strikte Kultur des Heilsbuches negiert sogar den natürlichen Wert des Baumes. Zwar sind im Plan des St. Gallener Klosters die Namen der Bäume des Klostergartens eingezeichnet. Die Figur des Baumes wird aber zum Totenwächter einer Jenseitsreligion. So liest man rings um das Kreuz inmitten des Friedhofs die Zeilen:

> Der heiligste unter den Bäumen des Feldes ist das Kreuz, an welchem die Früchte des ewigen Heils duften.

Verslyrik hebt in der Beschreibung der Funktionen ab auf die Jenseitsbedeutung; sie negiert nochmals irdisches Leben.

> Rings um dies Kreuz sollen die Leiber der verstorbenen Brüder liegen und durch seine Strahlkraft das Königreich des Himmels erlangen.[8]

Zur Demonstration einer perfekten Kloster-Inszenierung mit randlich eingeschlossenem Garten-Bereich sei der Plan des großen Benediktinerklosters St. Gallen herangezogen.

DIE UTOPIE VON ST. GALLEN

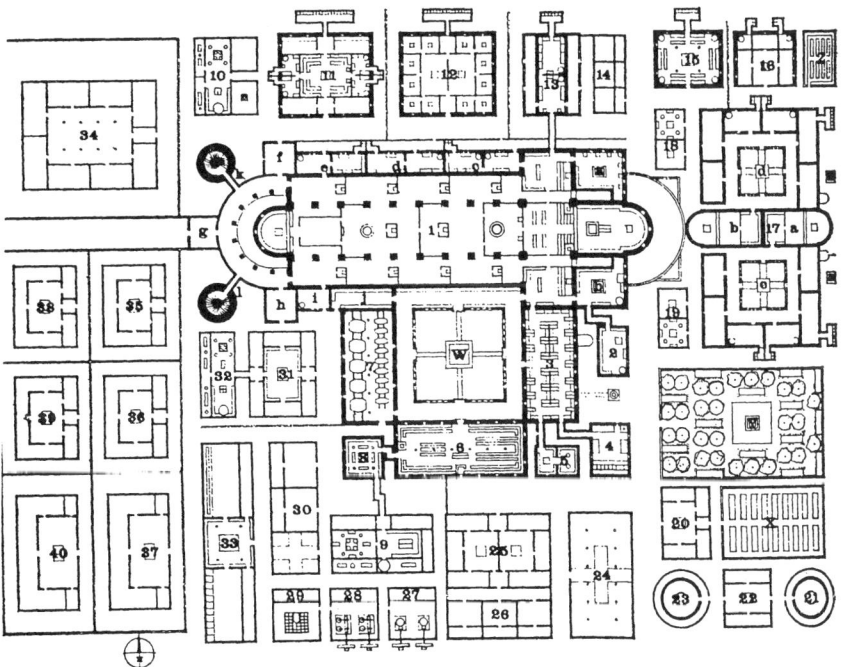

Die Utopie der jenseitigen Zukunft blockiert Wahrnehmung und negiert Gültigkeit irdischer Natur.[9] Anders als in der ostkirchlichen, frühbyzantinischen Tradition scheidet die Vorstellung eines 'Paradieses auf Erden' aus der

---

[8] Ebd. S. 51.

[9] Ebd. S. 52f.

asketischen Westreligion aus. Trotzdem aber übernimmt das Benediktinerkloster die sozialen Funktionen der Alphabetisierung, der Schule, des land- und gartenwirtschaftlichen Betriebes, des Verwaltungszentrums.

Ein ganz auf den Lebensnutzen beschränkter Gartenbetrieb, ein Baumbestand nur als kleiner Wandelort in unverbrüchlich rechteckigem Zuschnitt.

Wir sprachen vom Weiterleben einer Grünfläche – des römischen Atriums – im Mittelalter. Auf das Bedürfnis des meditativen Wandelgangs, der Frischluftzufuhr im total ummauerten Hege-Bereich der Spiritualität ist der Kreuzgang zugeschnitten: Auch er dient der asketisch-meditativen Einverleibung des Leid-Lebens Christi. Dieser größtenteils schmuck- und blumenlose Fleck rechteckigen Grüns kann in seiner Mitte einen Baum enthalten; dieser wiederum gedacht als Zentrum in Christo. Oder er enthält einen Brunnen. Auch dieser gedacht als Springquell der Erlösung und Sündenvergebung. Wasser wird imaginiert als Reinigungs- und Läuterungsmittel. Spirituelle Symbolik erlaubt keine ökologische Selbständigkeit, wie wir sie am japanischen Garten kennen. Da Natur immer schon zu überwinden ist, kann es nicht darauf ankommen, ihre Alterungsprozesse zu zeigen. Sie ist immer von Gnade = *gratia* überboten.

Im hohen Mittelalter – 12. und 13. Jahrhundert – entstehen gegen aufkommende Luxusneigungen Reformorden. Sie verstärken das Armutsgebot, zugleich aber auch die Neigung, das Seelenheil in Klostergründungen – in 'Stiftungen' – gleichsam als Kapitalanlage anzulegen. Berühmtes Beispiel dafür ist der von St. Bernhard gegründete Mönchsorden von Citeaux, der Zisterzienser. „In allen Zisterzienserklöstern hat man dem Wassersystem die größte Aufmerksamkeit zugewandt."[10] Aufmerksamkeit wird auf die genaueste und sauberste Auslegung der Steinfliesen gerichtet. Innere und äußere Sauberkeit spiegeln ein deutlich individualisiertes Lebensbild. Bei den Zisterziensern wie bei den Kartäusern bekommt nun jeder einzelne Mönch seine Zelle als eigenes Häuschen, auch die Konversen (Brüder im Gegensatz zu den ordinierten Mönchen). Das Kartäusertum greift nochmals die Idee der völligen Abgeschiedenheit auf und realisiert sie in der Reihung von Eremiten-Kartausen entlang der ersten oder einer zweiten Umfassungsmauer. Jeder lebt in seiner Zelle. Und man versammelt sich nur dreimal am Tag zur Gemeinschaft: bei Morgen- und Abendgebet und bei der

---

[10] Ebd. S. 142.

täglichen Messe. Sogar die Speise wird dem Einzellermönch in die Durchreiche gestellt. Nur an Sonn- und Festtagen isst man im Refektorium.

Hier erlebt man, daß eine bewusste Einsamkeitskultur den Wert des Rückzugsgarten wieder zu sich selber bringt: Zwar ein relativ großes, ein- bis dreifach vermauertes Territorium, aber der eigenen Verantwortung und Kultur anheimgestellt. Die Kartäuser-Häuser kennen – im Unterschied zu sehr vielen meditativen Klöstern, in denen es oft nur einen einzigen geheizten Raum gegeben hat – einen geheizten Vorraum. Der Garten gehört für den kartäusischen Reklusen zum Privatissimum: Die allgegenwärtige Observation durch andere, durch Beichtväter und Prior hört hier auf. Auch der Prior darf nur bis zur Gartentüre gehen. Aber der Garten spielt im kartäusischen Leben eigentlich nur die Rolle der Rekreation. Es ist kein Gemüse- oder Nutzgarten. Soziale Funktionen irgend einer Naturverwertung, Natursteigerung sind ausgeschlossen. Der Hortus reclusus ist nur für die Regeneration der reduzierten Lebensform selbst eingesetzt.

> Nie, außer in ihren streng ummauerten Gärten, betraten sie das Freie. Auch auf dem Kreuzgang blieben sie innerhalb der Grenzen der Architektur. Man kann sie sich nicht im Inneren des Hofes, ebensowenig auf dem Platz vor der Kirche vorstellen. Ihr einziger Weg war von der Zelle zur Kirche und zum kleinen Klosterhof, an dem Kapitelsaal, Refektorium und Bibliothek lagen. Auf diesem Weg verließen sie nie den Fliesengrund des Kreuzganges.[11]

Eine der berühmtesten und touristisch am meisten nachgefragten Kartausen ist die oberitalienische Certosa di Pavia; eine Stiftung der Mailänder Visconti. Für ihre zahllosen Verbrechen zahlten sie den Zoll einer Kartause, wo die Mönche für ihr Seelenheil beten konnten.

> Der Eindruck entsteht, als hätten sie einerseits Gebetsenergien von großer Potenz zum Ausgleich ihrer Schuld eingesetzt und anderseits ihre Opferbereitschaft in einem Kunstluxus bezeugen wollen, für den sie die Mittel durch neue Umlagen im Volk leicht beschaffen konnten.[12]

---

[11] Ebd. S. 160.

[12] Ebd. S. 162.

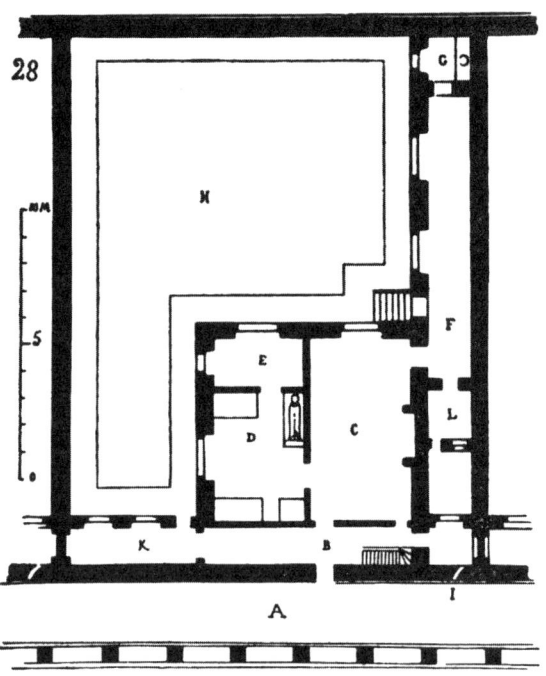

Kartäuserzelle. Nach Viollet-le-Duc
(nach Braunfels S. 158)

A = Kreuzgang
B = Gang zur Abtrennung vom Kreuzgang
C = geheizter Vorraum
D = Zelle mit 4 Möbeln: Holzbett, Bank, Tisch, Büchergestell
E = Kammer
F = Ganz zur Latrine (G)
H = Garten mit Türe (K)
L = Vorratsraum

Eine spätere Kartause liegt nicht im freien Feld, sondern in engster Nähe zur befestigten Altstadt der Freien Reichsstadt Nürnberg. Das bürgerlich finanzierte Bauwerk stammt vom Ende des 14. Jahrhunderts. Einzelne Familien bezahlten die Zellen. Um das Kloster nicht mächtig werden zu lassen, durfte der Prior nur zwölf Mönche aufnehmen; und weder Könige noch Kaiser um Freiheiten bitten; außerdem mußte er bereit sein, das Kloster auch abbrechen zu lassen, wenn strategische Notwendigkeiten dies empfahlen. Die Nürnberger Kartause lebt nur ca. 150 Jahre: Ihr Prior schloss sich bereits 1524 der Reformation an. Heute ist dort das Germanische Nationalmuseum untergebracht.

IV. Die Verschiebung der Lebenslust in den mariologischen *hortus conclusus*

Es gibt natürlich auch im Mittelalter im außerkirchlichen Bereich Lustgärten: Das Rittertum kennt den Rosengarten, wie er z.B. für Kriemhild eine auch erotische Rolle spielt.[13] Wenn in den Askese-Welten der verdrängte Garten als allegorisches Innen-Bild aufersteht, so entwickeln sich Überschneidungen und Kontrafakturen in der sprach- und bildkünstlerischen Produktion, die sehr wohl hohe Grade an sozialer Vorbildfunktion erhalten. Wie schon angedeutet, kann Gartenkultur sich auch im Zeitalter der Hostie legitimieren als Schule des Glaubens. Nicht mehr Diskussion, politische und philosophische Schulung wie in der Antike, sondern Vorbild-Anschauung, phantastische Imaginatio als Imitatio des Schönen, das als Ableitung des Guten gilt. So fingiert, nach der Sensitivierung der Frauen-Minne, nach der Sensibilierung durch die neuen Marienorden (der Dominikaner, weiblich und männlich), die eine entsprechende Liebesmystik hervorgebracht haben, – so fingiert die Figur der Maria einen neuen Zielpunkt literarischer Theologie. In dieser kommt es zur – allerdings sprach- und bild-abstrakten – Wiedererweckung der vorchristlichen Funktion des Liebesgartens. Das alttestamentliche Hohe Lied der Liebe – eine Sammlung

---

13   „Rosengärten erfreuten sich im historischen Mittelalter größter Beliebtheit. So hielt Kriemhild, wie die Heldensage erzählt, Hof zu Worms, wo sie einen schönen Rosengarten besaß, als dessen Hüter Siegfried und eine Anzahl seiner Recken bestimmt war." Herbert Heckmann: „Walahfried Strabos Hortulus - der ideale Klostergarten". In: Hans Sarkowicz (Hg.): *Die Geschichte der Gärten und Parks*, Frankfurt/M. 1998, S. 122-133, hier S. 132.

hinreißender weltlicher Liebesgesänge, die zahlreiche geographische und biologische Anspielungen enthalten, also von höchster Welthaltigkeit sind, – dieses Urbild des religiös aufgewerteten Liebesliedes, das *canticum canticorum* wurde dem König Salomon zugeschrieben, der darin die Schönheit einer Ägypterin besinge (welthaltig also auch darin, daß exotische Schönheit exzelliert!). Natürlich hatte dieses Lied bereits spätantike Rezeption gefunden – ein Jahrhundert vor Benedictus hatte Theodor von Mopsuestia (gest. 428) die natürliche, weltzugewandte, erotische Liebe gepriesen. Diese Ketzerauffassung wurde aber im Konzil von Chalkedon verurteilt.[14]

Interessant ist nun der Wechsel der legitimierenden Kunst-Diskurse: Als hochwertvolle Eros-Didaxe archaischer Liebes- und Hochzeitslieder wurde das Lied der Liebe nicht geduldet – aber schon die Rabbiner wußten es buchstäblich einzugemeinden: Bei ihnen „wurde das Hohelied auf Gesetzgebung und Tempelbau als der Beginn der Liebe Gottes zu Israel bezogen".[15] Juristifizierung und Architekturierung bezeichnen erfolgreiche Strategien zur Entsinnlichung der antiken, sowohl altjüdischen wie heidnischen, Kultur. Beide Diskurse gerinnen zu Dogmatik. Die sinnlichen Restbestände der Realwelt tragen das lebensweltliche Potential allegorischer Deutung. Ihrem spirituellen Ziel verdankt das Hohe Lied die Kanonisierung. Allegorie als Verdrängungswettlauf – und als Erweiterung der symbolischen Ordnungen. *Aliud dicere aliud significare* – etwas anderes ist es, benennend zu sagen und bezeichnend zu meinen: Unter der exegetischen und pastoral-pädagogischen Signifikanz des Heilserwerbs der Seele dürfen die nicht nur regenerativen, sondern gelegentlich auch generativen Potenzen des Gartens in korrekter spiritualer Interpretation wiederauferstehen. Seit Bernhard von Clairvaux und Rupert von Deutz konzentriert sich die Auslegung des Hohen Liedes auf Maria, signifiziert deren Doppelrolle als Gottesmutter und Braut der Kirche. Die Ägypterin, die Sulamithin, sie wird nun zum Inkarnat, zur reichst ausgestatteten Garten-Figuration, weil sie Vorläuferin der 'wahren Sulamithin' des Neuen Testamentes wurde: Die psychistische Inversion des Gartens läuft über die allegorische Lektüre seiner Einzelheiten im Raum spiritueller Erotik.

---

[14] Heimo Reinitzer: *Der verschlossene Garten. Der Garten Marias im Mittelalter*, Wolfenbüttel 1982, S. 7.

[15] Ebd.

„Die Geliebte als Pflanze und Baum, als Frucht und Gewürz, als Quelle und Garten, als verschlossener Garten, *hortus conclusus*."[16]

Nachdem die Schlüsselgewalt für die Garten- und Eros-Klausur den Priestern gesichert ist, kann der personifizierte Garten seine Wahrheits- und Vorbild-Werte erbringen.

Da der Garten jenes Inbild einer im Austausch von Innen- und Außenwelt, von Familienseele und Haus entstehenden Versinnlichung von Lebenskultur ist, musste die altscholastische strikte Dichotomie von sinnlicher und geistiger Welt zurückgenommen werden. Die Sprache ermöglicht es mit einer kleinen Präpositionalspekulation: Gegen die Natur – *contra naturam* – seien die Wunder der Heilsgeschichte von Gott eingerichtet worden; nun kann man sagen, auch *per naturam*, d u r c h die Natur. Und so haben uns arme Scholasten der fünfziger Jahre die zur Hochschulmission ausgesandten Militärs des Jesuitenordens in München beizubringen versucht, wir müßten den ersehnten Stand der Ehe einfach unter dem Siegel der Ehe, die Christus mit seiner Kirche geschlossen habe, zu verstehen lernen. – Um Christus geht es also auch im *hortus conclusus*. Denn anders als im Fall des *hortus reclusus* bestimmt sich der partielle Ausgleich zwischen Askese und Leben nicht nach quantitativen Modellen, sondern nach der qualitativen Interpretation der Allegorie. Die qualitative Aufwertung von Welt geschah – diesseitslegitimierend – bereits im Alten Testament: Natur, Schöpfung, mithin der Garten als Schöpfung in der Schöpfung, stellen *specula* – Abbilder – Gottes dar. So wurde in den Reichenauer Hortulus-Exegesen jede benamte Pflanze als Spiegelchen Gottes rubrifiziert, als eine Seite im Buch der (göttlichen) Natur, als *pagina divina* des *liber naturae*.[17]

---

[16] Ebd. S. 10.

[17] Vgl. dazu die Hinweise Herbert Heckmanns (s. Anm. 13): *Die Geschichte der Gärten und Parks*. Er spricht von den Gefahren der mönchischen Gartenlust, auf die Herard von Landsberg, Äbtissin des elsässischen Klosters Odilienberg, in der illuminierten Handschrift des „*Hortus Deliciarum*", des „Gartens der Köstlichkeiten", hingewiesen hat. „Da ist auf der Darstellung der Himmelsleiter ein Eremit zu erkennen, der kopfüber in seinen kleinen Garten stürzt, über dem er das wirkliche Paradies vergessen zu haben scheint." (S. 123f.) - Walahfried Strabo beschreibt 23 Pflanzen des Reichenauer Klostergartens, bei dem es sich vor allem um einen Heilkräutergarten handelte. Strabos poetische Klimax gilt jedoch den erotischen Urbildern der Rose und der Lilie, „die er auch in seinen beiden schönsten Gedichten des 'Hortulus' preist. Er sieht sie sowohl als Blumen wie auch als Sinnbilder göttlicher Offenbarung." (S. 131)

Das Mittelalter hat uns bis heute ein sprachliches Symbol der gelungenen Gartenkultur hinterlassen, wenn heiligend-veredelnde Erziehungs- und Bewahrungsräume als „Hort" – eine Abkürzung aus *hortus* – bezeichnet werden. So sang ich zum Abitur meines Jahrgangs 1954 im Männerchor der Benediktiner-Anstalt von St. Stephan zu Augsburg Zeilen aus einem Text des 19. Jahrhunderts: „St. Stephan, stiller Musenhort / lebst für und für uns weiter fort". Der Heilsgarten der Kirche enthält als wertvollste mystische Pflanze die Rose: Die Rose war aber nicht nur ein Symbol der Liebe, sondern wurde schon sehr früh mit dem Kreuzestod Christi in Verbindung gebracht. Mit ihr zusammen ist die Lilie Sinnbild der höchsten Ehre der Kirche,

> Die im Blut des Martyriums pflückt die Geschenke der Rose
> Und die Lilien trägt im Glanze des strahlenden Glaubens,
> Jungfrau Maria, Mutter, die du den Sohn hast geboren,
> Jungfrau, im Glauben ohn' Makel, du Braut nach des Bräutigams Namen.
> Braut und Taube, du Hort und Herrin verläßliche Freundin,
> Pflücke Rosen im Streite und brich frohe Lilien im Frieden.[18]

So wird der *hortus conclusus* trotz seiner dogmatisch aussperrenden Funktion zum totalisierenden Zeichen einer moralisch-sittlichen Lebensform höchster Verbindlichkeit. Und als ehemaligem Kandidaten und Sodalen der Marienkongregation studierender Jugend in St. Stephan ist mir die auch männliche Enkulturation veredelnde Anrufung der Maria nur allzu vertraut – haben wir uns doch in der Jugendgruppe als 16- bis 18-Jährige auch im Alltag mit dem Gruß „Ave Maria" begrüßt.

Der Mariengarten versammelt wie ein Tugendbuch die Leitideale gottwohlgefälligen Menschenlebens.

> Maria hortus, quia in hoc horto creverunt flores lilii per virginitatem, violae per humilitatem, rosae per caritatem, frumenti per maternitatem, crevit crocus, qui est coloris aurei per angelicam assimilationem.
> (Maria), der Garten, weil in diesem Garten gewachsen sind die Blumen der Lilie durch eine Jungfräulichkeit, des Veilchens durch die Demut, der Rose durch die Liebe, des Getreides durch die Mutterschaft, gewachsen ist der Krokus, welcher ist von goldener Farbe der engelhaften Ähnlichkeit.)[19]

---

[18] H. Heckmann (s. Anm. 13), S. 132.

[19] Reinitzer (s. Anm. 14) S. 13f.

Allegorische und historische Vor- und Rück-Projektionen eröffnen in der Signatura-Lesung der Welt Ähnlichkeitswerte, unter denen selbst dogmatische Paradoxa auflösbar werden, wie der Gegensatz von Jungfräulichkeit und Mutterschaft. Der Leib der Schwangeren wird zugleich 'buch', ist zugleich 'hortus', zugleich 'Palast' des Heils. Der Herr, der Fürst geht hinein durch die Vorhalle (Atriumsgedanke!), geht durch das Tor und dadurch wieder hinaus.

> Der schwangere Leib ist der verschlossene Garten Salomos, der die Braut und Schwester bezeichnet. Die nun folgende Auslegung verfährt typologisch; während der Garten des Paradieses, in dem Adam und Eva durch Sünde den Tod der Menschheit verschuldeten, unverschlossen war, ist der Garten Mariens verschlossen, in dem das Lamm Gottes weidete, das nach dem Bericht des Johannes (Apoc 5, 6ff.) allein würdig war, das Buch zu nehmen und seine sieben Siegel zu öffnen. Hatten Adam und Eva das Holz des Lebens verloren, gewann es Christus durch seinen Tod am Kreuzesholz zurück und bannte so das Unheil der Schlange, die den ersten Garten verwüstet hatte. Die Reinheit des Mariengartens wäscht ab die Sünden der Welt, in Maria, der Gottesmutter, löst sich die Schuld der ersten Eltern auf."[20]

Die soziokulturellen Aspekte dieser Verwendung der Idee des totalen Gartens – als Hort der Einheit von Profanität und Sakralität – sind deshalb so faszinierend, weil sie Schematiken der Aufwertung von Lebensbereichen zeigen, die zunächst einer dogmatischen Verwerfung ausgesetzt waren. Der Garten – inmitten der mönchischen Kulturnormen erneut als Totalität entworfen – wird in einer Buch-Religion zum Aktanten der Auffindung lebenssymbolischer Legitimationen. Er teilt seine Polyfunktionalität mit der Polyfunktionalität einer 'humanisierten' *Figura*: Mariens. Sie ist

„*speculum (dei, animae) sine macula*"	= makelloser Spiegel Gottes, der Seele,
„*porta Die*"	= Pforte, durch die Gott eintritt, durch die der Mensch zu Heil und Gott tritt,
„*scala Die*"	= Leiter zu Gott, Leiter von Gott, die er dem Sünden-Geschlecht der Menschen 'herabgelassen' hat,
„*fons conclusa*"	= versiegelter Brunnen, aus dem mittels der Entsiegelung sündigen Seins durchs Sakrament die Gnadenströme fließen, aus denen getrunken wird,

---

[20] Reinitzer S. 15f.

„*fons signatum*" (Cant. 4,12)	= der versiegelte, unberührbare Brunnen, zugleich „*puteus aquarum*„ = Vorrat der heilenden Wasser,
„*hortus conclusus*"	= verschlossener Heilgarten, der die Remedien für alle sündige Natur enthält,
„*templum Die*"	= letzthin der irdische Tempel, den Gott zu seiner Wohnstatt genommen hat. Vgl. den Tempel Salomos als Tempel des Trostes.

In der Idee und in der Gestaltung des *hortus conclusus* erreicht das hohe Mittelalter eine heilsnarrative Synthesis, die außer-empirisch eine Weltordnung im Bilde vorgibt.

Die Austreibung des Gartens wurde als frühmittelalterliche Stigmatisation Europas gekennzeichnet. Erst Nietzsche sollte es sein, der das Klagelied über die Schließung der Bäder und Gärten mit volltönender Stimme vortrug. Aber es zeigt sich, daß – mit Max Scheler zu sprechen – die adligen und frühbürgerlichen Eliten Alteuropas – jedenfalls in den symbolischen Welten der Literatur, der Dichtung und der Malerei – nach der Rückkehr ausreichender Urbanisation begonnen haben, in die alten Klostermauern der befestigten *Urbs* das Hintergärtlein des spirituellen Paradieses mit einer jungfräulichen Kindsmutter einzubauen. Vielleicht ließe sich – wir überspitzen – sogar sagen, dass Maria – als Idee der Mittlerin und der Mitte – die architekturale Deixis der *fons gratiae* – des Gnadenbrunnens, jedenfalls aber die katastrophische Deixis des in der Mitte der Klostergärten aufgerichteten Kreuzessymbols zurückgesetzt hat zugunsten der Lustform der kindhütenden Mutter-Imago, – zu welcher hinzutreten auch der Sodale Christi erst Waffen abzulegen hat.[21]

Über die Idealisierung einer Magd, die gottgebärende Herrin wird, bereitet sich in der Sozialphilosophie des theologischen Spätmittelalters auch eine Rückkehr enzyklopädischer Interessen vor. Mit Recht sieht Reinitzer in den ausgreifenden 'Bilder-Sammlungen' der literarisierten Liebes-Theologie Veranschaulichungsfor-

---

[21] Vgl. unter vielen Vorkommen das besonders schöne und wirkungsreiche Langgedicht einer Garten- und Paradies-Phantasie im Rheinischen Marienlob des 13. Jahrhunderts. Abdruck Reinitzer S. 29ff.

men; trotz des theologischen Leitfadens gilt: Die Sammlung selbst veranschaulicht auch Welt, „über die Anhäufung symbolischer Dinge" erfolgt auch „eine enzyklopädische Reihung der naturhaften Welt"[22]. Ein paralleler Gedanke in der Kunstgeschichte. Sobald die Mutter Gottes aus dem idealisierten Goldgrund der gotischen Malerei heraustritt, sobald ihr Hintergrund reale Landschaft wird, ermöglicht sich die Sichtung und Erkundung des solcherart vorgestellten und einbezogenen Gartens.

Auf dem um 1510 entstandenen Flügelaltarbild zu Maria Gail in Kärnten sitzt die nimbierte, langhaarige Maria in wallenden Gewändern im umschlossenen Garten umgeben von einer Fülle aller nur erdenklichen Attribute und Zeichen, die auf die Reinheit der Gottesmutter hindeuten: Jakobsstern und Sonne, Olivenbaum und

---

[22] Ebd. S. 31.

brennender Dornbusch, Jerusalem und elfenbeinerner Turm, Phönix, Pelikan und Löwe, Zweig Jesse und Manna.[23]

Strukturale Elemente laden bildliche Darstellungen mit Abbildern konkreter Dinge auf. Was sind denn die vier Schlösser, die den *Hortus Conclusus* absperren? Es sind: Gottesfurcht, jungfräuliche Schamhaftigkeit, Liebe zu Gott, Unwandelbarkeit frommen Lebens. – Um die ambivalente Rolle der *Figura* ins Bild zu setzen, kommt Maria des öfteren in bildlichen Darstellungen auch auf der Mauer oder sogar jenseits der Mauer zu sitzen.

> Von anderer Qualität sind erst jene Darstellungen, die sich von der enzyklopädischen Summe metaphorischer Zeichen abwenden und bei aller Stilisierung den Garten nach der Natur gestalten.[24]

Man vergleiche Paradiesgärtlein des oberrheinischen Meisters um 1410 im Städel-Kunstinstitut mit folgenden figuralen Kompositionen:

– Muttergottes als Himmelskönigin im *hortus conclusus* umgeben von Jungfrauen und Rittern.
– Dorothea pflückt Früchte vom Baum der Erkenntnis,

---

[23] Ebd. S. 40.

[24] Ebd. S. 44.

– Martha schöpft Wasser aus dem Brunnen des Lebens,
– Caecilia reicht dem Christuskind das Psalterium.

Der Weg in die grenzenlose Weite der Landschaft führt über die venezianischen Madonnen des Quattrocento in die Hochrenaissance, schließlich zu den bildnerischen und poetischen Gestaltungen auch des 19. und 20. Jahrhunderts.

V. Der säkulare aristokratische Stadt-Garten am Beispiel der venezianischen Gärten

> Es war unstreitig in den schönen und von einem so milden Himmel beglückten Gefilden Italiens, wo in den neuern Zeiten Europa die ersten Gärten wieder aufblühen sah. Hier erwachte zuerst das Gefühl für das Schöne, und weckte zugleich die edlern Künste aus ihrem langen Schlummer auf. Man weiß, daß diese wichtige Revolution sich besonders in der Toscana durch die großmüthigen Bemühungen des Geschlechtes der Medici erhob.[25]

Damit beginnt Christian Cay Lorenz Hirschfeld im 18. Jahrhundert den Abschnitt „Kurze Nachrichten von Gärten, Lustschlössern, Landhäusern, Gartengebäuden und Gartenprospekten". Der Titel dieser Abhandlung belegt, welche Breite der Gartenmöglichkeiten mit dem Beginn der Renaissance in Europa möglich geworden ist: Die italienisch-römische Landhaus-Villa ersteht wieder im Zusammenhang mit dem Aufstieg der italienischen Städte. Genauer: Die Landhaus-Villa wurde bereits im 14. Jahrhundert Zufluchtsort vor der Ausbreitung von Pest und Seuchen, zunächst in der Nähe der hygienisch desolaten Städte. Darüber berichtet Boccaccio am Anfang des *Decamerone*.[26] So werden die zunächst agrarwirtschaftlich interessanten Villen „zu Zentren der Kultur, und aus den Nutzgärten des Mittelalters wurden die Lustgärten der Neuzeit".[27] Wir können uns hier über den Wiedergewinn des erotisch zunehmend wichtiger werdenden frühbürgerlichen „Paradiesgärtchens" nicht auslassen – aber im Zusammenhang unserer Darstellung der Muttergottes-Minne ist relevant, daß der spirituelle *hortus conclusus* eine profanierend-säkularisierte 'Verwirklichung'

---

[25] Hansjörg Küster: „Italienische Gärten". In: Hans Sarkowicz (Hg.): *Die Geschichte der Gärten und Parks*, Frankfurt/M. 1998, S. 134.

[26] Ebd. S. 136.

[27] Ebd. S. 137.

in den diversen, oft vom Nutzgarten abgetrennten Minnegärten, Rosenlauben usw. gewonnen hat.[28]

Obwohl wir den neuzeitlichen Lustgarten nicht behandeln, ist sein spezifisch der erotischen Absonderung dienender Charakter eines *hortus reclusus* – eines Rückzugsraums in die Privatheit – nicht zuletzt in der Stadt Venedig bedeutsam, in der orientalisierend-sinnliche Einflüsse von der Seide über die exotischen Pflanzen bis zur Kurtisanenwelt hervorragend bedeutsam sind. Ist doch die Stadt selbst ein *hortus reclusus* im eminenten Sinn: Ein Insel-Reich im Wasserschutz, eine frühmittelalterliche Gründung gegen die Kultur- und Völkerzerstörer der vandalisch-germanischen und oströmischen Umbruchszeit. Eine Stadt zugleich der striktesten autokratischen Selbstverwaltung, einer hochgradigen Bereitschaft zur sozialen, auch oligo- und demokratischen Selbstrepression. Venedig, die Rückzugsstadt, wird hochaktiver Außenhandels- und Fremdherrschafts-Träger im ganzen Mittelmeerraum. Stadt aus Balken und Mauern – und, paradox, gleichzeitig mit sehr zahlreichen Gärten. Nobilitäts- und Privatgärten, von denen man – mit Gianni Berengo Gardin und Cristina Moldi-Ravenna – als von verborgenen und „geheimen Gärten"[29] sprechen muß. Gärten, zwischen Mauern und Häusermauern gedrängt, zusätzlich an Kanäle stoßend, mit doppeltem Zugang nicht selten, besonders im Fall der Tuch-, Gewürz-, Kunst- und Waren-Händler, die sich einen Garten rückwärts und manchmal einen vor dem Haus, der Wasserstraße zu, leisten können. Wenn es ein Kennzeichen des italienischen Gartens – seit seiner Inauguration durch die Medici – ist, daß eine große profane Palast- und Park-Architektur ihn bestimmt, aber auch ausweitet, so gilt dies nicht für den venezianischen Garten. Er behält ein Charakteristicum des hohen Mittelalters: Seine Feudalität, seine Reklusivität, seine meist geringe Ausdehnung. Während in den toskanischen Großgärten Architektur-Landhäuser, Paläste, Tempel, Rondelle usw. eingegliedert werden, ist in Venedig der Garten in die gedrängten Ensembles der Häuserfronten eingefügt.

Der verborgene Garten kehrt die Beziehung Natur-Architektur um. [...] Die von der Architektur umgebene Natur fügt durch die Umkehrung dieser Situation, die sofort erfaßbar

---

[28] Vgl. dazu die Darstellung von Dieter Hennebo: *Gärten des Mittelalters*, München und Zürich 1987.

[29] Cristina Moldi-Ravenna u. Teodora Sammartini: *Die geheimen Gärten Venedigs*, Fotos von Gianni Berengo Gardin, 2. Aufl. München 1995. Zum Garten des Nachdenkens und der still-geheimen Kommunikation vgl. auch Hennebo (s. Anm. 28) S. 161.

ist, dem natürlichen Schauspiel des Gartens den Zauber des Unerwarteten, des Wunderbaren und des Begrenztseins hinzu.[30]

Nun wird Architektur, das Gewohnte, zum Umfeld des plötzlich aus seiner Verborgenheit entspringenden Gartens. Dieser ist nicht immer nur *reclusus*, sondern übernimmt auch Funktionen des Sozialprestiges. Durchaus sind private Einladungen der Adeligen, der Bürger, schließlich der Künstler und Dichter Anlässe, diese gerade nicht steinigen Gärten aufzusuchen. Die im mittelalterlichen Reclusus-Garten verbotene Sinnlichkeit ist nicht mehr eingeschränkt, allerdings auch nicht ausufernd. Die gute Sitte, das Wiederaufleben der altrömischen *continentia*, aber auch der universale Bildungshorizont des Humanismus grenzen Entfaltungen der Lustsamkeit ein. Der venezianische Garten ist ein von Diskretion bestimmter Raum – *discretio* war ja Regel der benediktinischen Klosterexistenz. In der Diskretion der großen, immer auch politisch und moralisch überwachten Familien bewährt sich ein Geschlecht, das hinter prunkvollen Fassaden demonstrativ seinen Reichtum lebt. Undemonstrativ-demonstrierend birgt der Garten dahinter den sekundären Reichtum an Relikten der Kunst und Skulptur, Ornamenten der Heraldik, Angeboten der dialogischen und musischen Unterhaltung. Orte auserwählt-geselliger Kontemplation, werden venezianische Gärten zu unöffentlichen Nebenräumen, nicht ständig angeboten, sondern nur zu bestimmten Anlässen und für die besten Freunde; manchmal – für Prestig-Bankette – auch der hohen Gesellschaft.

---

[30] Ebd. S. 10.

Es gibt neben der Prestige-Avenue des Canale Grande die Hinterwasserstraßen der *trabochetti*. So umspielt eine soziale Ambivalenz den typischen venezianischen Garten. Obgleich er verheimlichend angelegt ist, bietet er doch die Emblematik seiner Beziehung zum Haus: eine geheime oft darin, daß es keine allgemein bekannten Zugänge gibt; eine ästhetische, indem Glanzfassade und/oder in die Mauern eingefügte Schilder und Schildereien der Geschichte einen Kommentar zum gelingenden, oft auch leicht verwahrlosten Bild, dem Garten, geben. Eine wesentliche soziale Faktur des venezianischen Gartens scheint seine Organisation nach dem Prinzip der Komplizenschaft zu sein: Ist er politisch gerade in seiner Vertraulichkeit, so muß der Besucher – der immer als sozialer Experte zu denken ist (davon abgesehen, daß er auch literarischer Experte sein soll) – um die Ambivalenz seiner eigenen Position wissen.

Mitunter schafft der venezianische Garten Komplizenschaft zwischen den Personen, die in einigen besonderen Fällen nicht mehr als zwei sein dürfen. Die Zweideutigkeit zwischen Gesagtem und Verschwiegenem wächst und wird begünstigt von der Gartenatmosphäre, die die Hauptfiguren in ihrem vollkommenen Einvernehmen isoliert.[31]

---

[31] Ebd. S. 41.

Ein allgemeines mediterranes Modell für die Abdichtung des besonderen Raumes im Gartenraum – gleichsam die soziale Interieur-Funktion – liegt in den mit Holz- und Metall-Gittern ausgestatteten *gazebos* – vor. Unter einer solchen Laube – häufig mit Efeu, mit Rosen, mit Glyzinien bewachsen – gedeihen die Akte des Nachdenkens, der Verständigung, der Entschließungen – geheim, aber wirkungsvoll. Den mit seiner Kleinheit zusammenhängenden spezifischen Zimmer-Duktus verwirklicht der venezianische Garten des mittleren und höheren Bürgertums oft mit einer zusätzlichen artistischen Ausstattung; indem nämlich an den Mauern nochmals Blumentöpfe und Blumenerker in Metall oder Stein angebracht werden.

1) So lässt sich ein sozialer Formtyp des *Hortus reclusus* als Typ des Kleinen Hauses oder des Großen Zimmers bezeichnen: Der Lebensraum weitet sich aus zu einem Raum, der auch im Fall des Bewuchses mit Kletterpflanzen ein Stück Himmel – oder wenigstens das Bewußtsein, dass es diesen gibt – erlebbar macht. Dieser Gartentyp verfügt häufig über einen direkten Weg zur Gartenpforte am Kanal.

2) Einen noch kleineren und geringeren Typ stellen die *Orti dei Semplici* dar: Es handelt sich vornehmlich um Küchen- und Gewürzgärten, in denen einfache Pflanzen, Heil- und Haushaltspflanzen, gezüchtet werden. Auch hier erscheint ein Rück-Verweis auf die klösterlich-engen Gewürzgärten möglich. In der aus den Stadtplänen seit dem 16. Jahrhundert erkennbaren Streuung der Gärten ist es nicht verwunderlich, dass diese engen und schmalen Gärten in der Stadtmitte dominieren. Erst im späteren 16./17. und 18. Jahrhundert kommen die größeren Gärten am Stadtrand, auf der Giudecca, und hier besonders auf der Außenseite zur Geltung. Sie sind – dem barocken Ideal von Rationalität, Prunk, Ordnungsdemonstration verpflichtet – als Prestige-Gärten zu verstehen.

3) In diesen Zusammenhang gehört die Information, dass sogar Weingärten in Venedig zahlreich waren. Ihre Bearbeitung wurde von einer den neuzeitlichen Differenzierungen der Sozietät verdankten Handwerkergruppe übernommen. Die *Ortollani* – also gleichsam die Großgärtner – sind keine Zunft mehr, aber eine steuerzahlende Körperschaft.

4) Aus dem Mittelalter gleiten selbstverständlich die Typen des Klostergartens auch in Venedig in die Neuzeit über: Es sind z.T. größere,

immer von hohen Mauern umgebene Gelände. Dank ihrer Historizität oft mit Inschriften, mit zerstückelten und verstummten Fragmenten angefüllt. Ihre schmale soziale Funktion erfüllen sie dadurch, daß inmitten oder randlich Tische aufgestellt sind, die dem vertraulichen und stillen Gespräch brüderlicher Gruppen dienen. Der Seminarist ist zu täglicher Selbsterforschung verpflichtet. Und so mögen sich auf den Steinbänken Novizen und Novizen- oder Beichtmeister, gelegentlich auch Freunde aus dem Zellen-Bereich *ad maiorem Dei gloriam* ausgetauscht haben. Gebete aus dem Brevier oder Anrufungen selbsterstellter Art sind dem Klostergarten zugeordnet, der nun gelegentlich dem Modell der halben Klausur unterliegt: Darnach dürfen Männer die Klausur betreten, während Frauen strikt vor den Gittern bleiben.

Solche Beispiele finden sich für den Orden des Malteser-Ritter, für verschiedene Kollegien, im Bereich des Redentore. Auch die mittelalterliche Tradition des Rückzugs von Nobilen, zumal von aristokratischen Frauen, lebt über das 16. Jahrhundert hinaus weiter. In den Klausur-Orden der Giudecca – so bei Moldi-Ravenna – „fanden Dichter, Philosophen und Literaten Schutz und Konzentration für ihre Reflexionen. Pietro Aretino spricht in seinen Briefen von einer Nonne in Klausur, die sich in ein Kloster in diesem Teil der Stadt zurückgezogen hat."[32] Aretino versteht den Entschluß der Aristokratin als individuelle Leistung der „Weltverachtung" und des „Siegs über das Schicksal":

> Der Verlust des Gatten, des Sohnes und der gesellschaftlichen Stellung hat Euch dadurch, daß ihr so viel erlitten habt, einen Trost verschafft, den Euch nicht einmal der Kaiser hätte zuteil werden lassen können: Denn der Raum, mit dem Ihr Eure heilige Person einschließt, ist weiter als die Fläche des Mondes. Wengleich sie klein scheint, ist sie doch das Abbild des Paradieses, das Ihr für Euch erlangen könnt; seinen Mauern können weder Menschen noch Waffen nahen ... dort werden Zeit und Tod sinnlos, weil Altern und Sterben Euch keinerlei Kummer bereiten. Glücklich seid Ihr, die Ihr Euch die Ruhe des Körpers und das Heil der Seele schaffen konntet. Mögen die den Herren spielen, die Verdächtigungen, Kummer, Kriege und Grausamkeit ertragen können; und wer Sicherheit, Freiheit, Frieden und Frömmigkeit genießen will, der soll uns verlassen.[33]

---

[32] Ebd. S. 104.

[33] Ebd. S. 105.

Soweit der für seine lockeren Fazetien berühmte Pietro Aretino über die alte, gleichwohl im Sinn der Selbstbestimmung variierte Tradition des Rückzugs in den *Hortus reclusus*.

5) Selbstdarstellung ist der Grund, warum die venezianischen Gärten einen hohen Anteil an Schmuck, an Erinnerungsmaterial, an Gedenktafeln für den Durchzug berühmter Persönlichkeiten haben. Sie nehmen gelegentlich Anteil an der Funktion, Teil eines halböffentlichen Museums zu sein: Von den Trümmern antiker Säulen und Skulpturen über die berühmten venezianischen Marmorbrunnen bis zu Kapitellen, Wappen, Medaillen, Amphoren werden Relikte gesammelt – und im Lauf der Jahrhunderte auch nicht immer museal beschützt. Der Zahn der Zeit nagt weiterhin. Gerade im Umkreis des Handwerks und der künstlerischen Produktion gewinnen Gärten den Charakter von abgeschlossenen Produktionshallen: für Holzschnitzerei für Altäre und Figuren, für Gitter und Berceaux; Holz- und Steinlager nehmen alte Ware auf, sammeln neue und liefern auch ästhetische Kontinuität. Außenwerkteile der Palazzi und der Kirchen ruhen neben Relikten der Vita Religiosa: Hier ein Dachkreuz, das neben dem Holzkreuz im Sinn eines Wegkreuzes steht.

6) Für die großen Maler Venedigs hatte der Garten mehrfache Funktion. Sammelort für die Schönheit exotischer Pflanzen, die detailgenau studiert werden können; gelegentliche Feste mit dem Aufmarsch der venezianischen Damen und Kurtisanen in der entsprechenden Robe, Treffpunkt für die Kollegen und Freunde, für die nahen Schüler, die z.T. in ihrer Hausgemeinschaft leben. Tizian hat sich einen Garten an der Lagune gekauft. „Dorthin lud er seine Freunde ein, und er verbrachte dort viel Zeit mit seiner Pflege."[34] In seinem Werk *Curiosità veneziane* berichtet Giuseppe Tassini, daß Tizian 1549 „von Bianca [seiner Witwe] ein ganz nahe [zu seiner Mietwohnung] gelegenes 'unbebautes Grundstück [bekam], das er zu einem überaus entzückenden Garten machte, wo er sich gewöhnlich mit seinen engsten Freunden vergnüglich die Zeit vertrieb. Von ihm spricht Rektor Priscicane am Schluß der *sechs Libri della Lengua*

---

[34] Ebd. S. 56.

Latina, gedruckt im Jahre 1553, und sagt, daß er mit Aretino, Sansovino [nicht dem berühmten früheren Skulpteur, sondern einem zeitgenössischen Literaten] und Jacobo Nardi von Vecellio [= Nachname Tizians] in einen seiner Gärten eingeladen wurde, welcher am äußersten Ende Venedigs gleich am Meere gelegen war, dort, wo man die liebliche kleine Insel von Murano [...] erblickt.' [...] Das Haus befand sich zu unserer Zeit in allgemeinem Umbau, im Zuge dessen ich den Baum mit den runden Blättern entwurzelte, den Tizian auf seinem Bild *Der heilige Petrus als Märtyrer* abgebildet hat. Jetzt sind dort die Fondamente Nuove."[35]

7) Eine Renaissance-Sonderform des verborgenen-verbergenden Gartens ist in Venedig mehrfach belegt: Der Labyrinth-Garten, der das gesellige Vexier-Spiel, das in Venezia auch im Bereich der Masken und Fächer seine weltberühmte Rolle spielt, in ein Raum-Spiel verwandelt. Hier werden intim-soziale Bedürfnisse einer in vielen Rollen-Spielen geübten Adels- und Bürgerwelt inszeniert und gestillt: Gärten als Hüter und Verstärker von Gefühlen.

> Nicht nur Stolz und Ruhm, sondern auch beständigere und einfache Gefühle. Das Bedürfnis der Reflexion führt zum Rückzug in den begrenzten Raum des Gartens. Der privateste Weg, derjenige, der zum 'allergeheimsten' Ort des Gartens führt, ist der der Zurückgezogenheit. In bestimmten Winkeln wird die Erinnerung quälender, weil sie an die Familienmitglieder gebunden ist, an die Lieben, die man verloren hat, an Männer und Frauen, die in der Vergangenheit verehrt wurden und noch immer in Stein gegenwärtig sind.[36]

8) Geschichte und Soziologie des Wissens gaben Venedig einen bevorzugten Platz – als vorgeschobene Bastion der Rezeption des Orients. Seit dem 15. Jahrhundert kommen Jahr für Jahr Kräuter, Essenzen, Gewürze und Gewürzpflanzen, Sorten fremdartigen Obstes und ungesehene Bäume auf den Schiffsladungen in die Lagunenstadt. Vom 15. Jahrhundert an malen Maler wie Crivelli, Carpaccio, Cima da Conegliano, Bellini mit äußerster Genauigkeit die in den Horti auffindbaren Gewächse. Orchidee und Chrysantheme erscheinen bei Cosmé Tura und Tintoretto. Venedig macht

---

[35] Ebd. 56f. Giuseppe Tassini: *Curiosità veneziane, ovvero Origini delle denominazioni stradali*, a cura di Lino Moretti, Venezia, Filippi 1964, S. 682.

[36] Ebd., mit Erinnerung an das herzförmige Labyrinth des Brandolingartens und andere manieristische Spielereien.

es sich zur Ehrensache, neben der Fülle exotischer Blumenwunder die schönsten Rosen-Plantagen zu haben – dies, nochmals in der Ambivalenz der symbolischen Bedeutung zwischen Liebeszeichen und Todesblume, „entlang der 'laguna morta', auf der anderen Seite der Giudecca".[37] „Ein einziger Garten zählte bereits im 17. Jahrhundert 180 der erlesensten Rosensorten, ungefähr 600 Bäume und Sträucher im Freien."[38]

9) „Zwischen 1600 und 1800 war die Zahl der venezianischen Gärten so hoch, daß man allein in Venedig mehr botanische Gärten zählte als in ganz Italien."[39] Nicht verwunderlich, daß die Fakultät der Medizin an der ältesten europäischen Universität Padua ihren Nutzen aus Anschauungs- und Wirkungspotential dieser botanischen Luxusgüter zog.

10) Weitere Typen des artistisch gestylten Gartens begegnen im Miniaturgarten und artifiziellen Kunst-Garten: „In Konkurrenz zur geplanten Natur ahmen Manufakturen in möglichst vollkommener Manier die Natur in Zement oder Schmiedeeisen nach."[40] Beide Herrschaftsformen werden im Doppelgenuß vorgeführt: die vollkommene Aufzucht und Pflege der Natur-Pflanzen, ihre perfekte Imitation und Überbietung durch Kunst-Gewerke. Wenn Natur die Introspektion und Meditation begünstigt, so erlaubt es Kunstfertigkeit, in diesem Raum kulturellen Selbstgespräches auch noch die Kontrolle über das Material aus Stein und Metall auszuüben.

> Gerade in Venedig entsteht die Kunst, Miniaturgärten aus Glas und Seide zu bauen, die sich über ganz Europa verbreitet. Die Glasbläser hatten die Kunst, Glas in Kristall zu verwandeln, während ihrer Aufenthalte in Böhmen erlernt.[41]

Murano war der international bekannte Glasproduzent geworden. Einen seiner besten Meister, den Giuseppe Briati, zwingt man, nach Venezia umzuziehen:

---

[37] Ebd. S. 88.

[38] Ebd.

[39] Ebd. S. 64.

[40] Ebd. S. 116.

[41] Ebd.

... sowohl Blumen und Früchte als auch Brücken, Gärten, Tiere und Figuren; alles geriet ihm zur Vollkommenheit. Damals prunkten die vornehmen Herren an allen Tafeln mit reizendem Zierat, dezert genannt. Dieser bestand [...] aus Glas des bekannten Briati und sogar die Staatsbankette des Dogen wurden durch ihn verschönt.[42]

Ähnlich tun sich Gold- und Silberschmiede hervor, Gärten voller Bäume, Blumen und Brunnen aufzubauen, wo das Wasser aus künstlichen Kristallen unversieglich spritzt.

11) Der mit altitalischem oder mittelalterlichem Kunstboden ausgelegte Garten nimmt in jüngster Zeit in einigen Fällen den Charakter des intimen avantgardistischen Museums an. Die Peggy-Guggenheim-Stiftung baute den Ca. Venier dei Leoni-Garten zu einem verwinkelten, auf verschiedenen Niveaus liegenden, die Geschlossenheit kleiner Räume und die Überdachtheit des mit Kunstwerken bestückten Gartens integrierenden Raum-Ensemble um. Scheinbar unkontrolliert – dieser Zug verbände diese Garten-Konzeption mit japanischen Motiven – wuchert das Grün um die Mauern.

Im rautenförmig gepflasterten Garten laden ein Thronsessel, ein efeubewachsener *gazebo* und Steinbänke zum Gespräch ein. Skulpturen von Giacometti, Arp,

---

[42] Ebd.

Moore, De Kooning, Ernst und Gonzales greifen, in moderner Verschlüsselung, das Thema der Ausschmückung als Selbstverherrlichung wieder auf.[43]

12) Der großhistorische Wandel des Rückzugsgartens kann nochmals veranschaulicht werden durch einige Bilder aus Venezia. In dieser Stadt durchdringen sich mehr als anderswo Privat-Anlagen und öffentliche Anlagen. Die Unzugänglichkeit eines gleichsam „hängenden" klerikalen Gartens imponiert bei einem Besuch der Kathedrale von San Marco: Als hätte die Mutter Gottes selbst eine Terrasse von den Kuppeldächern auf die noblen Fassaden heruntergelassen, erscheint ein „Rosengarten" zwischen dem Ausstellungsgebäude, das früher Rathaus war, und der gewaltigen Kirche. Wenn dieser schmale Fassaden-Raum historisch mit Rosen bepflanzt war, so illustrierte er die Verschmelzung von Sakralität und Profanität.

Die idealen Figuren der Gotik und der Renaissance beleben als himmlische Gestalten, als Deszensoren und Aszensoren, das Verheißungsfeld des partiellen himmlischen Gefildes zwischen Himmel und Erde. Wir dürfen dieses Feld heute wahrnehmen als säkularisierte Einheit von Rosenschönheit und Himmelslicht.

---

[43] Ebd. S. 70.

Schluß

Der Wiedergewinn des alteuropäischen Großgartens in der Renaissance beruht auf der Emanzipation der Adelsfamilien. Die Fürsten organisieren darüber hinaus Landschaftsparks, großangelegte Gärten wie den von Tivoli. In beiden Lebensbereichen – im Rückzugsgarten in seiner Privatheit, im Prestige-Garten in seiner ostentativen Größe – werden nach dem Mittelalter die Lustkomponenten bis in die letzten Stufen der künstlerischen und künstlichen Produkt-Raffinesse gesteigert. Die soziale Verpflichtung des Stadtadels wird in Gartenfesten mit Theatern und Jagden und Volksbelustigungen blendend vorgeführt. Im 19. Jahrhundert übernimmt das Stadtparlament die Aufgabe – nun auch in volkserzieherischer Weise, Lust und Geschichte, Erholung und *Memoria* zu kombinieren. Am äußersten Ende Venedigs ist der öffentliche Stadtgarten zugleich Parkidyll wie Auffahrtsraum der maßgeblichen Heroen der jüngsten Vergangenheit und der Jetztzeit: Geschichtliche Bildung und politische Energie sollen vermittelt werden durch die Büstenkultur – unter hochgezüchteten Zypressen, Tujen und Pappeln. Hier herrschen Marx, ... und Richard Wagner über die Imagination des Besuchers, die sich an der realistischen Genauigkeit der Porträtplastiken abzuarbeiten hat.

LITERATUR

Wolfgang Braunfels: *Abendländische Klosterbaukunst*, Köln: Dumont 1969.

Herbert Heckmann: „Walahfried Strabos Hortulus – der ideale Klostergarten". In: Hans Sarkowicz (Hg.): *Die Geschichte der Gärten und Parks*, Frankfurt/M. 1998, S. 122-133.

Dieter Hennebo: *Gärten des Mittelalters*, München und Zürich 1987.

Hansjörg Küster: „Italienische Gärten". In: Hans Sarkowicz (Hg.): *Die Geschichte der Gärten und Parks*, Frankfurt/M. 1998, S. 134-151.

Cristina Moldi-Ravenna und Teodora Sammartini: *Die geheimen Gärten Venedigs*, Fotos von Gianni Berengo Gardin, 2. Auflage München: Diederichs 1995.

Reallexikon für Antike und Christentum. Sachwörterbuch zur Auseinandersetzung des Christentums mit der antiken Welt, Bd. VIII, Stuttgart 1972.

Heimo Reinitzer: *Der verschlossene Garten. Der Garten Marias im Mittelalter*, Wolfenbüttel 1982.

Hans Sarkowicz (Hg.): *Die Geschichte der Gärten und Parks*, Frankfurt/M. und Leipzig: Insel Verlag 1998.

Guiseppe Tassini: *Curiosita veneziane, ovvero Origini delle denominazioni stradali, a cura di Lino Moretti*, Venezia 1964.

Die Gärten der Markgräfin Wilhelmine von Bayreuth

Immacolata AMODEO

Markgräfin Friederike Sophie Wilhelmine von Bayreuth, Tochter des „Soldatenkönigs" Friedrich Wilhelm I. von Preußen, älteste und Lieblingsschwester Friedrich II., des Großen, kam 1731 aufgrund ihrer Heirat mit dem Erbprinzen und späteren Markgrafen Friedrich von Brandenburg-Bayreuth nach Franken. Sie betrachtete sich während ihrer gesamten Lebenszeit in Bayreuth als Exilierte und hatte für das Land, in das sie sich verbannt fühlte, und für seine Bewohner nur eine spöttische Verachtung übrig: „[...] denn unseren Franken merkt man zumeist die dicke Bergluft an. Sie brauchen zehn Jahre, um guten Tag und guten Abend sagen zu lernen, und zehn weitere Jahre, um eine höchst linkische Verbeugung zu machen."[1] Noch gegen ihr Lebensende schrieb sie im gleichen Ton an Freiherr Carl Heinrich von Gleichen, ihren weitgereisten Hofkavalier, der sie auf der Italienreise begleitet hatte: „L'insipide uniformité de la terre, la morne tristesse du

---

[1] „Wilhelmine an Friedrich", 9. Juni 1749 (Brief Nr. 209). In: Volz, Gustav Berthold (Hg.): *Friedrich der Große und Wilhelmine von Baireuth. Band II: Briefe der Königszeit 1740-1758*. Berlin/Leipzig 1926, S. 169. Vgl. auch Wilhelmines Eindruck vom Bayreuther Hofe bei ihrer Ankunft: „Ich befand mich in einer neuen Welt mit Leuten, welche Dorfbewohnern ähnlicher sahen denn Höflingen". (Wilhelmine von Bayreuth: *Memoiren*. Aus dem Französischen übersetzt u. hg. von Annette Kolb. Frankfurt/Main 1910. Neu hg. von Ingeborg Weber-Kellermann unter dem Titel *Wilhelmine von Bayreuth. Eine preußische Königstochter. Glanz und Elend am Hofe des Soldatenkönigs in den Memoiren der Markgräfin Wilhelmine von Bayreuth*. Frankfurt/Main 1981. Hier (S. 306) und im folgenden wird die Taschenbuch-Ausgabe, Frankfurt/Main 1990, zitiert.)
Dr. Rainer-Maria Kiel verschaffte mir einen Überblick über den Stand der Forschung und hat mir die Schätze der Bayreuther Universitätsbibliothek zugänglich gemacht. Im Sommersemester 1998 durfte ich von der engagierten Mitarbeit meiner Studenten Melanie Hertel, Monika Langer, Silke Schlegel, Eberhard Tenzler und Franziska Winter in meinem Wilhelmine-Seminar an der Universität Bayreuth profitieren. Helmut Reinhardt schulde ich den größten Dank für seine großzügige Versorgung mit Materialien zur Gartenkunst, für zahlreiche fachkundige Hinweise und für viele anregende Gespräche.

ciel, la taciturnité des habitans [sic!], tout décompose mon être, et le plonge dans la même nullité que j'apercois [sic!] dans ce qui m'environne. Ah que je m'écrie souvent avec le poète: Italiam! Italiam!"[2]

Und was hat sie getan, um der fränkischen Ödnis zu entfliehen? Tätigkeiten wie das Sticken, die zu dieser Zeit dem weiblichen Geschlecht zugedacht waren, hasste sie. In einem Brief an den Bruder schilderte sie, womit sie sich statt dessen beschäftigte:

> Nichts bringt den Menschen der Gottheit näher als die geistige Betätigung. Ich widme mich ihr so viel, als meine Gesundheit es zuläßt. Auch mit den Regeln der Baukunst habe ich mich etwas zu beschäftigen begonnen und baue prächtige Schlösser, die aber nach aller Wahrscheinlichkeit auf dem Papier bleiben werden. Dann komponiere ich eine neue Oper, deren Plan ich selbst entworfen habe. Den Vormittag widme ich der Physik und der Philosophie, und ein paar Nachmittagsstunden lese ich Geschichtswerke.[3]

Bis zu ihrem Tode im Jahre 1758 hat Markgräfin Wilhelmine im ländlichen Franken Oper, Architektur, Theater und Musik florieren lassen und alle Kräfte daran gesetzt, aus der kleinen Markgrafschaft Brandenburg-Bayreuth – trotz der verhältnismäßig beschränkten Mittel, die ihr zur Verfügung standen – einen blühenden Musenhof von europäischem Rang, ein mehrkulturelles Kunst- und Kulturzentrum zu machen. Ihr Gestaltungswille hat viele bleibende Spuren hinterlassen, die bis heute im Erscheinungsbild der Stadt Bayreuth und ihrer Umgebung sichtbar sind.[4] Das deutlichste Zeichen ihres Repräsentationsanspruchs, aber auch ihrer eigenwilligen Persönlichkeit hat sie gewiß mit dem Bau des Opernhauses gesetzt, bei dem Giuseppe Galli Bibiena und sein Sohn Carlo für den Innenbau sowie Joseph Saint-Pierre für die Außenarchitektur verantwortlich waren. Ebenso bildeten ihre bis heute erhaltenen Gärten phantastische und exotische Gegenwelten zum vorgefundenen Bayreuther

---

[2] „Markgräfin Wilhelmine an Carl Heinrich von Gleichen", 16. September 1756. In: von Gleichen-Rußwurm, Alexander: *Aus den Wanderjahren eines Fränkischen Edelmannes*. Würzburg 1907 (Gesellschaft für Fränkische Geschichte (Hg.): *Neujahrsblätter*, Bd. II), S. 50.

[3] „Wilhelmine an Friedrich", Anfang August 1740 (Brief Nr. 11). In: Volz: *Band II* (s. Anm. 1), S. 26.

[4] Den präzisesten und detailreichsten Überblick bietet Seelig, Lorenz: *Friedrich und Wilhelmine. Die Kunst am Bayreuther Hof 1732-1763*. München/Zürich 1982.

Hofe, von dem sie „sehr wenig erbaut"[5] war. Dass die Gärten der Markgräfin Wilhelmine und ihre Opernpraxis einiges gemeinsam haben, werden wir noch genauer untersuchen. Voltaire jedenfalls, der mit der Markgräfin befreundet war, schwärmte von Bayreuth und gedachte „gern der frohen Tage, in denen geschmückte Schäfer und Schäferinnen den friedlichen Garten erfüllten und sich zwischen seinen à la française zugeschnittenen Hecken ergötzten".[6]

Es sind drei Gärten, die wir vorstellen werden: der Hofgarten, Sanspareil und die Eremitage. Sie entstanden während der Bayreuther Zeit der Markgräfin Wilhelmine bzw. erhielten dann ihre endgültige Form.[7] Diese drei Gärten sind auf den ersten Blick sehr unterschiedlich. Wir wollen dennoch versuchen, im folgenden das Gemeinsame herauszuarbeiten, was nicht in einer stilistischen Homogenität, sondern eher in den Bedürfnissen und Ansprüchen der Bauherrin zu suchen ist.

Der Hofgarten, der bereits um 1600 als Nutz- und Gemüsegarten bestand, wurde von Markgräfin Wilhelmine und ihrem Mann in den 1750er Jahren nach dem Brand im alten Schloss im Jahre 1753 und dem Bau des Neuen Schlosses hergerichtet. Die Bauplanungen für das Schloss leitete Joseph Saint-Pierre. Der Entwurf für den Garten stammt wahrscheinlich von Rudolf Heinrich Richter. Der Hofgarten hatte die repräsentativste Funktion unter den Bayreuther Gärten, macht aber dennoch deutlich, daß die Bayreuther Gärten zeitgenössische gartenarchitektonische Regeln durchbrachen. Der Hofgarten ist auf den ersten

---

[5] Wilhelmine von Bayreuth (s. Anm. 1), S. 305.

[6] Carl Heinrich Freiherr von Gleichen soll diese Aussage Voltaires der Markgräfin Wilhelmine über seinen Aufenthalt bei Voltaire im Jahre 1757 berichtet haben. Zitiert nach: von Gleichen-Rußwurm (s. Anm. 2), S. 54.

[7] Zu den Gärten des Bayreuther Hofes gehörten darüber hinaus der Hofgarten in Erlangen, der nicht mehr erhaltene Garten des Schlosses in St. Georgen, der im wesentlichen nach dem Tod Wilhelmines gestaltete Garten des Schlosses Fantaisie in Donndorf, der kleine Thiergarten bei Bayreuth und der Jagdgarten in Kaiserhammer. Vgl. Habermann, Sylvia: *Bayreuther Gartenkunst. Die Gärten der Markgrafen von Brandenburg-Culmbach im 17. und 18. Jahrhundert*. Worms 1982 (Grüne Reihe: Quellen und Forschungen zur Gartenkunst; Bd. 6), im folgenden zitiert als Habermann; vgl. auch dies.: „Gartenkunst unter Friedrich und Wilhelmine". In: Krückmann, Peter O. (Hg.): *Galli Bibiena und der Musenhof der Wilhelmine von Bayreuth*. München/New York 1998 (Paradies des Rokoko; Bd. 2), S. 65-69.

Blick ein Schlossgarten im klassischen französischen Stil, weist aber, ähnlich wie das Neue Schloss selbst, einige Besonderheiten auf. Er musste aufgrund finanzieller und räumlicher Beschränkungen, ebenso wie das Neue Schloss selbst, an den vorhandenen Raum angepaßt werden und bereits vorhandene Teile integrieren. Der Hofgarten ist daher mit einem Parterre und mit einem langen Kanal in der Mitte, auf dem sich einige Inseln befinden, zwar weitgehend symmetrisch, weist aber, ebenso wie das Schloss, keine durchgehenden Fluchtlinien auf. Das Schloss wurde 1753 zwischen die bereits vorhandenen Bürgerhäuser gebaut und integrierte in seinem Mittelteil sogar die bestehende reformierte Kirche. Es hat nur eine repräsentative Vorderfassade, die die Übergänge zwischen den einzelnen Gebäudefragmenten geschickt kaschiert, so daß das Schloss zur Stadt hin als scheinbar homogenes Ensemble erscheint, während es auf der Rückseite relativ schlicht aussieht und der heterogene Charakter der verschiedenen Trakte deutlich ersichtlich ist. Die etwas verwinkelte Form des hinter dem Schloss befindlichen Hofgartens ist unter anderem darauf zurückzuführen, dass ursprünglich eine Pferderennbahn, die in ihrer Form beibehalten wurde, das Gelände begrenzte. Während dem Schloss der axiale Bezug zu den Straßen der Stadt und zu den Wegen des Hofgartens fehlt, fehlt dem Hofgarten der axiale Bezug zu den Achsen den Schlosses, dessen Trakte ohnehin keine durchgehenden Fluchtlinien haben. Die Hauptachse des Hofgartens beginnt nicht, wie etwa in Versailles, genau vor der Mittelachse des Schlosses, sondern ist etwas versetzt.[8] Diese Anordnung hat keine konzeptionellen, sondern pragmatische Gründe. Das Neue Schloss und der Hofgarten zeigen bereits die Tendenz, äußerliche Beschränkungen, ob räumlicher oder finanzieller Art, so wirksam zu machen, dass sie zur Innovation werden.

Die Bauleitung in Sanspareil hatte ebenfalls Saint-Pierre inne. Der circa 30 km westlich von Bayreuth gelegene Felsenhain wurde in den Jahren 1744 bis 1748 bearbeitet. Die bestehende natürliche Beschaffenheit des Geländes, auf dem seit dem Mittelalter die Burg Zwernitz stand, wurde im wesentlichen als Selvaggio belassen und nur durch gestalterische Elemente, hauptsächlich in Form von Gebäuden, ergänzt: einem Morgenländischen Bau mit Tuffsteingrottierung, einem Ruinentheater, einem Belvederehäuschen, mehreren pseudorustikalen Hütten,

---

[8] Die Informationen zur Baugeschichte und die Analyse der Gestaltungsmittel des Hofgartens haben wir Habermann (s. Anm. 7), S. 11-13, entnommen.

Holzstoß- und Strohhäuschen.[9] Sanspareil entsprach der Vorstellung, die man am Bayreuther Hof von ostasiatischen Gärten hatte.[10]

Sanspareil lässt sich auf eine literarische Vorlage beziehen. Der Felsenhain bot sich dafür an, Stationen aus *Les aventures de Télémaque* hineinzuinterpretieren und nachzustellen. Zugrunde lag allerdings nicht die ursprüngliche Fassung von Francois Fénélon,[11] sondern die pastichierte Fassung *Télémaque travestie* von Marivaux, die sich, wie aus dem erhaltenen Katalog ersichtlich ist, in der Privatbibliothek der Markgräfin Wilhelmine befand.[12]

Sanspareil erinnert an Bomarzo, einen italienischen manieristischen Garten aus dem 16. Jahrhundert.[13] Gemeinsam haben Bomarzo und Sanspareil den Bezug auf literarische Vorlagen, die zahlreichen Überraschungseffekte und den Charakter eines Wundergartens, der sich nach und nach erschließt. Vor allem aber sind beide Gärten Naturkunstwerke, bei denen die vorgefundenen landschaftlichen Gegebenheiten sehr geschickt ausgenutzt wurden und als Szenerie dienten. Daraus resultieren in beiden Gärten die schwer unterscheidbaren Komponenten *arte* einerseits und *inganno* andererseits. Sowohl in Bomarzo als auch in

---

[9] Ausführliche Schilderung der Baugeschichte, des ursprünglichen Zustandes, Analyse des Schlossbezirkes, der Staffagen auf dem Hain, des Belvederes auf dem Felsen und des Theaters von Sanspareil in: Habermann (s. Anm. 7), S. 147-165; Merten, Klaus: „Der Bayreuther Hofarchitekt Joseph Saint-Pierre". In: *Archiv für Geschichte von Oberfranken*. 44 (1964), S. 5-160, hier: 32-41.

[10] Vgl. Habermann (s. Anm. 7), S. 169-172.

[11] Wilhelmine äußerte sich spöttisch darüber, daß „'Telemach' und 'Amelot'" ihrem Schwiegervater „den Kopf verdreht" hatten: „er entnahm ihnen diejenigen Grundsätze, die zu seinem Charakter und seiner Leidenschaften paßten; sein Wesen war teils hochfahrend, teils würdelos; [..]." *Wilhelmine von Bayreuth* (s. Anm. 1), S. 303.

[12] Zum Fénélonschen Telemach vs. dem Telemach von Marivaux vgl. die grundlegende Studie von Pfeiffer, Gerhard: „Markgräfin Wilhelmine und die Eremitagen bei Bayreuth und Sanspareil". In: *Archive und Geschichtsforschung. Studien zur fränkischen und bayerischen Geschichte. Fridolin Solleder zum 80. Geburtstag dargebracht*. Neustadt a. d. Aisch 1966, S. 209-221.

[13] Zu Bomarzo vgl. Bredekamp, Horst: *Vicino Orsini und der Heilige Wald von Bomarzo. Ein Fürst als Künstler und Anarchist*. Fotografien von Wolfram Janzer. 2. überarbeitete Auflage. Worms 1991.

Sanspareil wurde ein Felsenhain ausgenutzt, um darauf z.b. ein Theater, Ungeheuer, Gebilde mit Fratzen, antikische und ruinenhafte Elemente zu versammeln.[14]

Der gezogene Vergleich mit den englischen Landschaftsgärten erscheint nicht ganz überzeugend,[15] da im Unterschied zu den englischen Gärten in Sanspareil die *natura naturalis* über der *natura artificialis* eindeutig dominiert.[16] Markgräfin Wilhelmine beschrieb diesen Aspekt der Ausnutzung der natürlichen Gegebenheiten folgendermaßen: „Die Natur selbst war die Baumeisterin. Die dort aufgeführten Gebäude sind von sonderbarem Geschmack. Alles ist ländlich und bäurisch."[17]

Die Eremitage ist der größte unter den Bayreuther Gärten und befindet sich auf dem früher außerhalb der Stadt gelegenen und mittlerweile eingemeindeten Gebiet von St. Johannis. Sie hat das komplexeste Erscheinungsbild und ist die Anlage, in die Markgräfin Wilhelmine am meisten Zeit investiert hat. Ebenso wie der Hofgarten bestand die Eremitage schon teilweise, bevor Markgräfin Wilhelmine Hand anlegte. Markgraf Christian Ernst ließ „1644 ein Waldgebiet östlich des Dorfes St. Johannis [...] zu einen Jagd- und Tiergarten herrichten".

---

[14] In Sanspareil wurden daher keinesfalls „zum erstenmal überhaupt in der europäischen Gartenkunst die zufälligen Bildungen der Felsen unverändert zum Gegenstand eines gartenkünstlerischen Programms gemacht" (Bachmann, Erich: „Anfänge des Landschaftsgartens in Deutschland". In: *Zeitschrift für Kunstwissenschaft*. Bd. V. Berlin 1951, S. 203-228, hier: 220).

[15] Bachmann (s. Anm. 14), S. 221: „Sanspareil darf als der früheste sentimentale Landschaftsgarten Deutschlands und des Kontinents gelten."

[16] Vgl. dazu auch Pfeiffer (s. Anm. 12), S. 221: „Unter diesen Voraussetzungen dürften viele Anlässe wegfallen, hinter Sanspareil einen besonderen, einmaligen, frühen oder sogar nicht wiederholten präromantischen Typus von Landschaftsgarten zu sehen, den man als originelle Idee dem Markgrafen Friedrich im allgemeinen nicht zutrauen würde. Wir dürfen vielmehr in dem 'Hain' von Zwernitz ein fast unberührtes, als Eremitage dienendes Wäldchen sehen, in dem eine Waldlichtung beim Belvederefelsen die Möglichkeit zur Schaffung von Laubengängen und dann eines Ruinentheaters bot und an dessen Südrand der Bau schlichter Schlossanlagen mit bescheidenen gärtnerischen Anlagen des Spätbarock verbunden wurde."

[17] „Wilhelmine an Friedrich", 15. September 1749 (Brief Nr. 217). In: Volz: *Band II* (s. Anm. 1), S. 175.

Darin wurde 1656/66 ein nicht mehr erhaltenes „Lustschlösschen" und 1669 ein „Grotten- und Brunnenhaus" erbaut. Das „Aussehen" und die „Lage dieser beiden Gebäude"[18] sind nicht überliefert. Markgraf Georg Wilhelm ließ „ab 1718 ein Schloss, Wirtschaftsgebäude und mehrere im Waldgebiet des nördlichen Abhanges zum Main verstreute Eremitenhäuschen erbauen."[19] Georg Wilhelm folgte mit der Konzeption seiner Eremitage einem „Trend der Zeit [...], dass sich die Hofgesellschaften zeitweise von der ständigen Selbstdarstellung in den Residenzen in kleine intime Landsitze und damit ins Privatleben zurückzogen".[20]

Am 3.7.1732 erhielt Markgräfin Wilhelmine von ihrem Schwiegervater, dem Markgrafen Georg Friedrich Carl, das auf dem Gelände der Eremitage befindliche Schlösschen Monplaisir als Geburtstagsgeschenk, und 1735, im Jahre seines Regierungsantritts, schenkte ihr Mann ihr die ganze Eremitage. Das Alte Schloss der Eremitage ist aus „heterogensten Teilen" zusammengesetzt: „Das erdgeschossige Gebäude von Georg Wilhelms Hofbaumeister Johann David Räntz greift die zu seiner Zeit längst nicht mehr gebräuchliche Form der Vierflügel-Anlage auf und umschließt einen rechteckigen Hof mit Blumenbeeten und einem Brunnen, was Assoziationen mit einem Kloster-Innenhof hervorrufen sollte."[21] Der exzentrischste Teil des Schlosses war eine große Grotte in einem quadratischen Kuppelraum mit spätbarocken Stukkaturen, Glasschlacken und Muscheln auf den Wänden und Wasserspielen mit 200 wasserspritzenden Düsen. Markgräfin Wilhelmine hat das Alte Schloss, wie wir aus ihren Memoiren erfahren, durch zwei seitliche Anbauten am Nordflügel mit je fünf Zimmern vergrößert.[22] Bei diesen Anbauten stammen im Unterschied zu dem bereits existierenden Bau „nur die der geglätteten Wandfläche vorgelegten Gliederungen" wie etwa Gesimse, Pilaster- und Schlußsteine „aus dem Formenapparat der künstlichen Grotten und Felsen".[23] Es herrscht eine frappierende „Diskrepanz

---

[18] Habermann (s. Anm. 7), S. 97.

[19] Ibid.

[20] Habermann (s. Anm. 7), S. 99.

[21] Habermann (s. Anm. 7), S. 100. Zur Eremitage vgl. auch Merten (s. Anm. 9), S. 23-32 und S. 73-86.

[22] *Wilhelmine von Bayreuth* (s. Anm. 1), S. 470-472.

[23] Habermann (s. Anm. 7), S. 103.

zwischen innen und außen": Von außen wirkt das Schloss rustikal, während man innen „reich dekorierte Wohnräume" vorfindet, „die auch in einem Residenzschloss bestehen könnten".[24]

Wir kommen nun zum Gartenbezirk. Schon im August 1735 beschäftigte sich Wilhelmine damit, „die Wege nach der Eremitage instand setzen zu lassen," und „legte eine Menge von Spazierwegen an".[25] Von der Wegeführung Georg Wilhelms wurde dennoch vieles beibehalten, beispielsweise auch die Abzweigung von der Zufahrtsallee des „Zugangs zum Schloss im 'Parnass', einem nach vier Seiten geöffneten künstlichen Felsen, der ehemals die Statuen von Apollo, Pegasus und den neun Musen trug"; „ungewöhnlich" ist die Funktion des Parnass „als Gartentor".[26] Vor der „Nordfassade" des Schlosses lag schon vor Wilhelmines Eingriff „ein einfaches Parterre in Fortsetzung der Tiefenachse des Schlosskomplexes, an das sich eine 'Kaskade' anschloß".[27] Auf beiden Seiten des Wasserfalls lagen acht „Eremitenhäuschen".[28] „Im Wald südlich des Alten Schlosses legte man neue Wege" und Hütten an, die für die Jagd genutzt werden konnten.[29] Alle Wege waren „in sanftem großen Bogen gekurvt, man vermied gerade Schneisen ebenso wie übertriebene Schlängelungen".[30] Die „neuen Boskette im Westen" waren „rein geometrisch und sehr kleinteilig"[31] gehalten; es gab mehrere davon, eines ist um einen Kanal mit drei Bassins nach traditionellem Muster gebaut. Markgräfin Wilhelmine ließ 1737 zwischen dem

---

[24] Habermann (s. Anm. 7), S. 104.

[25] *Wilhelmine von* Bayreuth (s. Anm. 1), S. 450.

[26] Habermann (s. Anm. 7), S. 100.

[27] Habermann (s. Anm. 7), S. 102.

[28] Fickenscher, Georg Wolfgang Augustin: *Eremitage, Sanspareil, Fantasie*. Bayreuth 1812. S. 21, zitiert aus: Habermann (s. Anm. 7), S. 103.

[29] Habermann (s. Anm. 7), S. 116.

[30] Ibid.

[31] Ibid.

Königsweg und der Allee nach Monplaisir ein nicht mehr erhaltenes großes Labyrinth[32] und 1743 in der Nähe des Alten Schlosses ein Ruinentheater errichten. Neben der bereits vorhandenen Grotte innerhalb des Alten Schlosses veranlaßte die Markgräfin den Bau einer Oberen und einer Unteren Grotte. Es ist nicht auszuschließen, daß sie von den Brunnen und Grotten der italienischen Villen in und um Rom inspiriert wurde wie etwa der Villa Aldobrandini in Frascati, welche auf den Stichsammlungen *Le fontane di Roma* und *Li giardini di Roma* von Giovanni Battista Falda[33], die sich in der Schlossbibliothek Markgraf Friedrichs befanden, dargestellt waren. Auch Anklänge an den Toskanischen Villen- und Vedutenzyklus von Giuseppe Zocchi sind nicht zu übersehen.[34]

Die Untere Grotte ist ein klassisches Nymphäum, wie es „ab dem 15. Jahrhundert in den italienischen Gärten" erscheint und „bald zu deren obligatem architektonischen Element"[35] wird. Sie ist mit großzügigen Wasserspielen ausgestattet. Urheber war Saint-Pierre. „Ein deutlicher Unterschied zwischen" der Unteren Grotte der Eremitage „und solchen anderer Gärten [...] liegt darin, daß sie nicht in ein Achsensystem einbezogen, sondern als in sich abgeschlossener Bezirk gruppiert"[36] und plaziert ist. Direkt neben der Unteren

---

[32] Zur Kontroverse bezüglich der Datierung vgl. Habermann (s. Anm. 7), S. 116.

[33] In der Schlossbibliothek des Markgrafen Friedrich befanden sich die großformatige in Leder gebundene Ausgabe *Li giardini di Roma con le loro piante alzate e vedute in prospettiva disegnate ed intagliate da Gio. Battista Falda. Nuovamente dati alle stampe con direttione e cura di Gio. Giacomo de Rossi, alla Pace, all'Insegna di Parigi in Roma con Priu. del S. Pont.* (20 Blätter), und eine kleinformatige, in eine Landkarte gebundene Sammlung von zwölf einzelnen Stichen, von denen der elfte „La fontaine de l'Etoille, au La Montagne d'eau" und der zwölfte „Uttenheim" sicher nicht von Falda stammen. Das Bassin mit offensichtlichen Tuffsteingrottierungen und die Treillagen, die auf dem elften abgebildet sind, haben jedoch eine große Ähnlichkeit mit dem Bereich der Oberen Grotte.

[34] In der Ausgabe Zocchi, Giuseppe: *Vedute delle ville e d'altri luoghi della Toscana.* Querfol. Firenze 1744, in der Schlossbibliothek. Vgl. bes. „Villa di Sesto delli SS.ri Marchesi Corsi"; „La Reale Villa di Pratolino"; „Tre Visi, villa de SS.ri Palmieri, al principio della salita di Fiesole"; „La Reale Villa di Lappeggi".

[35] Habermann (s. Anm. 7), S. 109.

[36] Habermann (s. Anm. 7), S. 108.

Grotte befindet sich das Eremitenhaus des Markgrafen. Es erscheint als eine „Kombination von Ruine und Felsen."[37]

Die Obere Grotte ist nur zusammen mit der Orangerie, auch Neues Schloss genannt, zu sehen. Dieses Neue Schloss, dessen Zentrum der Sonnentempel bildet, war ursprünglich als Staffage konzipiert[38] und greift in seiner architektonischen Gestaltung Bühnenbilder Bibienas auf.[39] Ähnlichkeiten zwischen dem Sonnentempel und den auf Giovanni Battista Faldas Stichen abgebildeten römischen Kuppelbauten sind nicht zu übersehen.[40] In einer am Anfang des 17. Jahrhunderts erschienenen Sammlung von Stichen über das antike Rom, die wohl zum markgräflichen Umfeld gehörte (sie ist im Katalog der Kanzleibibliothek registriert), findet sich die Abbildung und Beschreibung eines Sonnentempels mit einem Apollo als Lenker der Quadriga des Sonnenwagens. Diese Abbildung und vor allem ihre dazugehörige Beschreibung könnte als Modell für den Sonnentempel der Eremitage gedient haben.[41] Das Neue Schloss

---

[37] Habermann (s. Anm. 7), S. 109-110.

[38] Habermann (s. Anm. 7), S. 126.

[39] Vgl. Habermann (s. Anm. 7), S. 128-129. Bachmann, Erich/Seelig, Lorenz: (*Eremitage zu Bayreuth. Amtlicher Führer*. München 1997, S. 44) sehen die Anregung dazu in den Palästen aus Kristall oder Eis aus Bühnendichtungen der Markgräfin Wilhelmine.

[40] Vgl. bes. „Chiesa dedicata a S. Luca Evangelista et a S. Martina"; „Fianco della Basilica Vaticana et sua magnifica veduta con la cuppola"; „Chiesa dedicata à S. Agnese in Piazza Navona"; „Piazza e chiesa di S. Andrea della Valle".

[41] „Templum Solis in Monte Quirinali" (Stich Nr. 33 und Rückseite), in: Lauro, Giacomo: *Antiquae urbis splendor*. 2 Bd. Romae 1612-1613. Neu hg. v. Giovanni Alto. Roma 1637: „Si dice che il Tempio del Sole fu fabricato da Aureliano Imperatore nel monte Quirinale, hoggi Monte Cavallo, appresso le Therme di Constantino, e che dentro e fuori, fu ornato di bellissime colonne, come ne fa mentione Flavio Vepisco. Il suo portico era di dodici colonne sostentato, che significano li dodici Mesi dell'Anno, e li dodici segni celesti del Zodiaco; di sopra il suo frontespizio si vedeva un carro di bronzo indorato tirato da quattro cavalli, che rappresentavano le quattro stagioni dell'Anno. Nell'istesso Tempio in un luogo eminente, v'era la statua del Sole pur di bronzo indorato, e secondo alcuni, d'oro massiccio: nonde nasceva che il Tempio dentro e fuori risplendeva a meraviglia, e per la binachezza dei suoi marmi, e per li sudetti dodici segni del Zodiaco, che dimostravano il moto del Sole, e tutto il suo viaggio che fa in squatico d'un anno, e insieme le sue declinationi." Die Beschreibung erfolgt auch in deutscher und in französischer Sprache, allerdings stark verkürzt.

hatte später die Funktion einer Orangerie und war jedenfalls nicht als Wohngebäude gedacht. Die Bauleitung hatte hier ebenfalls Saint-Pierre inne. Die Obere Grotte ist insofern traditioneller gestaltet als die Untere, als es sich um eine geometrische Anlage handelt, die sich in Kombination mit dem Sonnentempel als Gesamtanlage dem Auge sofort erschließt. Sie hat repräsentativeren Charakter und greift in ihrer geometrischen Zuordnung zum Neuen Schloss die Typologie von Versailles, dem wirkungsmächtigsten Vorbild, auf, das über die deutsche Nachahmung in Potsdam, Friedrichs Sanssouci, Bayreuth erreichte. Die Bepflanzung der Eremitage bestand neben der in nördlichen Klimata üblichen Gartenvegetation höchstwahrscheinlich aus Zitruspflanzen und anderen mediterranen Pflanzen wie Lorbeerbäumen, Granatapfelbäumen, Feigen-, Mandel- und Olivenbäumen, Jasmin, Myrte und Zypressen.[42]

Allgemein läßt sich über die Eremitage sagen: Weder die Gebäude noch der Garten sind nach einem durchgängigen Konzept konstruiert. Der Markgräfin Wilhelmine standen ohnehin die finanziellen Mittel für die Verwirklichung eines einheitlichen Programms nicht zur Verfügung. „Es geht zwar etwas langsam; denn ich muß auf meinen Geldbeutel Rücksicht nehmen,"[43] schrieb sie an ihren Bruder. Die Eremitage besteht aus vielen selbständigen, unverbundenen Einheiten und unterschiedlichen Elementen, was als typisch für das Rokoko angesehen wird.

Man hat die Eremitage voreiligerweise mit der Konzeption des romantischen englischen Landschaftsgartens, dessen definitive Etablierung auf dem Kontinent noch mehrere Jahrzehnte in Anspruch genommen habe, verbunden; man hat Wilhelmine gar den Verdienst zugesprochen, den englischen Landschaftsgarten auf dem Kontinent 'erfunden' zu haben.[44] Dieses Argument stützt sich vor allem

---

[42] Zum Pflanzenbestand der Bayreuther Gärten vgl. Habermann (s. Anm. 7), S. 172.

[43] „Wilhelmine an Friedrich", 31. Juli 1737 (Brief Nr. 360). In: *Friedrich der Große und Wilhelmine von Baireuth. Band I: Jugendbriefe 1728-1740.* Hg. u. eingeleitet v. Volz, Gustav Berthold. Dt. v. Friedrich v. Oppeln-Bronikowski. Leipzig 1724, S. 359.

[44] Z.B. Bachmann (s. Anm. 14), S. 203-228: „Erst unter der Markgräfin Wilhelmine [...] zeigen sich im Garten [der Eremitage, I.A.] unzweideutig Vorstellungen aus dem Kreis der Vorromantik und des Landschaftsgartens." (S. 216) „Hier erscheinen zentrale Motive des Landschaftsgartens wahrscheinlich zum erstenmal überhaupt auf dem Kontinent." (S. 219) In diesem Sinn auch Bachmann/Seelig (s. Anm. 39), S. 7.

auf das Vorhandensein eines *garden-belts*, auf die Möglichkeit der schönen Ausblicke in die Umgebung und auf den fließenden Übergang von Selvaggio und umgebender Landschaft. Der den Garten umgrenzende Weg bestand aber teilweise vor Wilhelmines Zeit und läßt sich auch auf die Bedürfnisse eines Tier- und Jagdgeheges zurückführen, das sich ursprünglich auf dem Gelände der Eremitage befand.

Unter Berücksichtigung der vorliegenden zeitgenössischen Beschreibungen, aber auch, wie sie sich dem heutigen Betrachter präsentiert, vereinigt die Eremitage in sich eigenwilligerweise viele unterschiedliche Vorbilder, Funktionen und teilweise widersprüchliche Eigenschaften. So hatte sie etwa die sich scheinbar ausschließenden Eigenschaften eines intimen *hortus conclusus* einerseits und eines repräsentativen Residenzgartens mit beeindruckender Außenwirkung andererseits.

Als *hortus conclusus* diente die Eremitage der Entspannung und der Erholung Wilhelmines vom Stadtleben: „Nun sind wir Eremiten geworden und führen ein stilles, friedliches Landleben, das nicht ohne Reize ist."[45] Und: „Ich bin sehr froh, wieder auf meinem Düngerhaufen zu sitzen und einen Ort verlassen zu haben, wo man nur feierlich spricht, schläft und ißt."[46] Die Eremitage war in diesem Sinn ein stiller Rückzugsort und eine verwirklichte Utopie – Markgräfin Wilhelmine sprach von ihrem „Paradies"[47] –, die es der Bauherrin ermöglichte, zu sich selbst zu finden. Die Tatsache, daß Markgräfin Wilhelmine für ihren Mann einen Sonnentempel bauen ließ, machte aus diesem Garten darüber hinaus ein idyllisches Szenario für ein liebendes Paar. Mit dieser Vorstellung schien Markgräfin Wilhelmine Topoi aus der lateinischen, englischen und besonders der bukolischen italienischen Literatur zu verwirklichen. Werke von Vergil, Horaz, Milton, Poliziano und Tasso waren in ihrer Bibliothek vorhanden.

---

[45] "Wilhelmine an Friedrich", 29 Mai 1734 (Brief Nr. 165). In: Volz: *Band I* (s. Anm. 43), S. 216.

[46] "Wilhelmine an Friedrich", 6. Mai 1749 (Brief Nr. 204). In: Volz: *Band II* (s. Anm. 1), S. 165.

[47] "Wilhelmine an Friedrich", 6. Februar 1751 (Brief Nr. 260). In: Volz: *Band II* (s. Anm. 1), S. 196.

Neben dem Merkmal des Rückzugsgartens und des Paradiesgartens folgte die Eremitage zugleich den Ansprüchen der Repräsentation einer absolutistischen Fürstin, hatte dieser Ort doch neben der privaten und intimen, ja meditativen Funktion[48] auch die Aufgabe, als prestigevoller Schauplatz für die Empfänge besonderer Gäste, für Theateraufführungen und ähnliches zu dienen, und war dadurch eindeutig der feudale Garten der markgräflichen Sommerresidenz.

Als Sommerresidenz, d.h. als ländliches Lustschloss, lehnte sich die Eremitage aber nicht an einen einzigen Typus an, sondern evozierte fast die ganze italienische Villentradition in ihren unterschiedlichen und teilweise sich widersprechenden Stationen. Sie knüpfte sowohl an das Konzept der *vita solitaria* Petrarcas an als auch an die Tradition des humanistischen Villenbaus – man denke etwa an Leon Battista Albertis *De Re Aedificatoria* mit seinen Normen für den Villenbau. Die Eremitage zitierte sowohl die toskanischen Villen der Medici mit ihrer fließenden Grenze zwischen Villa und Campagna, verstanden als bebaute Landschaft, vor allem wenn Wilhelmine die Eremitage als einen rustikalen (Nutz-)Garten beschrieb:

Wenn ich auf meinem Düngerhaufen sitze, halte ich mich für mindestens eben soviel wie Agamemnon, Odysseus oder Achill. Statt mit Troja, führe ich Krieg mit den Kaninchen, Füchsen und anderen schädlichen Tieren und bedauere, daß ich keinen Virgil finde, der meine Siege besingt. Ich bin zufrieden mit der Milch und dem bißchen Getreide, woraus meine Einkünfte bestehen. Mit Vergnügen sehe ich meine dicke Magd mit meinem großen Bauerntölpel tanzen und mein Faktotum mit ernster Miene seine Leier spielen.[49]

Die Eremitage läßt sich auch mit der venezianischen Tradition der *villeggiatura* und den dabei entstandenen Palladio-Villen verknüpfen.[50] Die Villa La Rotonda

---

[48] Vgl. „Wilhelmine an Friedrich", 19. Juni 1740 (Brief Nr. 5). In: Volz: *Band II* (s. Anm. 1), S. 22: „Ich bin ganz von Sinnen versunken; dieser ländliche Ort macht noch mehr dazu geneigt."

[49] „Wilhelmine an Friedrich", 15. Dezember 1747 (Brief Nr. 160). In: Volz: *Band II* (s. Anm. 1), S. 126. Von ihrer gewinnträchtigen Landwirtschaft berichtete Wilhelmine auch ihrem Vater. „Wilhelmine an den König", 4. Januar [1735] (Brief Nr. 542). In: Volz: *Band I* (s. Anm. 43), S. 491: „Der Markgraf hat mein Anwesen vergrößert, und im nächsten Jahr werde ich zweihundert Taler aus meinem Gütchen gewinnen. Daraus kann mein liebster Papa ersehen, daß ich eine gute Wirtin bin."

[50] Die Werke Palladios befanden sich ebenso wie die Vetruvios in der Bibliothek der Markgräfin Wilhelmine.

bei Vicenza, um nur das berühmteste Beispiel zu nennen, hätte für den Sonnentempel, was die Harmonie und Verzahnung von Gebäude und Garten betrifft, typologisch Pate gestanden haben können. Und in gewisser Hinsicht, nämlich dann, wenn sie der eigenwilligen, phantasievollen und unkonventionellen Selbstdarstellung der Hausherrin diente, läßt sich die Eremitage sogar als eine Präfiguration bizarrer Villentypologien wie D'Annunzios und Malapartes interpretieren.

Formale Elemente verschiedener gartenarchitektonischer Traditionen wurden also zitiert und spielerisch kombiniert, wobei sich die Anknüpfung an zwei, in gewisser Hinsicht verwandte Epochenschwerpunkte ausmachen lassen: die römische Antike und der Manierismus bzw. Barock.

Markgräfin Wilhelmines Antikebegeisterung[51] lässt sich vielen Quellen entnehmen. Wenn sie etwa im Gartenbau die Fortsetzung des Ackerbaus sah, stand sie in direkter Nachfolge Vergils. Ihr ausgeprägtes Interesse für die Antike kulminierte in der 1754/55 mit großer Begeisterung unternommenen Italienreise,[52] war aber schon vorher ein roter Faden im Briefwechsel mit ihrem Bruder, z.B. als sie von den Ausgrabungen in Herculaneum und Pompeji[53] erfuhr. Bei der Gestaltung der Eremitage waren antike Bauwerke oder das, was Wilhelmine sich darunter vorstellte, daher prägende Modelle. Das römische Ruinentheater

---

[51] Vgl. Veh, Otto: „Markgräfin Wilhelmine und die Antike". In: Archiv für Geschichte von Oberfranken. 38 (1958) (Im Glanz des Rokoko. Markgräfin Wilhelmine von Bayreuth. Gedenken zu ihrem 200. Todestag. Hg. v. Wilhelm Müller), S. 148-160; Weber, Gordian A.: Die Antikensammlung der Wilhelmine von Bayreuth. München 1996 (Schriften aus dem Institut für Kunstgeschichte; Bd. 67).

[52] Vgl. z.B. „Wilhelmine an Friedrich" [Mai 1755] (Brief Nr. 408). In: Volz: Band II (s. Anm. 1), S. 299: „Ich bin wie ein Blinder, der nur allmählich sehen lernt und dadurch neue Anschauungen bekommt. Was ich von Italien gesehen habe, übertrifft alles, was man mir davon erzählt hat. Ich bin oft wie verzaubert und wähne, alles, was ich sehe, sei nur ein Traum."

[53] Vgl. „Wilhelmine an Friedrich", 16. November 1747 (Brief Nr. 155). In: Volz: Band II (s. Anm. 1), S. 122-123; „Wilhelmine an Friedrich", 9. März [1754] (Brief Nr. 364). Ibid., S. 264-265. Vgl. dazu zuletzt Kammerer-Grothaus, Helke: „'Voyage d'Italie' (1755). Markgräfin Wilhelmine von Bayreuth im Königreich Neapel". In: Wilhelmine und Friedrich II. und die Antiken. Hg. v. Max Kunze unter Mitwirkung von Marianne Gross. Stendal 1998 (Schriften der Winckelmann-Gesellschaft; Band XV), S. 7-41.

beispielsweise, aber auch die Innenausmalungen des Schlosses,[54] ebenso wie im übrigen die Opernsujets, sind ohne ihre intensive Beschäftigung mit der Antike, wofür ihre Bibliothek Zeugnis ablegt, nicht zu denken. Die manieristische Übernahme antikischer Elemente charakterisiert ganz besonders das nach der Italienreise entstandene Grabmal des Vergil. Die Ruinen des Tempels seien, schrieb Markgräfin Wilhelmine in den Memoiren, „nach dem Vorbild altrömischer Mauerreste errichtet,"[55] war es doch bis weit über ihre Zeit hinaus üblich, während der Italienreise vor allem antiken Baudenkmälern und Statuen die Aufmerksamkeit zu widmen. Es ist bezeichnend, daß Markgräfin Wilhelmine in der Renaissance-Stadt Florenz sich vor allem die „Statuengalerie und die Tribuna" anschaute; vor „diesen schönen Resten des Altertums geriet" sie „in Begeisterung. Gemälde wollte" sie „noch nicht sehen" und fand die Stadt „sehr groß, aber sehr häßlich."[56] Dem steht der schwärmerische Ton gegenüber, der ihre Romaufzeichnungen dominiert, und zwar hauptsächlich wegen der antiken Ruinen. Daher stehen die ruinenhaften Elemente in Markgräfin Wilhelmines Gärten weniger für ein romantisches Lebens- und Naturgefühl, was man als typisch für die englische Gartentradition angesehen hat,[57] sondern sie waren Zeichen eines historischen Exotismus und sind als Ausdruck einer speziellen Lebenshaltung am Ende der großen absolutistischen Epoche zu sehen, die sich – ihrem eigenen bevorstehenden Untergang zum Trotz – nach vergangener Größe und Mächtigkeit sehnte.

---

[54] Auf den Deckengemälden waren Tugenden dargestellt, und zwar nicht durch Embleme, wie es eigentlich für den Barock üblich gewesen wäre, sondern durch historische Sujets.

[55] Wilhelmine von Bayreuth (s. Anm. 1), 473.

[56] „Wilhelmine an Friedrich", 28. April 1755 (Brief Nr. 407). In: Volz: *Band II* (s. Anm. 1), S. 298.

[57] Bachmann (s. Anm. 14) spricht von einer „Anzahl empfindsamer Staffagen" (S. 217). Joachim Kröll dagegen betont die rationalistischen und aufklärerischen Aspekte in der Weltanschauung Wilhelmines („Naturbegriff und Naturgefühl im 18. Jahrhundert im Hinblick auf die Markgräfin Wilhelmine von Bayreuth". In: *Archiv für Geschichte von Oberfranken* 38 (s. Anm. 51), S. 28-50). Ruinen waren auch auf Faldas Stichen abgebildet. Vgl. z.B. „Chiesa di Santa Anastasia alle Radici del' Palatino verso il Velabro".

Der zweite ästhetische Schwerpunkt der Eremitage sind Zitate aus dem Manierismus und dem Barock. Markgräfin Wilhelmine bewunderte in Rom neben den antiken Ruinen besonders die Paläste. Die Eremitage folgt zwar nicht als Gesamtentwurf, jedoch in vielen Teilen den Gestaltungsprinzipien der barocken italienischen Gärten des 16. und 17. Jahrhunderts,[58] von denen eines der berühmtesten noch existierenden frühen Beispiele Boboli ist. Mit solchen italienischen Gärten – wie etwa dem der Villa Lante oder dem des Palazzo Farnese – teilt die Eremitage die eindeutige stenographische Vorstellung, die illusionistische Wahrnehmung des Raumes und die Fortsetzung des Gartens in den Park. Dass auch literarische Vorlagen jener Epochen die Gestaltung der Eremitage beeinflußt haben, ist nicht auszuschließen, war doch die Bibliothek der Markgräfin Wilhelmine reich bestückt mit europäischer Literatur der Renaissance, des Manierismus und des Barock wie etwa den Werken Boccaccios, Miltons, Sannazaros, Gracians, Tassos, Ariosts und Metastasios.

Elemente der klassischen französischen Gärten des 17. Jahrhunderts sind in der Eremitage zwar vorhanden, aber nicht so dominant wie die italienische Tradition und machen sich besonders bemerkbar in der Architektur des Sonnentempels, in den Parterres beim Alten Schloss, aber auch in anderen gestalterischen Kleinformen wie der Kaskade u.a.[59]

Die Wiederaufnahme und späte, ja epigonale Imitation bereits bestehender Formen und Traditionen, ihre teilweise beliebige Kombination und spielerische Abwandlung machen aus der Eremitage einen Pasticcio-Garten. Die Mischform der Eremitage hat ihre Entsprechung in der literarisch 'unreinen' Form der Memoiren der Markgräfin Wilhelmine, einem aus unterschiedlichen Textsorten zusammengesetzten Text,[60] der neben dem üblichen monumentalen Charakter

---

[58] Aspekte der Unteren Grotte (z.B. Beschaffenheit der Wände, Materialien) lassen sich direkt auf die Beschreibungen Albertis und Vasaris zurückführen. Vgl. Alberti, Leon Battista: *De Re Aedificatoria* (1483). Hg. v. P. Portoghesi u. G. Orlandi. Milano 1966, Buch IX. Kap. IV. Bd. II, S. 804; Vasari, Giorgio: *Le vite de' più eccellenti pittori, scultori ed architettori* (1550 und 1568). Hg. v. G. Milanesi. Firenze 1878. Bd. I, S. 140-143.

[59] Antoine Joseph Dézallier D'Argenvilles *La Théorie et la pratique du Jardinage* (in einer Ausgabe von 1739) befand sich selbstverständlich in der Schlossbibliothek.

[60] Die Memoiren der Markgräfin Wilhelmine lassen sich gattungstheoretisch nicht eindeutig einordnen. Sie sind Tagebuch, Autobiographie und Lebensbericht in einem. Sie ent-

zahlreiche subjektivistische und empfindsame Aspekte enthält. Die Mischform der Eremitage hat ihre Entsprechung ganz besonders in der Oper, die in der Wilhelminezeit ebenfalls gern als pastichierte oder 'unreine' Form praktiziert wurde.[61] Das Gesamtergebnis der gelungenen Aufführung war die wichtigste Kategorie, nicht die Stil- oder Werktreue. Eingriffe in originale Traditionen und Werke wurden unbekümmert vorgenommen. Vor der Mißachtung der stilistischen Regeln schreckte man nicht zurück. Spielerische Entlehnungen waren normal. Autorschaft und Authentizität spielten keine besonders große Rolle.[62]

Die Eremitage ist als ein multifunktionales Gartenspektakel zu sehen, das unterschiedlichen Bedürfnissen diente. Zwar war sie mit bescheideneren Mitteln entstanden als ihre berühmten Vorläufer, etwa die Villa d'Este in Tivoli,[63] aber sie erfüllte die gleichen Funktionen. Sie diente der Unterhaltung, und zwar im Unterschied zu den heutigen Erlebnisparks der Unterhaltung einer kleinen Gruppe von Personen, der Repräsentation einer elitären Hofgesellschaft, der Selbstinszenierung, aber auch der Selbsterfahrung und des Spiels der Eigentümerin und Gestalterin innerhalb einer phantastischen Gegen-Welt.[64] Darüber hinaus war die Eremitage das Ergebnis der großen Experimentierfreude der Bauherrin.

Wir kommen nun zum Versuch einer zusammenfassenden Beurteilung des Hofgartens, Sanspareils und der Eremitage. Auffälliges Charakteristikum ist die Unterschiedlichkeit der drei Gärten. Der Hofgarten ist der stilistisch

---

halten unter anderem Briefe, allgemeine Lebensbetrachtungen, Ereignisberichte, Anekdoten, Aufzeichnungen von Gesprächen und philosophische Reflexionen.

[61] Vgl. dazu Wiesend, Reinhard: „Markgräfin Wilhelmine und die Oper". In: Krückmann (s. Anm. 7), S. 94-97.

[62] Vgl. Wiesend, Reinhard: „Der Bayreuther *Ezio* von 1748: ein Machwerk?". In: Wiesend, Reinhard (Hg.): *Musik und Theater am Hofe der Markgräfin Wilhelmine*. Druck in Vorbereitung.

[63] Diese und andere römische Barockgärten sind auf den Stichen Faldas ausführlich dargestellt.

[64] Ähnliche Funktionen hatten die manieristischen italienischen Gärten. Vgl. Fagiolo, Marcello: „Effimero e giardino: Il teatro della città e il teatro della natura". In: *Il potere e lo spazio. La scena del principe*. Firenze 1980, S. 31-54.

traditionellste Garten, hat vor allem eine repräsentative Funktion und ist nur in seiner Kombination mit der Stadtresidenz zu sehen und zu verstehen. Sanspareil, ein Felsenhain, der sich dafür anbot, Szenen einer literarischen Vorlage damit zu verbinden, ist ein Naturkunstwerk, das mit zeitlich und geographisch exotistischen Elementen versetzt ist. Die Eremitage ist ein Garten, der gerade aufgrund seiner stilistischen Heterogenität und Multifunktionalität wiederum eine Einheit bildet; für ihn trifft der Stil- und Epochenbegriff des Rokoko am meisten zu.

Das, was als Rokoko bezeichnet und innerhalb der Kunst- und Architekturgeschichte als selbständige Epoche geführt wird, die sich besonders in bestimmten Teilen Deutschlands im zweiten Drittel des 18. Jahrhunderts etabliert hat, ist ein durch einen extremen Stilpluralismus geprägter Zeitraum, der in der Gartengeschichte von etwa 1730 (Potsdam-Sanssouci) bis etwa 1770 (Stuttgart-Solitude)[65] reicht und vor allem die spätabsolutistischen Höfe betraf. Typisch für das Rokoko, das nicht mehr ganz Barock und noch nicht ganz Klassik ist, ist eine gewisse spielerische Experimentierfreude, ein assoziatives Vorgehen und eine an beschränktenMitteln festzumachende relative Schlichtheit, daher auch die Abwendung von großen traditionellen ikonographischen Programmen und Konzepten.

Die Oper oder besser: das Opernspektakel war diejenige unter den Künsten, die in Bayreuth den Ton angab, im Unterschied etwa zur Literatur oder zur Malerei. Daher ist es nur konsequent, dass einiges in den Bayreuther Gärten an die Bühnenbilder der Bibiena erinnert. Ebenso wie in der Opernpraxis waren in den Gärten die Lust an der Inszenierung, am Spektakel und an der Theatralität wichtiger als eindeutige Sinnstiftung und ein eindeutiges stilistisches Prinzip. In der Eremitage sind es die aufwendigen Wasserspiele und die vielen Staffagen, in Sanspareil ist es der Felsenhain als Szenerie für ein 'Abenteuerspiel', im Hofgarten ist es die, wenngleich nicht mehr ganz eindeutige, Selbstinszenierung des absolutistischen Hofes – es gibt viele spektakelhafte Aspekte der Bayreuther

---

[65] Vgl. Reinhardt, Helmut: „German Gardens in the Eighteenth Century: Classicism, Rococo and Neo-Classicism". In: Monique Mosser/Georges Teyssot (Hg.): *The History of Garden Design. The Western Tradition from the Renaissance to the Present Day*. London 1991 (it.: *L'architettura dei Giardini d'Occidente. Dal Rinascimento al Novecento*. Milano 1990; dt.: *Die Gartenkunst des Abendlandes. Von der Renaissance bis zur Gegenwart*. Stuttgart 1993, S. 289-299), S. 293-304, hier: 298-301.

Rokoko-Gärten.⁶⁶ Sie stehen in großer funktionaler Nähe zur damaligen Oper, bei der ebenfalls strenge ästhetische Theorien und ethische Ideale auf der Strecke blieben zugunsten einer synkretistischen Ästhetik des ephemeren Kunstwerks. Die Oper und die Gärten boten dem Herrscher persönliche Identifikationsmomente und inszenierten gleichzeitig die Herrschaft als solche.

Das Rokoko genannte Ensemble unterschiedlicher Stile, Konzepte, Gestaltungsmittel, künste- und kulturenüberschreitender Experimente diagnostiziert den großen absolutistischen Epochen ihren Verfall und versucht gleichzeitig, ihn (notdürftig) zu beheben: Die Parzellierung und Intimität des Rokoko-Gartens einerseits und die absolut traditionellen Teile andererseits zeigen, dass weder die großen repräsentativen Entwürfe möglich sind, noch Wege und Mittel vorhanden sind, sich von der höfischen Repräsentationskunst völlig loszusagen. Die Heterogenität der Bayreuther Gärten indiziert diese sozialhistorische Umbruchsituation zwischen Spätabsolutismus und Aufklärung, zwischen Spätbarock und Klassik bzw. Empfindsamkeit. Daher rührt auch die Widersprüchlichkeit, das Nebeneinander von Elementen, die einander kurz vorher und auch kurz danach völlig ausschließen. Die Gärten der Markgräfin Wilhelmine nehmen innerhalb der Gartengeschichte einen Platz zwischen Fortschrittlichkeit und Restauration ein. Sie bleiben sowohl hinter ihrer Zeit zurück, wie sie auch zukünftige Entwicklungen, besonders die des anglo-chinesischen Landschaftsgartens und der Empfindsamkeit, ansatzweise vorwegnehmen.⁶⁷

Die lebhafte Diskussion, die sich in England am Anfang des 18. Jahrhunderts über die radikale Transformation des barocken Gartens in Richtung zu einer Poetik des Natürlichen entzündete, war noch nicht nach Deutschland gedrungen.

---

⁶⁶ Zum Gartenspektakel im Italien des 16. Jahrhunderts vgl. Fagiolo, Marcello: „Il giardino come teatro del mondo e della memoria". In: ders. (Hg.): *La città effimera e l'universo artificiale del giardino. La Firenze dei Medici e l'Italia del '500*. Roma 1979, S. 125-141; ders.: „Il 'teatro vivente': La scena della vita e della morte, dell'amore e della virtù". In: Vincenzo Cazzato/Marcello Fagiolo/Maria Adriana Giusti (Hg.): *Teatri di verzura. La scena del giardino dal Barocco al Novecento*. Firenze 1993, S. 9-46.

⁶⁷ Vgl. dazu auch Kreisel, Heinrich: „Das Rokoko und die Gartenkunst". In: *Festschrift Eberhard Hanfstaengl zum 75. Geburtstag*. München 1961, S. 85-94, hier: 88: „Der Gartenstil des Rokoko hat ein Janus-Gesicht, ein geometrisches, retrospektives, und ein natürliches, das in die Zukunft wies."

Ob Markgräfin Wilhelmine darüber informiert war, ob sie direkte Verbindungen nach England hatte, konnte nicht nachgewiesen werden, ist aber nicht auszuschließen. Ihre Bibliothek enthielt viele englische Titel (Literatur und Landeskundliches) in Originalsprache, darunter auch die Werke des englischen Gartentheoretikers Sir William Temple vom Ende des 17. Jahrhunderts. Unabhängig von einer eindeutigen englischen Traditionslinie aber gehören die Gärten der Markgräfin Wilhelmine von Bayreuth zu den originellsten Beispielen der Gartenkunst im 18. Jahrhundert.

Wir können froh sein, daß Wilhelmine ein ruhiges Leben in der fränkischen Provinz geführt hat – im Unterschied zu ihrem in politische Aktivitäten involvierten Bruder Friedrich. An ihn war die Mahnung, die der gemeinsame Freund Voltaire im *Candide* formulierte, wahrscheinlich gerichtet: „[...] mais il faut cultiver notre jardin"[68], ist Candides letzter Satz am Ende seiner von Katastrophen der Weltgeschichte gesäumten Abenteuerreise. Markgräfin Wilhelmine hat diese Aufforderung gleichsam spontan und vielleicht nur notgedrungen befolgt. Aus ihrer Not hat sie aber eine Tugend gemacht.

LITERATUR

Leon Battista Alberti: De Re Aedificatoria (1483), hg. v. P. Portoghesi u. G. Orlandi. Milano 1966.

Erich Bachmann: „Anfänge des Landschaftsgartens in Deutschland. In: *Zeitschrift für Kunstwissenschaft*. Bd. V. Berlin 1951, S. 203-228.

Ders./Lorenz Seelig: *Eremitage zu Bayreuth. Amtlicher Führer*. München 1997.

Horst Bredekamp: *Vicino Orsini und der Heilige Wald von Bomarzo. Ein Fürst als Künstler und Anarchist. Fotografien von Wolfram Janzer*. 2. überarbeitete Auflage Worms 1991.

Antoine Joseph Dézallier D'Argenvilles: *La Théorie et la pratique du Jardinage*. 1739.

Marcello Fagiolo: Effimero e giardino: Il teatro della città e il teatro della natura". In: Il potere e lo spazio. La scena del principe. Firenze 1980, S. 31-54.

Georg Wolfgang Augustin Fickenscher: *Eremitage, Sanspareil, Fantasie*. Bayreuth 1812.

Friedrich der Große und Wilhelmine von Bayreuth. Bd. I: *Jugendbriefe* 1728-1740. Hg. u. eingeleitet von Gustav Berthold Volz. Deutsch von Friedrich von Oppeln-Bronikowski. Leipzig 1724.

---

[68] Voltaire: Candide, ou l'optimisme (1759). In: ders.: Romans et contes. Texte établi et annoté par René Groos. Bibliothèque de la Pléiade. Paris 1954, S. 149-237, hier: 237.

Alexander von Gleichen-Rußwurm: *Aus den Wanderjahren eines Fränkischen Edelmannes.* Würzburg 1907.

Helke Kammerer-Grothaus: „'Voyage d'Italie' (1755). Markgräfin Wilhelmine von Bayreuth im Königreich Neapel". In: *Wilhelmine und Fredrich II. und die Antiken.* Hg. v. Max Kunze unter Mitwirkung von Marianne Gross. Stendal 1998, S. 7-41.

Heinrich Kreisel: „Das Rokoko und die Gartenkunst". In: *Festschrift Eberhard Hanfstaengl zum 75. Geburtstag.* München 1961, S. 85-94.

Joachim Kröll: „Naturbegriff und Naturgefühl im 18. Jahrhundert im Hinblick auf die Markgräfin Wilhelmine von Bayreuth". In: *Archiv für Geschichte von Oberfranken 38* (1958), S. 28-50.

Max Kunze (Hg.): Wilhelmine und Friedrich II. und die Antiken. Stendal 1998.

Sylvia Habermann: Bayreuther Gartenkunst. *Die Gärten der Markgrafen von Brandenburg-Culmbach im 17. Und 18. Jahrhundert.* Worms 1982.

Dies.: „Gartenkunst unter Friedrich und Wilhelmine". In: Krückmann, Peter O. (Hg.): *Galli Bibbiena und der Musenhof der Wilhelmine von Bayreuth.* München/New York. 1998, S. 65-69.

Giacomo Lauro: *Antiquae urbis splendor.* 2 Bde. Romae 1612-1613.

Klaus Merten: „Der Bayreuther Hofarchitekt Joseph Saint-Pierre". In: *Archiv für Geschichte von Oberfranken* 44 (1964), S. 5-160.

Gerhard Pfeiffer: „Markgräfin Wilhelmine und die Eremitagen bei Bayreuth und Sanspareil". In: *Archive und Geschichtsforschung. Studien zur fränkischen und bayerischen Geschichte. Fridolin Solleder zum 80. Geburtstag dargebracht.* Neustadt a. d. Aisch 1966, S. 209-221.

Helmut Reinhardt: „German Gardens in the Eighteenth Century: Classicism, Rococo and Neo-Classicism". In: Monique Mosser/Georges Teyssot (Hg.): *The History of Garden Design. The Western Tradition from the Renaissance to the Present Day.* Milano 1990; dt.: *Die Gartenkunst des Abendlandes. Von der Renaissance bis zur Gegenwart.* Stuttgart 1993, S. 289-299.

Lorenz Seelig: *Friedrich und Wilhelmine. Die Kunst am Bayreuther Hof 1732-1763.* München/Zürich 1982.

Giorgio Vasari: *Le vite de` piu eccellenti pittori, scultori ed architettori* (1550 und 1568). Hg. v. G. Milanesi. Firenze 1878. Bd. I, S. 140-143.

Otto Veh: „Markgräfin Wilhelmine und die Antike". In: *Archiv für Geschichte von Oberfranken* 38 (1958), S. 148-160.

Gustav Berthold Volz (Hg.): *Friedrich der Große und Wilhelmine von Baireuth.* Bd. I: Jugendbriefe 1728-1740. Bd. II: Briefe der Königszeit 1740-1758. Berlin/Leipzig 1926.

Wilhelmine von Bayreuth: Memoiren. Aus dem Französischen übersetzt u. hg. von Annette Kolb. Frankfurt/Main 1910. – Neu hg. von Ingeborg Weber-Kellermann unter dem Titel *Wilhelmine von Bayreuth. Eine preußische Königstochter. Glanz und Elend am Hofe des Soldatenkönigs in den Memoiren der Markgräfin Wilhelmine von Bayreuth.* Frankfurt/Main 1981.

Gordion A. Weber: *Die Antikensammlung der Wilhelmine von Bayreuth.* München 1996.

Giuseppe Zocchi: *Vedute delle ville e d'altri luoghi della Toscana.* Firenze 1744.

Die Pappelinsel von Ermenonville
Rousseaus letzte Ruhestätte als 'retour à la nature'

Ulla LINK-HEER

> Denn sieh', es wallt der Enkel zu seinem Grab,
> Voll hohen Schauers, wie zu des Weisen Grab.
> Des Herrlichen, der, von der Pappel
> Säuseln umweht, auf der Insel schlummert.
> Hölderlin, „AN DIE RUHE"[1]

I.

In seiner Studie „Hölderlin-Rousseau. Retour inventif"[2] hat Jürgen Link die topische Formel des *retour à la nature* neu gelesen. Wer ist eigentlich der Autor dieser Formel? – lautet dabei eine seiner Fragen:

> Paradoxalement, la recherche consacrée à Rousseau semble s'en être tenue à un rejet strict et global de la formule du „retour à la nature", en arguant que cette (prétendue) citation de Rousseau n'en était pas une, mais surtout en rejetant cette thèse *a priori*, y compris dans ses acceptions les plus nuancées. Il est vrai que telle quelle, cette formule ne figure nulle part chez Rousseau; il est également vrai qu'à plusieurs reprises, Rousseau a expressément souligné l'absurdité de toutes les théories du „retour à la nature" impliquant une possible réversibilité du processus d'acculturation. Mais des questions décisives restent en suspens. Quel est le véritable auteur de cette formule? Rencontre-t-on chez Rousseau lui-même des formules analogues? Et surtout: serait-il possible de donner à cette formule une acception plus subtile que celle d'une régression linéaire vers un en-deça de la civilisation? (S. 50)

Die Berührungsängste der seriösen Rousseau- wie Hölderlinforschung gegenüber dieser Formel legen die Vermutung nahe, dass die Ridikülisierung der

---

[1] Große Stuttgarter Ausgabe, Bd. 1, 1, 1946, S. 92f.

[2] Traduit de l'allemand par Isabelle Kalinowski, Paris: Presses Universitaires de Vincennes 1975.

rousseauschen gedankenexperimentellen (mit Link gesprochen: inventiven) Konjekturen über den „Naturzustand" durch Voltaire und Palissot bis heute effektvoll geblieben ist. Wer Rousseau nur irgend ernst nimmt, beruft sich auf seine zahlreichen Äußerungen über die Unmöglichkeit einer Zurückentwicklung, eines „Retrogradierens" des Menschengeschlechts zu vorkulturellen Zuständen – und schafft die Anstößigkeit der Formel des *retour à la nature* aus der Welt. Was um so leichter fällt, als der Wortlaut der Formel sich bei Rousseau auch gar nicht findet. Aber vom *retour à la nature* in exakt diesem Wortlaut ist auch in Voltaires Spottbrief und in Palissots Komödie nicht die Rede.[3] Bei der „Lust, auf allen Vieren zu gehen", die Voltaire bei der Rousseau-Lektüre überfällt, handelt es sich vielmehr um die Schaffung eines ausfantasierbaren (und in der Folge kollektivsymbolisch ausfantasierten) großen Bildes der Regression, das theatralisch wirkungsmächtig inszenierbar war, wie Palissot beweist.

Wer ist also der Autor der Formel des *retour à la nature*? Man könnte meinen, will man auf der Formel als solcher insistieren und nicht auch andere Nuancen der Formulierung und insbesondere deren bildlich-mythische Resonanzen berücksichtigen (wie Link es im „Retour inventif" tut), dass ein Anonymus die Formel erfunden haben müsse. Denn wenn diese Komprimierungsformel auch seit mehr als zwei Jahrhunderten zirkuliert und im Kollektivsymbolsystem der Moderne als ein unverzichtbarer (wenn auch meistens suspekter und anstößiger) Gegenpol zu allen Picturae und Subscriptiones des Fortschritts, des Marschs nach vorn und der Beschleunigung erscheint, so wissen wir doch beinahe nichts über ihre Filiation, ihre Diffusion und ihre Gebrauchskontexte.[4] Das Stichwort *retour à*

---

[3] Für die Cydalise in den Mund gelegte Formulierung „Pour moi, je goûterais une volupté pure / A nous voir tous rentrer dans l'état de nature" (zit. nach Link, S. 54) können jedoch zahlreiche vergleichbare Formulierungen bei Rousseau, wenn auch mit anderer Intention, angeführt werden, wie Links Studie im einzelnen zeigt. – Zur Verspottung Rousseaus durch Voltaire und Palissot vgl. Herbert Jaumann, „Retour à la nature – der Kritiker als Paradoxist. Überlegungen zu einigen Klischees der Rousseaurezeption im 18. Jahrhundert", *kultuRRevolution. zeitschrift für angewandte diskurstheorie* Nr. 35 (April 1997), S. 32-36.

[4] Ein typisches Beispiel für den aktuellen Gebrauchsbedarf der Formel in zumeist als „alternativ" kodierten Zusammenhängen bietet eine Rezension in der FAZ von Rainer Flöhl über „Neue Sachbücher" zur Naturheilkunde und Homöopathie, die betitelt ist: „Auf der Flucht vor der sterilen Apparatemedizin. / Zurück zur Natur: Eine Chronik und eine Weltgeschichte der alternativen Medizin" (FAZ, 24.5.1996, S. 44). Der Rezensent schreibt unter anderem: „Rousseaus Forderung 'Zurück zur Natur!' erfaßte auch die Medizin", doch bleibt er uns jede Auskunft darüber schuldig, ob er damit seine

la nature sucht man in einschlägigen begriffs-, ideen- und schlagwortegeschichtlichen Wörterbüchern vergebens; entsprechend fehlt auch der berühmte 'Erstbeleg'.[5]

Die Lage ist also paradox. Es gibt äußerst wenige „idées reçues", die so untrennbar mit dem Namen eines individuellen Autors und mit der Autor-Funktion im Sinne Michel Foucaults verknüpft sind wie der *retour à la nature* mit dem Namen Rousseaus. Auf der anderen Seite aber soll Rousseau gar nicht der Autor der Formulierung sein, wie uns die Philosophen und Philologen bescheinigen. So schreibt zum Beispiel Ernst Cassirer in seiner einflussreichen Studie *Das Problem Jean-Jacques Rousseau:* „Rousseau ist nicht der einzige oder der erste, der im achtzehnten Jahrhundert das Losungswort 'Zurück zur Natur!' geprägt hat. Immer wieder klingt es uns vielmehr in den mannigfachsten Variationen entgegen."[6] – Auf eben diese „mannigfachsten Variationen", für die Cassirer leider die Belege schuldig bleibt,[7] aber käme es gerade an, um sowohl den individuellen wie den kollektiven Autor der Formel in ihrem jeweiligen „Klingen" distinkt vernehmen zu können.

In „Hölderlin-Rousseau. Retour inventif" rekonstruiert Jürgen Link die Resonanz der Stimme Rousseaus im lyrischen Ton Hölderlins, wobei dessen positiv-enthusiastische und applikative Bezugnahmen auf einen – allerdings weder linear-regressiv, noch prozessdialektisch wie im deutschen Idealismus, sondern

---

eigene Meinung kundtut, oder Thesen der heutigen Medizinhistoriker referiert, oder aber sich auf die Begründungstexte der Naturheilkunde und Homöopathie bezieht. – Selbst auf knappem Raum müßte es aber doch eigentlich möglich sein, einige filiatorische Zusammenhänge aufzudecken, statt sich lediglich mit der Repetition des Klischees zu begnügen. Im übrigen kann sich die Naturheilkunde mit guten Argumenten auf Rousseau berufen, der die Ablehnung ärztlicher Behandlung im Zusammenhang mit seiner „Reform" als eine „Rückkehr unter die alleinigen Gesetze der Natur" beschreibt: „Quinze ans d'expérience m'ont instruit à mes dépens; rentré maintenant sous les seules loix de la nature, j'ai repris par elles ma première santé." (zit. nach Link, Anm. 2, S. 52)

5   Auf vergleichbare lexikalische Defizite stößt man im Gesamtkontext der Begriffs- und Diskursgeschichte des Rousseauismus kontinuierlich, wie ich bei meinen Recherchen für den Artikel „Rousseauismus" im *Historischen Wörterbuch der Philosophie* feststellen mußte.

6   Darmstadt 1979, [1]1932, S. 12.

7   Sofern überhaupt Belege gegeben werden, geht Cassirer mit Autor-Attributionen und Daten höchst leichtfertig um (vgl. Anm. 23 auf S. 62 der Studie von Link, vgl. Anm. 2).

„inventiv"-innovatorisch verstandenen – *retour à la nature* als die generative Matrix seines Gesangs plausibel gemacht werden. In diesem Zusammenhang wird der denotativen und konnotativen semantischen Komplexität der Formel und ihr verwandter Ausdrucksweisen (Verbformen wie „rentrer" und „ramener" bei Rousseau, „Rückkehr" und „Wiederkehr" in substantivischen wie verbalen Formen bei Hölderlin zum Beispiel) erstmals eine detailliert-analytische Aufmerksamkeit gewidmet. Ich kann die Belegstellenauswahl, auf die diese Analysen sich stützen, hier nicht erneut ausbreiten, doch möchte ich, um den Kontext der Fragestellungen zu skizzieren, in dem mein nachfolgendes Ermenonville-Beispiel zu verstehen ist, wenigstens ein Beispiel aus dem 9. Buch der *Confessions* herausgreifen (Link, S. 51f.). Zu Eingang dieses Buches beschreibt Rousseau seinen mit Ungeduld erwarteten Bezug der Ermitage im Wald von Montmorency – es geht in diesem Buch um seine berühmte „Reform", die Link als ein Grundelement des (auto-)biographischen Fundamentalmythos der *Rückkehr zur Natur* auffaßt – und er beschreibt diese Wende als ein Zurückkehren in „sein Element", dem er seit fünfzehn Jahren entfremdet gewesen sei: „(...) moi qui depuis quinze ans hors de mon élément me voyois pret d'y rentrer (...)" (I, S. 401).[8] Zu Rousseaus „Element", und das heißt allen der Natur seines Charakters oder seinem „Naturell" gemäßen Situationen und Orten zählt er im einzelnen „mes chéres Charmettes et la douce vie que j'y avois menée", „la retraite et la campagne" und „toujours mes bosquets, mes ruisseaux, mes promenades solitaires". Außerhalb seines Elements sieht er sich hingegen in der mondänen Gesellschaft der Salons („dans le monde"), in der Betriebsamkeit seiner Repräsentationspflichten als Botschaftsangestellter in Venedig sowie in Paris („à Paris dans le tourbillon de la grande societé, dans la sensualité des soupés, dans l'éclat des spectacles, dans la fumée de la gloriole").

Wie immer seine Interpreten Rousseau gegen die Formel des *retour à la nature* verteidigen oder schützen zu müssen glauben, ist deren Unlösbarkeit vom Namen Rousseaus doch schon dadurch zementiert, dass sein Leben zum Fundamentalmythos der *Rückkehr zur Natur* geworden ist (Link, Kap. II). Eben deshalb hat Hölderlin nach Link unter den Modernen, seinen Zeitgenossen, unmißverständlich und uneingeschränkt *nur* Jean-Jacques Rousseau als einen „Halbgott" apostrophiert, um vorzugsweise jene Situationen und Stationen des

---

[8] Alle im Text durch Band- und Seitenangabe nachgewiesenen Rousseau-Zitate folgen der fünfbändigen Pléiade-Ausgabe der *Oeuvres complètes*, Paris 1959-1995.

rousseauschen Lebens poetisch-mythisch (und polyisotopisch, wie Link genauer ausführt) zu evozieren und zu steigern, die – Wälder, Fußwanderungen, Flüsse, ein frugales Mahl, Wein, Inseln, Asyle der Ruhe, Momente der Rast und des Glücks in einer „vie errante" – allesamt integrale Mytheme des rousseauschen „élément" sind, der *energeia* des gelebten Lebens wie auch der *energeia* seiner ungeheuren denkerischen Radikalität und poetischen Kreativität, deren modern-präromantische wie revolutionäre Resonanzkraft und Potenz zur Stiftung eines neuen Sozius (neuer As-soziationen freier Völker) von Hölderlin kongenial erkannt wurde.

Nun ist Hölderlin allerdings nicht der einzige, der der Formel des *retour à la nature* positive Wertakzente verliehen hat. Noch schwieriger als die Rekonstruktion der polemischen Filiation der Formel aber sieht Link die Rekonstruktion ihrer positiven Filiation, für die zweifellos ein gewisser denkerischer Mut vorauszusetzen sei – wie im Falle der Fortüne der Formel bei Kant, Heinse und Schiller oder Hegel, deren Auffassungen Link jedoch nicht, jedenfalls nicht durchgängig oder dominant, mit denen Hölderlins identifizieren möchte, weil er Hölderlins Rousseau-Verständnis jenseits progressdialektischer wie aller teleologisch gerichteten „Synthesen" sieht. Ich kann diese Argumentation hier nicht rekapitulieren, sondern möchte vielmehr den Gedanken aufgreifen, dass Rousseaus Tod in Ermenonville, sein Schlummer „auf der Insel" – wie es in der als Motto vorangestellten Schlußstrophe der Ode „An die Ruhe" aus Hölderlins Tübinger Zeit heißt, in der uns überhaupt die erste bekannte Erwähnung Rousseaus durch Hölderlin vorliegt – das zentrale symbolische Ereignis war, welches die „poetische Transfiguration"[9] des zuvor ridikülisierten und polemisch befehdeten *retour à la nature* ermöglichte.

Zuvor oder vielmehr im Übergang zu diesem Thema läßt sich Rousseaus eigentümliche (Nicht-)Autorschaft der Formel jedoch noch etwas genauer konturieren. So erscheint es auffällig, dass Rousseau durch seine „réforme", seinen Rückzug aus Paris in den Wald von Montmorency, wie durch zahlreiche weitere symbolkräftige Gesten – das Ablegen von Perücke, *culotte* und Uhr, das Anlegen des armenischen Kaftans, später auch: das „Handwerk" des

---

[9] Vgl. Bernhard Böschenstein, „Die Transfiguration Rousseaus in der deutschen Dichtung um 1800: Hölderlin – Jean Paul – Kleist", *Jahrbuch der Jean-Paul-Gesellschaft* Bd. 1 (1966), S. 101-116; ferner Link, S. 35ff. (vgl. Anm. 2).

Notenabschreibens und das Botanisieren – das Voltairesche Bild von der Regression des Zweibeiners zum Vierbeiner und seine Ausfantasierungen 'ausgereizt' hat, indem er es bis an die Grenzen der Möglichkeiten zu 'realisieren' versucht hat. Eine Grenze der Möglichkeit liegt in der Tierwerdung oder der Regression zum Affen (gegen die Absurdität solcher Rückentwicklungsvorstellungen wenden sich die rousseauschen Distanznahmen). Aber Rousseau betont seine animalisch-vegetativen Zustände; er betont vor allem seine Frauwerdung, die schon im „Naturell" seines semantisch explizit als hermaphroditisch konfigurierten Charakters angelegt ist,[10] und er betont sie zumal durch sein orientalisches (Rock-) Gewand und andere Gesten wie sein Klöppelarbeiten nach der Flucht aus England und incognito-Rückkehr in seine alte Pariser rue Plâtrière. Auch hat man sich zu fragen, ob die Leidenschaft des Botanisierens, der Rousseau sich in seinen letzten Lebensjahren und zuletzt im Park von Ermenonville hingibt, unabhängig von der Wiederherstellung des Kontakts zur Erde, zum Mutterboden, gesehen werden kann. Muß sich der im Freien Botanisierende nicht sogar „auf alle Viere" begeben, um die Pflanzen zu entdecken und zu pflücken? Wohlgemerkt ist er dabei mit dem aufgeklärtesten naturgeschichtlichen Wissen versehen und weiß sich zugleich seines eigenen Verstandes so zu bedienen, dass er die Linnaeischen und andere Klassifikationssysteme souverän zu kritisieren vermag.

In diesem Zusammenhang ist es nicht uninteressant, sich die im Ton höfliche, in der Sache allerdings unerbittlich-ironische Replik etwas näher anzuschauen, die Rousseau am 10. September des Jahres 1755 auf Voltaires Spottbrief vom 30. August gegeben hat:

> Vous voyez que je n'aspire pas à nous rétablir dans notre bêtise, quoique je regrette beaucoup, pour ma part, le peu que j'en ai perdu. A vôtre égard, Monsieur, ce retour seroit un miracle, si grand à la fois et si nuisible, qu'il n'appartiendroit qu'à Dieu de la faire et qu'au Diable de le vouloir. Ne tentez donc pas de retomber à quatre pattes; personne au monde n'y reussiroit moins que vous. Vous nous redressez trop bien sur nos deux pieds pour cesser de vous tenir sur les vôtres. (III, S. 226)

Kurze Zeit nach diesem Brief schmiedet Rousseau bereits Projekte für den Rückzug in die Ermitage, wo er sich mit Thérèse und ihrer Mutter am 9. April des

---

[10] Vgl. meine Analyse des in den *Confessions* modellierten Charakterparadigmas in *Prousts „A la recherche du temps perdu" und die Form der Autobiographie*, Amsterdam 1988, S. 110f.

Jahres 1756 installiert. Ist es nicht so, als wolle Rousseau damit beweisen, dass er am Gegenpol zu Voltaire steht, indem er selbst sich erfolgreich seiner in der „Zweibeinigkeit" symbolisierten Selbstherrlichkeit und Superiorität des ichbezogenen Menschen über die 'bloß' vegetative Natur zu begeben vermag?

Sie, Voltaire, sind der letzte, dem ein *retour à la nature* gelänge, scheint Rousseau hier sagen zu wollen. Zugleich taucht das Lexem *retour* an dieser Briefstelle – wie auch schon im zweiten Discours selbst[11] – wörtlich auf, freilich im (ironischen) Kontext eines „retour à la bêtise". Immerhin zeigt die Stelle, dass die Formel bei Rousseau durchaus vorhanden ist, wenn auch nicht in der integralen Form des *retour à la nature*, in der sie topisch wurde, so doch in demontierter Form: alle Elemente der Formel sind vorhanden, jedoch in unterschiedlichen Kontexten und in verschiedenen Akzeptations- oder Refutationsgraden. Stets sind alle Auslegungsmöglichkeiten dessen, was die Formel kristallisiert oder reduziert, einer Bifurkation unterworfen. Stets geht es darum, zu unterscheiden, was ein inventiver *retour à la nature* wäre, das heißt handlungseffektive Überlegungen zur Rettung der Moderne durch die Besinnung auf anthropologisch-fundamentale („natürliche") Zyklen der einfachen Reproduktion im Verhältnis zu deren Überformungen durch die historische Dynamik des Zivilisations- und Industrialisierungsprozesses, und was auf der anderen Seite auf die Entstellung, Banalisierung und Ridikülisierung dieses Denkens zur diachron-unilinear verstandenen Regression – einer Regression sei es zur Dummheit, zum Affen, zum Tier, zum Wilden oder Barbaren – zielt. Die Anstrengung, dieser Bifurkation und ihrer subtilen Untertöne stets gewärtig zu sein, was eine Wanderung auf schmalem Grat erfordert, geht es Rousseau doch in der Tat um einen – freilich nicht diachron nach rückwärts, sondern synchron in der avanciert-aufgeklärtesten Moderne zu vollziehenden – *retour à la nature*, lässt sich seinen Schriften fast physisch nachempfinden. In den apologetischen späten *Dialogues* (*Rousseau juge de Jean-Jaques*) liest man:

---

[11] Im zweiten Teil des *Discours sur l'origine de l'inégalité* heißt es im Beschreibungskontext des Übergangs von der „société naissante" zur „société civile": „Telle fut, ou dut être l'origine de la Société et des Loix, qui donnérent de nouvelles entraves au foible et de nouvelles forces au riche, (...) détruisirent *sans retour* la liberté naturelle, fixérent pour jamais la Loi de la propriété et de l'inégalité (...). (III, S. 178; Hervorhebung von mir) – Die Stelle erlaubt einen konzisen Einblick in die funktionale Ambivalenz der Formel: man könnte geradezu formulieren, dass Rousseau, um zum Autor der Formel zu werden, gerade auch sagen muß, wo und inwiefern kein *retour* möglich ist.

> Mais la nature humaine ne retrograde pas et jamais on ne remonte vers les tems d'innocence et d'égalité quand une fois on s'en est éloigné; c'est encore un des principes sur lesquels il a le plus insisté. Ainsi son objet ne pouvoit être de ramener les peuples nombreux ni les grands Etats à leur prémiére simplicité, mais seulement d'arrêter s'il étoit possible le progrès de ceux dont la petitesse et la situation les ont préservés d'une marche aussi rapide vers la perfection de la société et vers la déterioration de l'espéce. Ces distinctions méritoient d'être faites et ne l'ont point été. (I, S. 935)

Diese Unterscheidungen sind bis heute im Blick auf Rousseaus (Nicht-) Autorschaft der Formel des *retour à la nature* nicht befriedigend nachvollzogen worden.

II.

Es wäre falsch zu meinen, dass Rousseaus Leben mit seinen symbolischen und mythischen Resonanzen eine eindeutigere Auslegung des *retour à la nature* erlauben würde als seine Schriften. Alle Situationen und Stationen dieses Lebens haben stets im Zentrum eines veritablen Kampfes um Werte der Moderne und die Legitimität von Wertzuschreibungen und Wertverschiebungen bewirken wollenden Diskursen (wie dem Rousseaus) gestanden. Alle Kontingenzen dieses Lebens erlangten daher eine umkämpfte Bedeutung, gar Bedeutsamkeit. Doch gilt für Rousseaus Tod in Ermenonville und seine Bestattung in einer Parklandschaft, die von ihrem Besitzer und Architekten, dem Marquis Louis-René de Girardin (auch: Gerardin) nach dem Modell der *Nouvelle Héloise* gestaltet worden war, eine Geschlossenheit an mythischer Bedeutsamkeit von exzeptionellem Ausmaß. Dieses Ereignis mußte die Gegner Rousseaus und die noch verbliebenen polemischen Stimmen gegen die Rückkehr zur Natur ganz und gar perplex machen.

Ermenonville war das letzte der „Asyle", die dem berühmten Plebejer Rousseau von einem Aristokraten zur Verfügung gestellt wurden. Vor allem aber war es ein Asyl, das ganz im Geiste Rousseaus geschaffen worden war und danach verlangte, dass „der göttliche Autor der *Julie*", wie Girardin schreibt, dieses Asyl auch persönlich bewohnte.

Es ist ganz und gar unmöglich, die Kondensation und Konzentration von mythischer Bedeutsamkeit, die sich in Ermenonville ereignet, auf einen lenkenden Willen, einen bewußten Plan, einen Urheber oder Autor zurückzuführen.

Rousseaus Tod in Ermenonville (nach einem erst 42 Tage währenden Aufenthalt) durch einen Schlaganfall kurz vor Mittag des 2. Juli 1778 im Alter von 66 Jahren hatte von niemandem vorausgesehen werden können. Und es sind offenbar gerade Kontingenzen dieses Typs, die nach Links These Hölderlins geschichtsphilosophische 'Rückkehr vom deutschen Idealismus zu Rousseau' stimuliert haben. Doch wie wenn ein genialer Intendant die Krönung von Leben und Werk Rousseaus minutiös geplant hätte, wird Rousseau in seinem „élément" bestattet, in einer Naturlandschaft, die zugleich in seiner eigenen Imaginativkraft ihren Ursprung genommen hat, in einer Insel, dem Inbegriff der rousseauschen Glücksstätten (nach Art einer Verdopplung des geliebten Petersinsel-Asyls im Bieler See), „von der Pappel Säuseln umweht" wie vom Genie der orientalischen Sprachen, die Rousseau als „langues chantantes et passionnées" aus den Leidenschaften statt aus den Bedürfnissen ableitet und mit den Sprachen der Dichter identifiziert (V, S. 380f.), und umgeben vom geliebten Element des Wassers. Der Äther selbst wird an diesem Ort vom Geist Rousseaus gleichsam sensualistisch durchwirkt, mit elektrischem Fluidum aufgeladen, wie noch genauer zu belegen ist. Eine solche mythische Dichte muß Hölderlin nicht minder in Erregung versetzt haben als der kontingente Moment des Todes oder auch der generelle Zickzackkurs des rousseauschen Lebens zwischen Mühsal, Flucht, Unrast, Umherirren, Vertreibung einerseits, den Glücksexstasen bei Wanderungen, dem Rasten in Asylen und dem Sich-Treiben-Lassen im Kahne andererseits.

Im Jahr 1777 veröffentlicht der Marquis von Girardin seine landschafts- (nicht allein garten-) architektonische Schrift *De la composition des paysages*, die laut einem 'Vorwort des Herausgebers' bereits zu Beginn des Jahres 1775 vorgelegen habe.[12] In eben diesem „Avis" findet sich zugleich eine der mannigfachen Variationen der *retour*-Formel. Die Diskurse seien erschöpft („Les discours sont épuisés"), nur noch die Neuigkeit könne die Aufmerksamkeit der Menschen

---

[12] Als Neuausgabe in der Reihe „Pays/Paysages" wieder zugänglich: René-Louis de Girardin, *De la composition des paysages* suivi de (An.) *Promenade ou itinéraire des jardins d'Ermenonville*. Postface de Michel H. Conan, Seyssel: Editions Champ Vallon 1992. – Zur Einordnung Ermenonvilles in die *Geschichte der Gartentheorie* ist das gleichnamige Buch von Clemens Alexander Wimmer (Darmstadt 1989) nützlich, auch wenn es eigenartigerweise nur Rousseau, nicht hingegen Girardin ein eigenes Kapitel widmet.

erregen; nichts aber sei für sie neuer als die Natur, von der sie sich entfernt hätten und zu der sie zurückzubringen seien, um ihren ganzen Charme zu empfinden:

> Le moment où, à force de s'en écarter, ce qu'il y a de plus nouveau pour eux, C'EST LA NATURE, est le moment de les y ramener, en les conduisant à en connaître, et à en sentir tous les charmes. (S. 9)

Girardins Schrift ist nicht nur von Belang als einer der frühesten Belege für den Transfer des englischen Epithetons *romantic* ins Französische – neben Rousseaus allerdings wohl etwas später verfassten Fünften Promenade –, sie verknüpft vor allem auch die Tradition des englischen Gartens mit den poetisch-philosophischen Sinnstiftungen, die Rousseau in der *Nouvelle Héloise* mit den Landschaften um den Genfer See verbunden hat, die er anstelle der arkadischen „Vallées de la Thessalie" (I, S. 430) als Schauplatz des Romans gewählt hatte. Girardin seinerseits, der Landschaften nicht architektonisch oder gärtnerisch, sondern poetisch und malerisch gestaltet wissen möchte (S. 21) und mit einer rousseauistischen philosophischen Sinngebung versieht, schreibt am 24. Mai des Jahres 1778, vier Tage, nachdem Rousseau seiner Einladung nach Ermenonville gefolgt ist, einen Brief an einen italienischen Cousin, in dem er die Ankunft des „göttlichen Autors der Héloise und des Emile" in seinem Arkadien mit der Ruhestätte Apolls im Tal von Thessalien vergleicht (alle diese aufschlussreichen Dokumente sind in der vorzüglichen kommentierten Edition der *Correspondance complète*[13] Rousseaus zugänglich):

> Eh bien Sachés que ces Arcadians fields sont actuellement habités par le Divin auteur d'Héloise et D'Emile, il Les a Choisis pour sa retraitte comme Apollon avoit choisi La Vallée de Thessalie, et Le véritable vaut mieux que Le fabuleux. (Corr. XL, S. 219).

Der Mythos der *retraitte* (der Ruhe, des „Asyls" im rousseauschen Sinne, das Hölderlin durch „Ruhestätte" wiedergibt) erscheint hier bereits in seinem polyisotopen Wechsel zwischen antiker Mythologie, dem Sonnengott Apoll und der arkadischen Ideallandschaft, und zeitgenössisch-modernen Orten, Gesten und Tönen, den dem Autor aus eigener Anschauung bekannten Reallandschaften der Schweizer Alpen und 'rustikalen' republikanischen Kantone um den Genfer See; des ländlichen Terrains vor den Toren von Paris, die wechselseitig poetisch erhöht werden zu Orten intensivster Sinnlichkeit, die alle Sinnesorgane für die

---

[13] *Correspondance complète de Jean-Jacques Rousseau.* Edition critique établie et annotée par R.A. Leigh, 50 Bde., Oxford: The Voltaire Foundation 1965-1991. I.f. mit Band- und Seitenangabe im Text zitiert.

Farben, Lüfte, Düfte und Klänge der „Natur" empfindsam machen. Die Verfahrensweise der hölderlinschen polyisotopen und polysemantischen Bezüge auf antike und christliche Mythologeme ebenso wie auf zeitgenössische aufgeklärte Wissenskonfigurationen und politische Konfliktlagen ist hier – *toutes proportions gardées* – zumindest präfiguriert.

In diesem Zusammenhang verdient das 15. Kapitel von Girardins Landschaftsschrift – es handelt sich zugleich um das Kapitel, in dem der Terminus *romantique* eingeführt wird, noch etwas nähere Aufmerksamkeit. Das Kapitel trägt die Überschrift „Du pouvoir des Paysages sur nos sens, et par contrecoup sur notre âme" und beruht auf einer sensualistischen Theorie der Resonanzen, die durch die Beziehungen der Objekte untereinander in ihrer Anziehungs- wie Abstoßungskraft auf das empfangende Sensorium des Subjekts entstehen und Ideen, Erinnerungen, Gefühle oder Schmerz hervorzurufen vermögen:

> C'est par l'émotion de l'attrait ou de la répugnance que nos sens nous indiquent la convenance ou la disconvenance des objets avec nous. La corde plus ou moins pincée rend telle ou telle vibration; ainsi la fibre ébranlée plus ou moins fortement, ou plus ou moins souvent, fait raisonner en nous une idée, une réminiscence, un sentiment ou une douleur. (S. 95)

Der *concours*, das Zusammenwirken all dieser Elemente einer Landschaft auf die Sinnesorgane, die Emotionen und die Intensität der Eindrücke auf die Seele wird in Analogie zur Malerei und Poesie beschrieben, denen es um ein Maximum an Prägemacht der Seele – das heißt der Subjektbildung – gehe. Das Ziel der Landschaftsgestaltung ist also die Schaffung eines tiefen Seeleneindrucks, der das Subjekt mit der Natur einssetzt:

> Si, dans une situation d'une beauté pittoresque où la nature développe sans gêne toutes ses grâces, au charme que les yeux éprouvent par l'effet d'un tel paysage se joignent encore d'autres émotions qui opèrent en même temps sur le reste de nos sens, telle que l'odeur fraîche de l'herbe nouvelle ou celle de la feuille printanière qu'épanouit l'électricité vivifiante d'une pluie chaude, telle que le touchant murmure des fontaines qui rajeunissent la verdure ou les concerts amoureux des oiseaux du bocage, alors l'ouie et l'odorat, moins prompts que la vue à saisir les objets, mais aussi moins distraits et plus profondément affectés, concourent puissamment à faire passer à notre âme une impression d'une volupté douce et touchante; et moins elle se trouvera isolée de cet effet intéressant par des occasions de distraction, plus la situation et le paysage sera solitaire, et plus l'impression que recevra notre âme sera forte et profonde. (S. 97f.)

Das Zitat macht nachvollziehbar, wie der von der Imaginativkraft der *Nouvelle Héloise* ausgehende Effekt tiefstgreifender Affiziertheit von Girardin in die *rêverie* einer Reallandschaft übertragen wird. Der göttliche Autor, der dieses die Seele maximal bewegende Zusammenwirken vibrierender, sich wechselseitig verstärkender Resonanzen aller Sinne poetisch herstellte, ist der erträumte Bewohner Ermenonvilles, den Girardin sich ebenfalls „real" anwesend wünscht. Dass ihm dies gelang – er hatte sich durch Aufträge zum Notenabschreiben bei Rousseau eingeführt, dem „scheuen Mann", der eine Reihe anderer Angebote der Gastfreundschaft stets abgelehnt hatte – ist bereits erstaunlich. Dass er überdies die geniale Intuition hatte (ob sie prämeditiert oder spontan war, kann hier offen bleiben), Rousseau auf der Pappelinsel eine letzte Ruhestätte zu bereiten, die auch dessen *retour à la nature* in imaginativer Vollendung realisierte, aber machte Ermenonville zu einem europäischen Wallfahrtsort, der die Seelen in größte Emotionen versetzte.

In einem längeren Schreiben vom Juli 1778, das als „Lettre à Sophie" tituliert ist, hat Girardin die Pappelinsel als eine Art von Tempel beschrieben, der von der Natur selbst gebildet zu sein scheint, um ihren Lieblingssohn in ihrem Schoße aufzunehmen. Es ist notwendig, aus dieser Beschreibung etwas ausführlicher zu zitieren, um das Ausmaß der symbolisch-mythischen Verwirklichung der Rückkehr zur Natur zu begreifen:

> Cette Ile m'a paru être la Situation la plus convenable à cette honorable destination. C'est une espèce de sanctuaire, qui semble formé par la nature même pour recevoir Son favori dans Son Sein. Le sol est couvert de gazon; il n'y a pour arbres que des peupliers dont les pieds sont garnis de fleurs. L'eau qui s'étend autour de l'île est calme et transparente et le vent Semble craindre d'en troubler la tranquillité. Le petit lac qu'elle forme par son étendu, est renfermé de tous côtés par des côteaux qui Semblent le dérober au reste de la nature; ces côteaux Sont couverts de bois et terminés Sur la rive des eaux, par ces routes sombres et Solitaires, d'où on apperçoit à travers les arbres ce monument de forme simple et antique comme son caractère et ses moeurs. Cette espèce d'enceinte religieuse autour de ce dépôt sacré, répand dans cet asile un mystère qui entraîne à une tendre mélancolie. Cet effet au lieu d'être repoussant, comme celui de nos sépultures modernes, invite au contraire les coeurs à S'en approcher, comme le faisaient jadis dans les champs Elysées, les précieux monuments des grands hommes. C'est là que tous ceux qui l'aimaient, c'est la que Sa malheureuse femme, qui a tout perdu en lui, parce qu'il était l'univers pour elle, va tous les jours soulager sa douleur; en voyant le lieu où il est, La malheureuse croit le voir encore; elle croit que Son âme vient converser avec elle. Vous Savez, madame, que c'était le Sentiment de sa Julie mourante et par conséquent, le Sien, que les âmes dégagées d'un corps qui vient d'habiter la terre, peuvent y revenir encore errer et demeurer peut-être autour de ce qui leur est cher; et par une communication intérieure Semblable à celle de dieu, pénétrer jusques dans leurs pensées. Et en effet il Semble

que cette âme dont le dernier soupir fut celui de la bienfaisance et de l'amour, erre encore autour de ces ombrages épais pour s'y confondre dans celles de tous ceux qui viennent y rêver à la tendresse et à l'amitié.
(Corr. XL, S. 345f.)

Man sieht, wie eng der Landschaftskünstler Girardin die *Picturae* der Pappelinsel mit den populärsten *Subscriptiones* aus Rousseaus Leben und Werk verbunden hatte. Die heilige Ruhestätte, das Mausoleum der Natur, ist als ein Prädilektionsort wesentlicher Elemente der rousseauschen Landschaftsträumerei konzipiert. Das klare Wasser bildet einen kleinen See, der die Abgeschiedenheit der Insel inmitten der Weite eines nicht umgrenzten Parks durch seine bewachsenen Uferböschungen herstellt. Durch die Lichtungen dieser bewaldeten Uferböschungen fällt der Blick auf eine Gruppe von Pappeln, die leicht bewegt vom Wind eine der Natur entsprungene Gruppe von Tempelsäulen bilden. In ihrer Mitte befindet sich ein Grabmal von antiker Schlichtheit, das der Prunklosigkeit von Rousseaus Sitten und Charakter entspricht. Die religiös-natürliche Umfriedung seiner sterblichen Überreste verleiht dem Ort etwas Geheimnisvolles, das die Seele Rousseaus wie Gott durch eine innere Zwiesprache in die Herzen und Gedanken der ihm verbundenen, von sanfter Melancholie erfaßten Menschen eindringen läßt.

Dementsprechend verfaßt Girardin eine Grabinschrift, die das eigentliche Grabmonument in den Herzen der sensiblen Menschen verstanden wissen will:

Ici, sous ces ombres paisibles,

Pour les restes mortels de Jean Jacques Rousseau

L'amitié posa ce tombeau:

Mais c'est dans tous les coeurs Sensibles,

que cet homme divin, qui fut tout Sentiment,

doit trouver de son coeur l'éternel monument.

(Corr. XL, S. 345)

Gewiss: die Dichtung, die vom Park in Ermenonville ihren Ausgang nimmt – zahllose bekannte und anonyme Dichter besingen die auch in der Ikonographie reich überlieferte Pappelinsel – erreicht nirgends den Ton und die äußerste Schönheit des Hölderlinschen Gesangs. Doch ist die Popularisierung – freilich zum großen Teil auch Trivialisierung und Banalisierung – der Liebe zur Rückkehr zur Natur, die durch Rousseaus Bestattung auf der Pappelinsel wahre

Modewellen inzitiert, zweifellos eine der wesentlichen Grundlagen für die positive Umwertung der Formel. Als Abbildung des Rousseau-Mythos *par excellence* repräsentiert die Pappelinsel einen definitiven *retour à la nature*, der gleichzeitig im Zentrum der europäischen Aufklärungsbewegung stattfindet. Im Tod erscheint zuletzt die mythische Versöhnung von Natur und Kunst, von Einsamkeit und Öffentlichkeit erreicht.

Es wäre, würde man die häufig sensualistisch inspirierte Literatur zu Ermenonville in systematischem Zusammenhang untersuchen, interessant zu fragen, wie der poetisch-mythische *retour* sich zu den Wissenskonfigurationen der Spätaufklärung verhält, und welche Beziehungen es vor allem zu den aufgeklärten naturwissenschaftlichen Diskursen der Zeit gibt. Das Fluidum, der Äther, die Elektrizität, die Gärung (*fermentation*) – sie alle spielen für diese „Übertragung" der Rousseauschen oder besser rousseauistischen Rückbesinnung auf die Wahrheit der Natur eine wichtige Rolle. Ermenonville wird zu einem Ort, an dem Rousseaus Sitten und Charakter ein Fluidum ausstrahlen, das man sich unter anderem in der Art einer Dämpfe- und Dünsteentwicklung erklärt, in der sich Rousseaus 'Seele' entäußert, „evaporiert". Ein solches Bild für die „Ausstrahlung" Rousseaus findet sich in einem der zahlreichen melodramatischen (in der französischen Literaturgeschichte zumeist als präromantisch klassifizierten) Romane, die die *Nouvelle Héloïse* auf ihre (triviale) Art fortzuschreiben suchen. In dem in Amsterdam 1783 erschienenen, als „Histoire philosophique" bezeichneten Roman von Loaisel de Tréogate, *Dolbreuse ou L'Homme du siècle*, dessen libertiner Held durch die hermaphroditische Verbindung von Gefühl und Vernunft – sprich: Rousseau – zur Wahrheit zurückgeführt wird (wie der vollständige Titel bereits signalisiert), wird eine solche „Evaporation", die ja auch der Marquis de Girardin bereits im Sinne hatte, beschrieben. Nachdem das füreinander bestimmte Paar, Dolbreuse und Ermance, auch wieder zueinander gefunden hat, macht es eine Wallfahrt nach Ermenonville:

> Un vent frais souffloit parmi les peupliers, comme le zéphyr au tems de la prime-vere, quand il fait frémir doucement les jeunes feuilles des arbres & la cime des buissons. La verdure nous y parut plus vive, l'air plus pur, le ciel plus serein. Les eaux du lac formant une enceinte de cristal autour de l'Ille, venoient battre, avec un doux murmure, son rivage fortuné. On eût dit qu'en ce lieu tous les élémens visibles

recevoient l'intelligence & la vie, en reprenant par degrés les parties éparses du corps de ce Philosophe, à mesure que la chaleur de la terre les faisoit évaporer[14].

Die im Winde zitternden Pappeln und das frische Grün des Maientags wirken auf den Betrachter, als würden die sichtbaren Gegenstände leben und Intelligenz besitzen, indem sie nach und nach die zerstreuten Teile des rousseauschen Körpers im Schoße der Erde aufnehmen, die durch deren Erwärmung als Dunst aufsteigen. In diesem Bild einer Evaporation haben Rousseau und die Natur sich wechselseitig durchwirkt.

Als die französische Revolutionsnation den „Wohltäter der Menschheit", den „Weisen" und „Gesetzgeber" aus Ermenonville in das Pantheon überführt, da meinten nicht wenige, dieser Transfer aus dem Tempel der Natur in das steinerne Mausoleum im Zentrum von Paris, dem der Philosoph entflohen war, sei ein neuerlicher Verrat an der Singularität Jean-Jacques', des *homme de la nature*.*

---

[14] Loaisel de Tréogate, *Dolbreuse ou l'Homme du siècle, Ramené à la Vérité par le Sentiment et par la raison*. Histoire philosophique, Amsterdam 1783, 2 Bde., hier: Bd. 2, S. 135.

* Erstpublikation des Beitrags in: *kultuRRevolution. zeitschrift für angewandte diskurstheorie*. Nr. 35 (April 1997). Themenheft „Hölderlin: französisch-deutsch", S. 79-86.

Gesellschaftsdiskurs und Gartenkonstruktion:
Zur Spiegelung des Ordnungswandels in Goethes Roman „Die Wahlverwandtschaften"

Peter KLOTZ

1. Zum Verhältnis Garten – Natur – Mensch

Die Geschichte des Menschen ist die Geschichte seiner Emanzipation von der Natur. Alle Emanzipation kann nur zum Teil gelingen, macht sie doch die Bindungen erst fühlbar und bewusst. So entsteht ein Wechselspiel und Spannungsverhältnis, das der Gestaltung und des Diskurses bedarf. Paradigmatisch für die Doppelbindung des Menschen an Natur und an Gesellschaft, denn sie ist das Gefäß, die Ordnung dieser Emanzipation, ist sein Garten, der eben nicht mehr der Garten Eden ist, mit dem die Menschheitsgeschichte beginnt. Die Vertreibung aus diesem Paradies entbindet die Möglichkeit eigener menschlicher Gestaltung und menschlicher Bewusstheit. Somit verbinden sich zwei anthropologische Formen, die notwendigerweise zusammengehören:
Gesellschaft und Garten bzw. Park. Wo es Menschen, wo es Gesellschaft gibt, gibt es geformte, bearbeitete, kultivierte Natur – wenn wir von nomadischen Gesellschaften absehen. M.a.W. ich möchte dem Thema „Gesellschaftsdiskurs und Gartenkonstruktion" als Hintergrund den Begriff der „Natur" hinzufügen. Aus dieser Sicht werden Garten und Park von beiden geformt: vom Menschen *und* von der Natur.

Mensch → GARTEN ← Natur

Der Mensch kann die Natur sehr stark formen, dann wird der Garten vielleicht zu einem sehr „menschlichen" Ort mit allen Vorzügen und Absonderlichkeiten. Dort kann die Natur ihre Formen nur so weit ausbilden, wie der Mensch es erlaubt. = Der Mensch hat aber auch die Möglichkeit, die Natur weitgehend „natürlich" zu belassen, so dass er sich zwar Räume in ihr schafft, sich aber doch der Illusion hingeben kann, in der Natur selbst zu sein, einer Natur von gestalteter Schönheit. Ich sehe ab davon, dass der Mensch auch Wege in die „wilde" Natur baut – aus welchen Gründen, meist ökonomischen, auch immer –, aber wer schon in der Wüste oder im Urwald war, weiß, dass sie nicht eigentlich „schön" sind. – Wichtiger scheint mir die Perspektive auf den Menschen, die deutlich macht, dass er gleichermaßen Anteil an Gesellschaft und Natur hat. Das zeigt sich z.B. an seinen Stimmungen und Gefühlen, die eben nicht nur vom menschlichen Widerpart abhängen, sondern stärker noch vom Zustand seiner Physis: Physischer Schmerz und Freude gehen nicht zusammen, und Liebe und Leidenschaft sind bekanntlich nicht nur emotionale und seelische Ereignisse. Der Naturbegriff ist vielgestaltig und in einer langen Geschichte vielfältigen Diskursen unterworfen worden, denen hier nicht nachgegangen werden kann. Hier stehe er für physikalische und chemische Fakten und Prozesse, „im Sinne von dem, was von selbst da ist und sich selbst reproduziert", wie es in lexikonhafter Weise die Brockhaus-Enzyklopädie formuliert (Brockhaus-Enzyklopädie Bd. 15, 1991, S. 372). Teilt man solch eine Sicht, dann ist das Verhältnis Mensch-Garten-Natur nicht linear, sondern (wenigstens) triangulär und das heißt: einander wechselseitig beeinflussend. Dies führt nun unmittelbar zu sozial- und mentalitätsgeschichtlichen Aspekten, die dieses zivilisationsgeschichtliche Spannungsverhältnis immer wieder und in veränderter Weise gewichten.

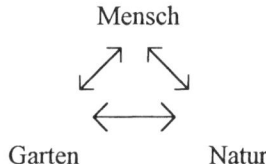

Mir scheint, dass wir in den Zusammenhängen *Gesellschaft* und *Garten* immer auch, und sei's in Abgrenzung, von *Natur* reden müssen. Die Sprache selbst gibt deutliche Hinweise, dass „Garten" als Wort auf die „Gerten" zurückgeführt werden kann, die als Begrenzung in die Erde gesteckt werden, als Begrenzung gegenüber Haus und Straße, gegenüber der „wilden Natur" und gegenüber anderen Menschen (man denke an Rousseau). Ebenso leitet sich das Wort „Park" vom mlat. „parricus" ab, das „umzäunt" bedeutet, wie auch „Friedhof", den ich als Garten hinnehmen möchte, sich von „umfrieden, abgrenzen" herleitet (und nicht von „Frieden", der im Umfriedeten dann möglich wird).

Garten, Park und Friedhof sind also Absonderungen von – „wilder" – Natur, und sie sind somit vor allem „menschliche Kulturräume", die als solche gesellschaftlichen Zwecken dienen, nicht zuletzt auch dem Zweck gesellschaftlicher Ab- und Ausgrenzung, aber natürlich auch des Vergnügens und der Besinnung, der heiteren Naturerfahrung und der ökonomischen Nutzung, der Liebe unter Platanen und der Grabesstille im Friedhof.

Wenn ich nun im Folgenden den Zusammenhang von *Gesellschaftsdiskurs und Gartenkonstruktion. Zur Spiegelung des Ordnungswandels in Goethes Roman „Die Wahlverwandtschaften"* thematisiere, so tue ich dies mit zwei Absichten:

1. Goethes Roman von 1809 lässt sich als eine Versuchsanordnung lesen, bei der gesellschaftliche Ordnungen für die nach-absolutistische und auch nach-revolutionäre Zeit dergestalt diskutiert werden, dass sie sich nicht zuletzt in den verschiedenen Gartenkonstruktionen niederschlagen und spiegeln. Diese Konstellation erlaubt einen Blick auf den Menschen zurück, wie er sich in seiner eigenen Natur und der ihn umgebenden Natur einrichtet in Zeiten des Übergangs, der gesellschaftlichen Veränderungen, wie überhaupt es gerade die Übergänge sind, die Einblicke in verschiedene Ordnungsmöglichkeiten bieten.

2. Als Mensch des 20. Jahrhunderts interessiert mich die „Sattelzeit" um 1800 mit ihren vielfältigen Naturdiskussionen einerseits als Übergangszeit mit der Frage nach Übergängen heute; und andererseits auf Grund der nun schon lange anhaltenden ökologischen Naturdebatte heute: ein triviales „Zurück zur Natur" schafft sich in fast jedem Garten ein Biotop, störende Bäume in Gärten dürfen nicht mehr gefällt werden, städtische Plätze werden „begrünt" (wie das hässliche deutsche Wort dafür lautet). Natur ist selbst zu einem idealisierten Konstrukt geworden, freilich unter Ausblendung ihrer Härte, Gefährlichkeit und Gleichgültigkeit. Die Frage nach gestalteter Natur stellt sich unzeitgemäß umso notwendiger. Gleichermaßen eröffnet diese Perspektive den Blick auf die Frage, ob und wie Natur in ihrer Komplexität und Vielschichtigkeit wieder wahrgenommen werden kann.

Beide Absichten verbinden sich in der sich wechselweise beeinflussenden, gewissermaßen triangulären Konstellation Natur-Mensch-Gesellschaft mit der Frage, wie sich der Mensch in Natur und Gesellschaft „wöhnlich" einrichten kann, um dieses Goethe'sche Wort zu nutzen. Denn dieser Begriff des

"Wöhnlichen" scheint mir wesentlich für ein Gespräch über den Garten, schließt er doch das Kulturelle und Kultivierende, also zentrale Leistungen der Gesellschaft mit ein.

2. Literarische Spiegelung

Goethes Roman „Die Wahlverwandtschaften" entwickelt gewissermaßen ein dynamisches Netzwerk, um zu diskutieren, wie nach dem Verlust absolutistischer Ordnung und wie nach dem Versuch einer Stände auflösenden Revolution das gesellschaftliche Miteinander weitergehen kann und welche Folgen sich daraus ergeben können. Ehe und Liebe markieren das Spannungsverhältnis von Gesellschaft und Natur, das sich in deutlich differenten Räumen, gekennzeichnet durch das Zusammenspiel von Haus- und Gartenformen, in vier Schritten vollzieht.

2.1.

Der erste Schritt bezieht sich auf die Vorgeschichte der Liebesverwirrungen und -beziehungen des eigentlichen Romans. Eduard und Charlotte, zwei der vier zentralen Protagonisten des Romans, waren bei Hofe das „schönste" Paar, das gemäß der Liebescodes am absolutistischen Hof wohl heimlich des Nachts der „amour passion" Raum und Zeit geben konnte (vgl. das Gespräch Graf Eduard im Kap. I 11, S. 317ff.), aber beide gehen schließlich Standesehen ein. Kennzeichnend für das Geschlechterverhältnis ist somit die Trennung von Liebe und Ehe. Während sich für die Liebe noch die aus dem Mittelalter tradierte Praxis als Vorstellung erhält, dass nach dem Liebesgenuss die Ordnung wieder hergestellt wird: der Liebhaber kehrt bei Tagesanbruch in seine Räume zurück, gerät die Ehe mit der Aufklärung in den gesellschaftlichen Diskurs. Genau an dieser Stelle setzt die Handlung des Romans ein: Eduard und Charlotte haben sich wiedergefunden nach dem Tode ihrer jeweiligen Standespartner, sie sind eine Ehe eingegangen, die gleichermaßen auf Liebe und Freundschaft, wohl nicht mehr auf „passion", gründet, und sie leben zurückgezogen auf Eduards altem Schloss. – Schon die ersten Zeilen des Romans verweisen unmittelbar auf den Garten- bzw. Parkraum, in dem sich die folgende Handlung vollziehen wird, wobei eben diese Handlung von zwei sich reflektierenden Handlungslinien geprägt wird: zum einen von den Geschlechterkonstellationen und zum anderen von fortgesetzten Raumgestaltungen und Raumerfahrungen, die von den Protagonisten ausgehen und die auf sie zurückwirken.

So erscheint es nun berechtigt, mit der Vorgeschichte und dem Beginn des Romans den französischen Garten bzw. Park in Verbindung zu bringen und gleichzeitig damit das „Schloss" als zeremoniellen gesellschaftlichen Ort, auf den sich alles bezieht und der sich formgebend auf die mehr als gebändigte, mehr als stilisierte „Nicht-mehr-Natur" auswirkt. Beispielgebend war für ganz Europa Versailles.

Hinter der fast 600 Meter langen, streng gegliederten Fassade erstreckt sich die grüne Architektur, der „Garten des Königs", angelegt von André Le Notre. Die Gartenanlage wird durch ein einheitliches, geometrisches Gliederungssystem geordnet. Die Ordnung der gebauten Architektur setzt sich gleichsam in der das Schloß umgebenden grünen Architektur fort. Die vom Schloß ausgehende Hauptachse endet am Horizont in einem runden Platz, von welchem wiederum Alleen sternförmig ausstrahlen. Es entsteht somit gleichsam eine Blickachse, die vom in den Garten hineingesetzten, betonten Mittelteil der Schloßfassade, hinter der sich die Privaträume des Königs befinden, über die Zierbeete und den geometrisch geordneten Kanal bis hin zum runden, mit ausstrahlenden Alleen versehenen Platz an der Horizontlinie führt. Ein aufwendiges System von axialen Bezügen und Verbindungen geht rechts und links von dieser Hauptachse aus in die Weite. Alles ist von einem zentralen Standpunkt, den Fenstern der königlichen Räume, zu überschauen.

Dass solch ein „Garten" nicht zum beliebigen Schlendern oder gar zum Herumtollen einlädt, scheint heute uns Heutigen noch spürbar. Die Bewegung im Park setzt höfisches Zeremoniell und höfisch-protokollarische Auftritte im Freien fort, oft in großer Gesellschaft, mit Kutschen und Sänften, oder lustwandelnd mit inszenatorischer Geste.

Damit sich der Garten in diesem Sinne durchwandeln läßt und der Garten den höfischen Ansprüchen genügt, bedarf es bestimmter Gliederungselemente. Einige der wichtigsten Gliederungselemente des typischen Barockgartens sind geometrische Figurationen im Parterre, in den Alleen und an den Hecken und schließlich das in die geometrischen Formen von Becken, Kanälen und Brunnen gebrachte Element Wasser.

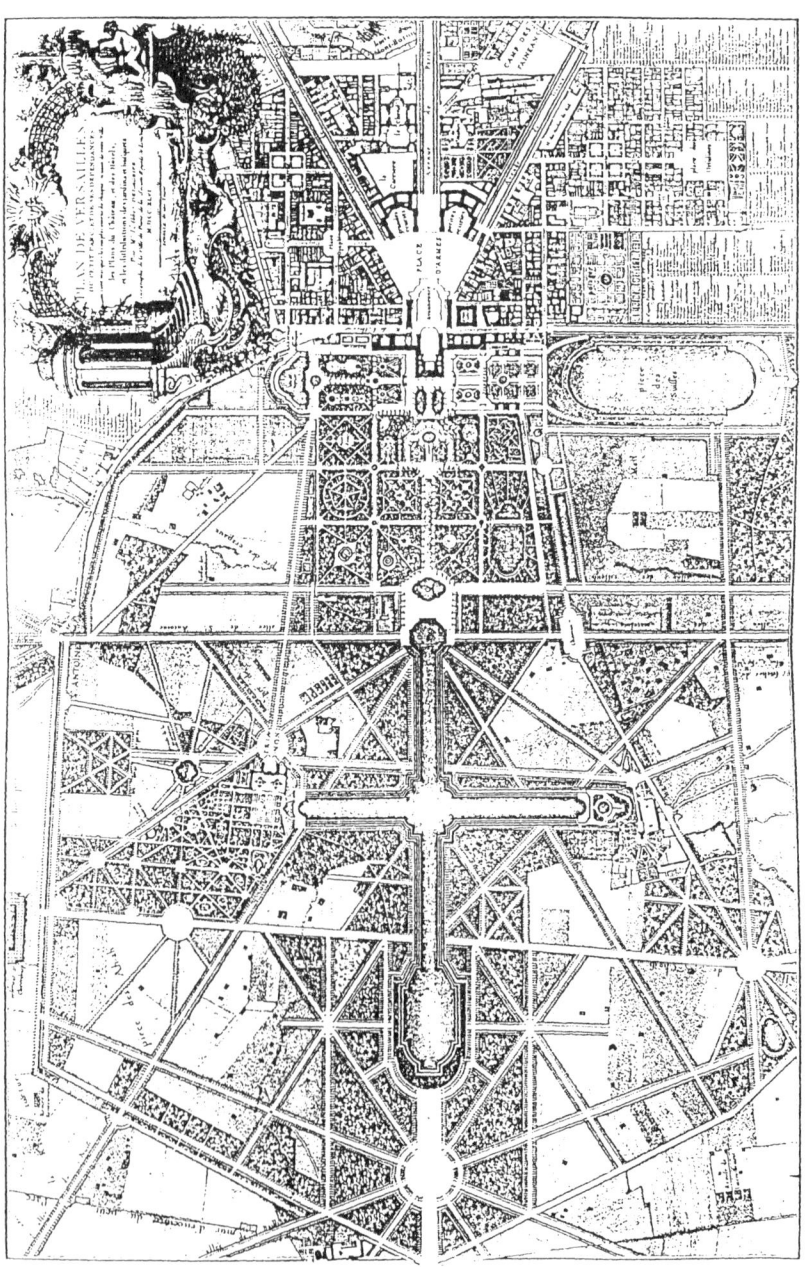

(Abb. 1: Plan des Versailler Parks)

Antoine Joseph Dézallier d'Argenville (1680-1765) veröffentlichte 1709 in Paris eine gartentheoretische Schrift mit dem Titel „La Théorie et la Pratique de Jardinage", die schon vier Jahre später in englischer Sprache (1713) und 1731 in deutscher Sprache erschien. In diesem Buch gibt der Verfasser genaue, an Le Notre, dem Schöpfer des Versailler Gartens, orientierte Angaben, wie und wo man die unterschiedlichsten Gliederungselemente verwendet. Die „Folgen" sind in ganz Europa zu besichtigen, nicht zuletzt in Nymphenburg, Schleißheim und Potsdam.

Für unsere Fragestellung bleibt festzuhalten, dass man im Rahmen des Gesellschaftsdiskurses und der Gartenkonstruktionen in höfischer Zeit weder das Subjekt noch die Natur thematisiert. Beide werden allenfalls – und zum besseren Kontrast für das Höfische – im Schäferidyll theatralisch zusammengeführt. Innerhalb der französischen Gärten entstehen terrassierte und mit Heckenkulissen versehene „Theater", Orte der heiter erotisierenden Spiele in antikisch stilisierter Natur.

2.2.

Wenn nun Goethes Roman damit einsetzt, dass der adlige Herr Bäume und Büsche veredelt und nach getaner – wohl alles in allem dilettierender – Arbeit zu Charlotte wandert, die jenseits des terrassierten Gartens auf einer Anhöhe eine Mooshütte angelegt hat, so verweist dieser Anfang auf Veränderungen, die so recht noch nicht eine klare Form erkennen lassen, aber einiges im Gesellschaftsdiskurs deutlich machen, was sich alsbald in der Gartenkonstruktion niederschlagen wird. Da ist Eduard, der sich als Adliger nicht mehr durch seine Stellung bei Hofe definiert, der sich zubewegt auf „nützliche" Tätigkeiten, und da ist Charlotte, die durch ihre Arrangements eine Verbindung sucht zwischen „natürlicher Natur" und Ästhetik. Noch ist der Pfad zur Mooshütte etwas beschwerlich; die Mooshütte selbst stellt eine Verbindung von Konstruktion und Natur dar; die Ausblicke, die man von ihren Fenstern aus hat, ästhetisieren gewissermaßen die Sicht auf Landschaft, Felder und Dörfer, indem die Fenster wie Bilderrahmen wirken. Und so macht ja auch – wie sich dies von der Sprache selbst ablesen lässt – das Adjektiv „bildschön" von sich aus auf den ästhetisierenden Effekt aufmerksam: Die eigentliche ästhetisch-erzieherische Wirkung geht von der künstlich gemalten Natur eines Bildes aus; sie verändert, sie formt den

Blick auf die Natur selbst, und von dort ist es dann nur noch ein Schritt, die Natur so zu gestalten, dass sie gewissermaßen zu dreidimensionalen, begehbaren Bildern wird. – M.a.W. der Romananfang verweist bei wiederholender Lektüre auf ein mögliches Konzept, wie es dann mit Eintreffen des verarmten Freundes, des Hauptmanns, schließlich im Sinne des englischen Gartens umgesetzt wird. – Noch ist es nicht so weit, noch mag man rätseln, ob die Mooshütte wie der Ort für eine Schäferidylle (so z.b. Michael Niedermeier 1992, S. 61) gedacht ist, oder ob sie bereits zum Refugium in gestalteter Natur geworden ist.

Die Ankunft des Hauptmanns verändert nicht nur die Personenkonstellation, die eben nicht in eine erwartbare Dreiecksgeschichte überführt wird, sondern sie verweist, den Gesellschaftsdiskurs betreffend, auf den verarmenden Adel, der nun in Gestalt des Hauptmanns durch „bürgerliche Tätigkeiten" wie Landvermessung, Einrichtung von Verwaltung und Rechnungswesen und nicht zuletzt durch Umgestaltung der Landschaft seine neue Funktion sucht. Deutlich wird damit, dass in die Gesellschaftsbetrachtung der ökonomische Diskurs miteinbezogen wird: Die Tätigkeiten des Hauptmanns regen den – noch! – wohlhabenden Adligen Eduard zu weiterer Beschäftigung an, die mehr allgemeine Funktion haben als die anfängliche Baumveredelung, und als es später zur Anlage eines (englischen) Landschaftsgartens kommt, verweist Charlotte auf Geldmangel und auf die Notwendigkeit, für Gartenkonstruktion Land verkaufen und Geld aufnehmen zu müssen.

Damit mag die Umbruchssituation um 1800 zunächst schon ein wenig skizziert sein, doch ist damit noch nicht die Gartenrevolution vom französischen zum englischen Garten erreicht. Es sind letztlich neue Subjekt- und Naturauffassungen und ein nicht mehr ständisches, eben auch schon nachrevolutionäres Denken, die andere Räume als die höfischen Schloss- und Gartenanlagen in Goethes Roman gewissermaßen notwendig machen.

Goethe führt in seinem Roman nun ein doppeltes Experiment voller Ambivalenzen durch. Er stellt die auf Liebe und Vernunft gegründete Ehe Eduards und Charlottes zunächst dergestalt auf den Prüfstand, dass neben dem Hauptmann noch eine arme Verwandte, Charlottes Nichte Ottilie, aufgenommen wird. Damit beginnt die erste Phase eines Experimentes – Goethe selbst hat gegenüber Eckermann den Roman „das einzige Produkt von größerem Umfang" genannt, das nach „einer durchgreifenden Idee gearbeitet" (Goethe an Eckermann vom 6.5.1827, in: Frankfurter Klassiker, S. 984) ist –, eines Experimentes also, bei dem zunächst nach Art chemischer Verbindungen sich die Elemente, die zueinander die größte Affinität haben, miteinander verbinden. Gewissermaßen vorausdeutend erläutert wird dieses Experiment im 4. Kapitel des Romans, wobei zwar einerseits die neuen Erkenntnisse der Naturwissenschaften im Sinne dieser Affinitätenlehre dargestellt werden, andererseits heißt es bereits dort, dass man in den Naturwissenschaften alle fünf Jahre umlernen müsse. Auch Charlotte relativiert diese Affinitätenlehre, indem sie den titelgebenden Begriff hierfür, die Wahlverwandtschaft, semantisch für paradox erklärt: „Wahl" setzt Freiheit voraus, und „Verwandtschaft" ist Naturnotwendigkeit (I 4, S. 304).

Um es kurz zu machen: zwar entsteht Liebe zwischen Eduard und Ottilie und zwischen Charlotte und dem Hauptmann, aber der 2. Teil des Romans verdeutlicht dann, dass die Gleichnisrede des 4. Kapitels, der naturwissenschaftliche Erklärungsversuch von Anziehung und Liebe, letztlich nicht trägt. Schon im 1. Teil des Romans leisten Charlotte und der Hauptmann Verzicht in der Hoffnung, den Bestand der Ehe Eduards und Charlottens zu retten. Im 2. Teil ist es Ottilie, die zum einen erkennt, „dass ihre Liebe, um sich zu vollenden, völlig uneigennützig werden müsse" (II 9. Kap, S. 425), und die zum zweiten zur Entsagung fähig wird, weil sie nur so die Schuld sich selbst verzeihen kann, die sie auf sich geladen hat (davon später). Nur Eduard kann von seiner Liebe nicht ablassen, bleibt seiner „Wahlverwandtschaft" – unfrei und naturnotwendig – ausgeliefert.

Ich meine, nur wenn man Goethes Experiment in seinen beiden Phasen zusammen sieht, schält sich die Qualität des Subjektgedankens ganz heraus: bestehen bleibt die Naturverhaftetheit, wie sie die chemische Gleichnisrede nahegelegt hat, und wie sie kritisch der Willensautonomie in der Sicht der Aufklärung entgegengehalten wird. Doch dies schließt eben gerade nicht aus, trotz dieser Verhaftetheit den eigenen Willen innerhalb der eigenen Natur zur Geltung zu bringen. Das kann zum Verlust eben dieser Natur, des Lebens also führen, wie ja auch Ottilie stirbt und Eduard ihr „naturnotwendig", aber eben nicht durch eigenen Willen, in den Tod folgt. Bei Ottilie bedeutet Entsagung den Verzicht auf Sprechen und auf Nahrung, eben bis sie stirbt, obwohl oder besser weil sie bis zum Schluss ihrer Liebe unverrückbar lebt.

Aber es soll ja hier nicht um Lesarten des Goethe'schen Romans gehen. Vielmehr gilt die Betrachtung einem Gesellschaftsdiskurs, der den Wandel der Ehe von der Standesorientierung zur Subjektentscheidung diskutiert. Dabei werden verschiedene Liebesmodelle notwendig:

(a) das höfisch-galante Liebesabenteuer, dem zusammen mit der Standesehe eine Absage erteilt wird;

(b) Liebe und Freundschaft, wie sie zunächst Eduard und Charlotte, später auch – mit Verzicht! – Charlotte und den Hauptmann verbinden;

(c) die romantische Liebe als Utopie, die auf Verschmelzung ausgerichtet ist; so fühlen Eduard und Ottilie füreinander.

(d) Diesen Liebesmodellen wird schließlich noch ein Modell beigesellt, das Liebe und Ehe dergestalt verbindet, dass eine Ehe nur auf fünf Jahre geschlossen werden solle, wobei die ersten Jahre in Verliebtheit hingehen, bei sich entfaltender Liebe erneute Werbung im 4. und 5. Jahr einen neuen Ehevertrag ermöglicht. Dieser Vertragsgedanke verhöhnt den sakramentalen Aspekt der Ehe und setzt an seine Stelle eine letztlich rational-aufklärerische Entscheidung, die gleichermaßen die Vergänglichkeit und Alltäglichkeit der Liebe schließlich kalkuliert.

Wie immer man diese Liebesmodelle in den „Wahlverwandtschaften" diskutiert, die Skepsis in Bezug sowohl auf die Liebe als auch auf die Ehe ist nicht zu überlesen.

2.3.

Für die These von der Spiegelung des Gesellschaftsdiskurses in den Gartenkonstruktionen ist es bedeutsam, dass Goethe in der Phase, in der der Übergang von Eduards und Charlottens Liebes- und Freundschaftsehe zur Liebe aus „Naturnotwendigkeit" zu den jeweils neuen Partnern geschieht, die Konstruktion der „neuen Anlagen" nach englischem Vorbild ansiedelt.

Ich meine, dass Goethe nun ein anderes Spiegelungskonzept entwickelt, als es für die „Parallelisierung" von Standesehe und französischem Schlosspark möglich war. Die Schilderungen im Roman sind fast ausschließlich mit den konstruktiven Überlegungen selbst beschäftigt, kaum mit dem fertigen Resultat (dies erst beim Besuch des Lords, II 10). Ein sehr kurzes Beispiel mag dies belegen: Befragt, ob denn der etwas beschwerliche Weg zur Mooshütte, den Charlotte schon angelegt hatte, leicht zu ändern wäre, antwortet der Hauptmann: „Gar leicht, [...] sie dürfte nur die eine Felsenecke, die noch dazu unscheinbar ist, weil sie aus kleinen Teilen besteht, wegbrechen; so erlangte sie eine schön geschwungene Wendung zum Aufstieg und zugleich überflüssige Steine, um die Stelle heraufzumauern, wo der Weg schmal und verkrüppelt geworden wäre" (I 3, S. 261f.).

Die gestalterische Kritik des Hauptmanns hebt auf das Bedeutsame und das Schöne ab, das an die Stelle einer zufälligen, planlosen Natur gesetzt werden solle. – Der Bezug zu den Seelen- und Liebesvorgängen ist offenbar, zumal wenn man – wie das die Gleichnisrede von den chemischen Affinitäten getan hat – in der Liebesanziehung eine natürliche, eine Naturkraft sieht: auch sie bedarf der Gestaltung, der Konstruktion; sie trägt in sich das Potential des Bedeutsamen und Schönen. Und dass dies ein Diskurs jenseits des Standes ist, zeigt sich an den Protagonisten selbst: während das adlige Paar mit der naturhaften Anziehungskraft durchaus unterschiedlich umgeht – Eduard überlässt sich dieser Kraft mit ganzer Leidenschaft, Charlotte transformiert ihre Liebe zu Freundschaft –, reagieren auch die armen Adligen gestaltend bzw. human: der Hauptmann ist zum sittlichen Verzicht auf Charlotte bereit, und Ottilie begegnet der Ausschließlichkeit ihrer Liebe mit radikaler Entsagung.

Die Spiegelung von Gesellschaftsdiskurs und Gartenkonstruktion erscheint somit nicht statisch, sondern in dem Sinne dynamisch, als es auch in den „neuen Anlagen" im Stile des englischen Gartens um die fortwährende Gestaltung des Natürlichen geht. Freilich, diese Gestaltung strebt nach Überhöhung, nach Bedeutendem, was letztlich in geradezu arkadischen Landschaftsgärten gelingen, was aber auch in der Gefahr fortwährenden Dilettierens enden kann. Die Entwicklung, auf die Goethe zurückgreifen kann, setzt bereits im frühen 18. Jahrhundert in England ein

Erstes Beispiel: Chiswick

Der Garten des 3. Earls of Burlington in Chiswick, eines Förderers der Künste (u.a. gewährte er Georg Friedrich Händel für längere Zeit das Gastrecht in seinen Schloß am Piccadilly Circus in London), gilt als der erste, im großen Stil angelegte Landschaftsgarten von William Kent (1685-1748). Hier gibt es zwar noch die dreistrahlige Alleenanlage, doch führt sie nicht zur Hauptfassade der Villa, sondern zur Schrägseite. Die Villa wird, von Bäumen umstanden, nur bruchstückhaft sichtbar. Sogenannte „Bowling Greens", belassene Rasenflächen, durchziehen den Park. Wege schlängeln sich durch „natürliche" Natur. Ein scheinbar natürlicher Fluß tritt an die Stelle des streng geometrischen Kanals. Neben dieser neuen Gartengestaltung, in der sich eine andere neue Naturauffassung zeigt, kommt der Villa des Earls eine besondere Bedeutung zu.

Die inmitten des Parks liegende Villa „Burlington House" wurde zu einem Treffpunkt der Maler, Architekten, Schriftsteller und Komponisten jener Zeit. Händel lernte hier den Librettisten für die erste englische Pastorale (ein Schäferstück mit dem Titel „Acis und Galatea"), John Gay, den späteren Schöpfer der „Beggar's Opera", kennen. Doch diente nicht nur die Villa als Versammlungsort, im ganzen Park finden sich Tempel und Rotunden. Einige der Gebäude sind gleichsam als Rahmung um den Plan des Gartens herum angeordnet. Damit diente der Garten mit seinen darin verstreuten Gebäuden gleichermaßen als Treffpunkt und Ort einfacher, ländlicher Vergnügungen.

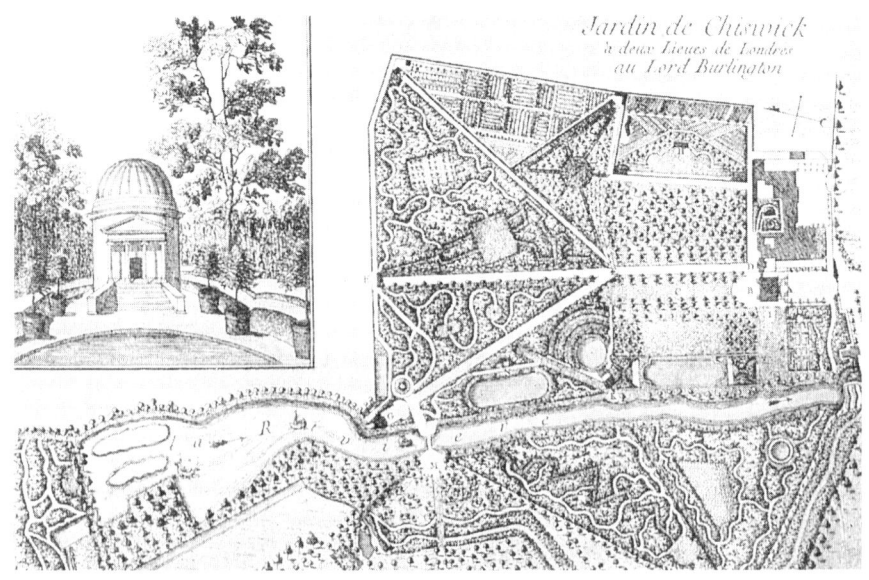

(Abb. 2: Park von Chiswick bei London)

Zweites Beispiel: Stourhead

William Kents um 1741 für den Bankier Henry Hoare geschaffener Park von Stourhead in der englischen Grafschaft Wiltshire kann als Beispiel für die Abwendung der Gartenkunst von der Architektur hin zur Malerei dienen. Am Ende dieser Entwicklung steht schließlich gar der Versuch, eine Rangfolge der Künste zu diskutieren, in der sich die Gartenkunst als eigenständige Gattung innerhalb der Künste etablieren wird.

(Abb. 3: Park von Stourhead, Wiltshire.
Henry Flitcroft: Pantheon, 1754)

Manchem gilt der Park von Stourhead als schönster Garten Englands, der als eine – so müsste die paradoxe Bezeichnung lauten – „künstliche Natur" ein „künstliches Naturpanorama" entfaltet, das sich in seiner Komposition an der idealen, klassischen Landschaftsmalerei orientiert, und so galten etwa die Landschaften Claude Lorrains, obwohl hundert Jahre zuvor geschaffen, als Vor- „Bilder" der neuen Naturauffassung. So beschrieb zu dieser Zeit der Dichter Joseph Sence (1699-1788) den Landschaftsgarten als „eine ´Gemäldegalerie´ unter freiem Himmel" (Eberle, Buttlar, S. 475). Die Kunstgeschichte, so Buttlar etwa, spricht vom Landschaftsgarten als einem Raum mit „dreidimensionalen begehbaren Bildern" (Eberle, Buttlar, S. 475). Diesen Anspruch, dieses Versprechen erfüllt Stourhead bis heute.

In Deutschland ist es Christian Cay Lorenz Hirschfeld (1742-1792), Justizrat und ordentlicher Professor der Philosophie an der Universität Kiel, der eine umfangreiche Gartentheorie entwickelt. Auch wenn Hirschfeld die Gartenkunst „in einer so nahen Verwandschaft, als mit der Malerey" (Hirschfeld, Bd. 1, S. 146) sieht, und Walpoles These von der Abhängigkeit der Garten- von der Malkunst kannte – er hatte dessen Werk „On modern Gardening" 1789 übersetzt –, so differenziert er doch beide Gattungen voneinander, wenn er schreibt: „Daß im Grunde die Gartenkunst die Landschaftsmalerey so weit übertrifft, als die Natur die Copie. Keine der nachahmenden Künste ist die Natur selbst mehr verwebt, oder gleichsam mehr Natur, als die Kunst der Gärten" (Hirschfeld, Bd. 1, S. 152). Eine Äußerung Hirschfelds, die den Rang der Gartenkunst festschreibt und die in der Folgezeit zum Allgemeingut werden sollte. Auch Sulzer übernimmt diesen Gedanken in seine „Allgemeine Theorie der Künste", nämlich daß die Gartenkunst „unmittelbar von der Natur" abstamme (Sulzer, Bd. 2, S. 297).

Zeitgleich mit der Emanzipation der Gartenkunst entsteht – von England ausgehend – eine wahre Gartenverschönerungsmanie, die ganz Europa überzieht. So greift auch im deutschsprachigen Raum das Gartenfieber um sich; 1773 verfaßt Justus Möser einen satirischen Aufsatz mit dem Titel „Das englische Gärtgen", worin er explizit auf die in den Beispielen von Chiswick und Stourhead gezeigten Motive eines typischen Landschaftsgartens Bezug zu nehmen scheint. Die Entwicklung des Landschaftsgartens führt im Folgenden einerseits zu arkadischen Räumen mit architektonischen Anspielungen, die die Antike herbeizitieren oder sogar chinesische Tempelchen – einem welterobernden Exotismus abgeschaut – integrieren, andererseits öffnen sich die Landschafts-

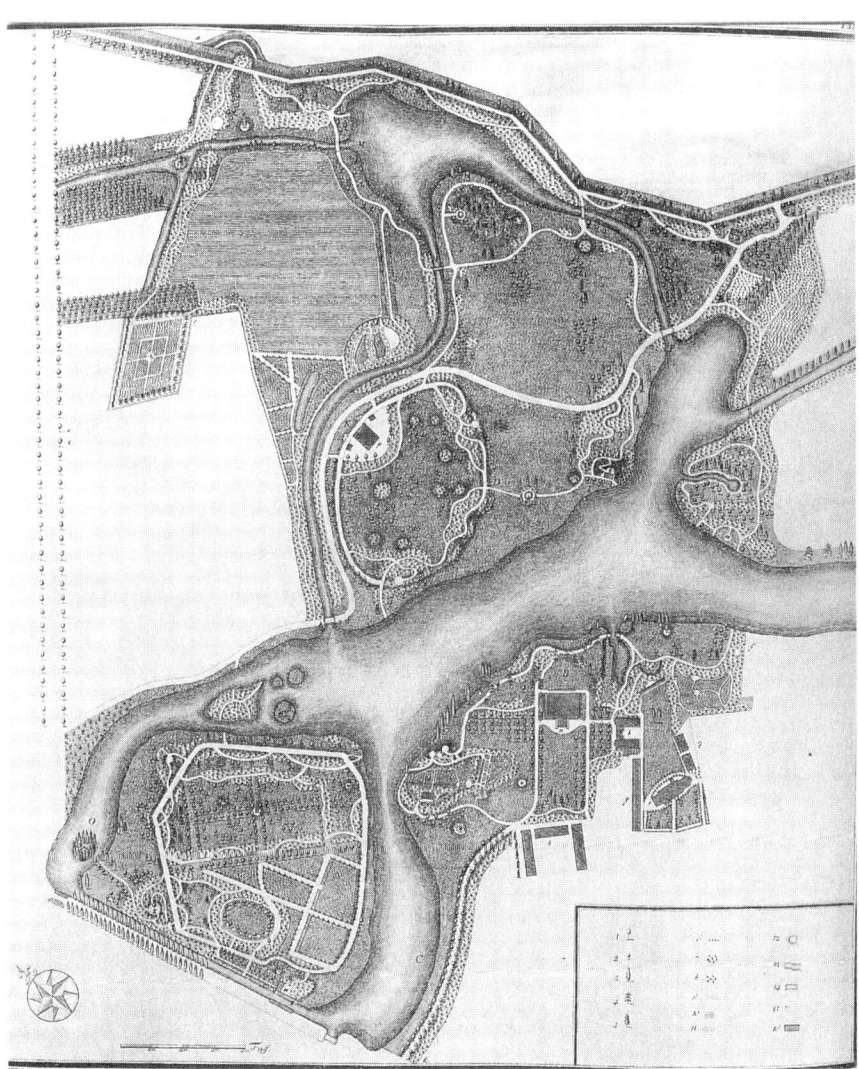

(Abb. 4: Plan Park von Wörlitz)

gärten und gehen in die Landschaft selbst über. Wörlitz, das Goethe kannte, ist dafür ein gutes Beispiel, und es scheint in manchem den neuen Anlagen zu entsprechen, die Eduard, Charlotte, der Hauptmann und Ottilie in der Zeit ihres „doppelten Ehebruchs" gestalten.

(Abb. 5: Ansicht des Fürstl. Hauses zu Wörlitz von der Wasserseite)

Es ist nun aber so, dass Goethe im Grunde diese dilettierenden Bemühungen mehrfach kritisch unterläuft. Die Protagonisten selbst entfalten zwar in diesen schönen „Räumen" eine intensive Gefühlskultur, doch die erweist sich insbesondere für Charlotte, aber auch für Ottilie und Eduard als letztlich zerstörerisch. Gleichzeitig geht das Interesse am Aufbau einer funktionierenden Ökonomie mehr und mehr verloren. Eduard stürzt sich in Kriegsabenteuer wie ein Adliger in Zeiten des Absolutismus, der Hauptmann sucht anderwärts konstruktive Aufgaben. Die Frauen bleiben zurück und verwalten das Gut.

2.4.

Wie konsequent Goethe die Garten- und Naturmetapher mit der Handlung verbunden hat, zeigt sich im Fortgang der nun tragischen Entwicklungen. – Man hatte im Verlauf der Umgestaltung der Landschaft die – nützlichen – Teiche für die Fischzucht wieder in einen Bergsee zurückverwandelt, wie er vor Zeiten hier schon gewesen sein soll. Die metaphorische Anspielung ist deutlich, mussten doch Dämme dafür eingerissen werden, wie dies für das Ende einer Ehe bildhaft auch gelten mag. Und eben dieser Bergsee ist der Ort, an dem durch ein Versehen Ottiliens das Kind Eduards und Charlottens, in einer Nacht sich überkreuzender Gefühlsverwirrungen gezeugt, ertrinkt. Der Naturort Bergsee, der schon als natürliches Phänomen Tiefe und Höhe in seiner Bezeichnung miteinander verbindet, kann als Symbol naturhafter Gefährdung gelesen werden, die im Ausleben der Leidenschaft liegt; vielleicht aber bereits die Rekonstruktion des Natürlichen. Wie auch immer, diese Lesart rechtfertigt sich, da es unmittelbar zuvor unter den Platanen am Ufer des Bergsees zu den ersten leidenschaftlichen Küssen zwischen Eduard und Ottilie gekommen war und in deren Folge die Scheidung Eduards von Charlotte nun endgültig betrieben werden sollte.

2.5.

Nach diesen Ereignissen kehrt der Gesellschafts- und Gartendiskurs dieses Romans zu strengeren symbolischen Formen zurück. Über den ganzen II. Teil des Romans zieht sich die Diskussion um die Gestaltung des Friedhofs. Charlotte lässt ihn unter Protest mancher Hinterbliebener so umgestalten, dass daraus ein einfacher, fast romantischer mittelalterlicher Nutzgarten wird; die alten Grabmäler werden an der Friedhofsmauer aufgestellt. Aufklärerischer und gleichzeitig modern bürgerlicher Beweggrund Charlottens ist die Vorstellung, dass mit dem Tode gesellschaftliche Ungleichheit aufgehoben sei. Konsequenter

Weise müsse die irdische Repräsentation vor dem Friedhof halt machen. Der Friedhof selbst wird zu einem Stück geschützter Natur, in der eine elysische Ruhe und Einkehr möglich werden.

Doch selbst diese Vorstellung wird partiell von Goethes Skepsis – ich meine: ironisch – unterlaufen, wenn er die toten Liebenden Eduard und Ottilie schließlich in einer gotisierten Grabkapelle in Frieden ruhen lässt, ich meine die letzten Zeilen des Romans.

So ruhen die Liebenden nebeneinander. Friede schwebt über ihrer Stätte, heitere, verwandte Engelsbilder schauen vom Gewölbe auf sie herab, und welch ein freundlicher Augenblick wird es sein, wenn sie dereinst wieder zusammen erwachen (S. 490).

Ich kehre zu meinen anfänglichen Absichten zurück, mit denen diese Art von Lektüre geschehen sollte.

Das Netzwerk von Mensch – Natur – Haus – Garten
in Goethes Roman „Die Wahlverwandtschaften"
(Versuch einer schematischen Übersicht)

	Haus		**Garten**	**Gesellschaft**
Standesehe	Schloss	Garten als Fortsetzung der Architektur	franz. Garten	absolutistische Ordnung
individuelle Liebes- entscheidung und Freundschaft	Mooshütte Mühle Dorf	Garten als Arkadien	engl. Garten	bürgerlich aufgeklärte Gesellschaft
Liebe und Leidenschaft	Lusthaus Unbehaustheit	irgendwo in der Welt, unklare Grenzen von Natur und „Wohnung"	irgendwo auch: Bergsee	Krise gesellschaft- licher Ordnung
Verzicht Bescheidung	Kapelle	Garten als geschützte und schützende Natur „Elysium"	Friedhof	Skepsis und bürgerliche Ordnung

Der Goethe'sche Roman, dessen mögliche Lesarten und Deutungspotentiale durch das hier Geäußerte keineswegs ausgeschöpft sind, erweist sich als eine Versuchsanordnung, die sich schlichten Naturdeutungen verweigert, gerade indem die Naturkräfte der Anziehung und Liebe virulent bleiben, obwohl sittlicher Wille und die Kraft zu Verzicht und Entsagung ihnen entgegengestellt werden. Die naturräumlichen Modelle des Landschaftsgartens einerseits und des Dickichts und Bergsees andererseits verweisen mit ihrem nicht ganz abschließbaren Spiegelungspotential auf die Komplexität des Natürlichen ebenso wie auf die humane Notwendigkeit von Kultur und Kultivierung. Goethe hat, so bin ich mehr und mehr zur Überzeugung gekommen, nicht nur Strömungen seiner Zeit aufgenommen und gebündelt, sondern er hat seinen Roman als Versuchsanordnung angelegt, in der sich einerseits Naturkräfte und sittlicher Wille begegnen, andererseits sind es das Zeichensystem Garten/Park und das Zeichensystem naturwissenschaftlicher Darstellung, um die Natur wenigstens in Modellen zu fassen und ein wenig zu verstehen, die hier auf gesellschaftliche Zusammenhänge angewandt und eben dann doch unterlaufen werden.

Für mich endet der Roman in tiefer, ironischer Skepsis. Ich sehe das Ende weniger im Sinne einer religiösen Überhöhung, als in resignativer Sicht: wer die menschliche Schwäche, die sich mit Sittlichkeit paart, als so gegeben nicht annehmen kann, flüchtet in das religiöse Zeichensystem. – Darin sehe ich die Goethe'sche Skepsis und Ironie. – Die Gartenbilder als Zeichensysteme begleiten den Diskurs über den ganzen Roman hinweg mit ihrer Ambivalenz, wie sie nun einmal der Natur selbst inhärent ist und umso mehr kulturhaft gestalteter Natur.

Es versteht sich abschließend von selbst, dass aus solcher Darstellung keine unmittelbare, auf heutige Verhältnisse anwendbare Praxis abgeleitet werden kann.

Die Goethe'sche Einsicht in die Wirkkräfte der Natur und der schwierige Umgang mit ihnen ist weit entfernt von den idealisierten Naturauffassungen unserer Gegenwart. Es bedarf wissender Bescheidenheit, die Natur in ihren Ambivalenzen von Wohltat und Schaden, Schönheit und Härte, Offenheit und Verschlossenheit, auch Gleichgültigkeit wahrzunehmen. Ich halte dies für eine Voraussetzung nicht nur für eine kluge ökologische Debatte, sondern auch für die Freude, die bewusst gestaltete Natur, der Garten also, erst nach einer solchen Einsicht bereit hat.

LITERATUR

Adrian von Buttlar: *Der Landschaftsgarten. Gartenkunst des Klassizismus und der Romantik.* Köln 1989.

Matthias Eberle, Adrian von Buttlar: „Landschaftsgarten". In: Werner Busch (Hrsg.): *Funkkolleg: Kunst – Eine Geschichte der Kunst im Wandel ihrer Funktionen.* München 1985.

Stefanie Geissler-Latussek: „Der Landschaftsgarten in Goethes Roman 'Die Wahlverwandtschaften'. Erneuter Versuch einer Kartographie". In: Goethe-Jahrbuch 1992, hrsg. von Werner Keller, S. 69-76.

Siegmar Gerndt: *Idealisierte Natur. Die literarische Kontroverse um den Landschaftsgarten des 18. und frühen 19. Jahrhunderts in Deutschland*, Stuttgart 1981.

Johann Wolfgang von Goethe (1996): *Die Wahlverwandtschaften.* In: Werke, Bd. 6, S. 242-490 (Hamburger Ausgabe), hrsg. von Erich Trunz und kommentiert von Benno von Wiese.

Wilfried Hausmann: *Gartenkunst der Renaissance und des Barock.* Köln 1983.

Christian Cay Lorenz Hirschfeld (1990): *Theorie der Gartenkunst.* 1771-1780. Hildesheim 1990.

Hirschfeld, Christina C.L. (1780): *Theorie der Gartenkunst.* 1779-1780. Leipzig, 1979, 4 Bde.

Alfred Hoffmann: „Der Landschaftsgarten". In: Dieter Hennebo, Alfred Hoffmann: *Geschichte der Gartenkunst.* Hamburg 1962.

Erich Hubala: *Klassik und Barock in Frankreich – Das Zeitalter Ludwig XIV*, in: Propyläen Kunstgeschichte. Berlin 1990.

Michael Niedermeier: *Das Ende der Idylle. Symbolik, Zeitbezug, 'Gartenrevolution' in Goethes Roman „Die Wahlverwandtschaften".* Berlin 1992.

Michael Niedermeier: „Goethes Roman 'Die Wahlverwandtschaften'"; Weimarer Beiträge 34, 1988, S. 723-745.

Friedrich Schiller: *Über den Gartenkalender auf das Jahr 1795* (NA Bd. XXIII).

Sulzer, Johann G.: *Allgemeine Theorie der Schönen Künste.* Leipzig, 1792^2, 5 Bde., S. 954.

Brigitte Walbe: „Das Französische Schloss". In: Werner Busch: *Funkkollegkunst – Eine Geschichte der Kunst im Wandel ihrer Funktionen.* München 1985.

Horace Walpole: *Über die englische Gartenkunst.* (Übersetzt von August Wilhelm Schlegel). Heidelberg 1994.

Versailles et ses jardins à l'epoque contemporaine

Noelle DAUPHIN

Versailles était un bourg rural au milieu des bois quand Louis XIII y construisit un pavillon de chasse. Celui-ci fut transformé en palais sous Louis XIV dans un cadre splendide de jardins. L'art des jardins d'agrément et de prestige, mais aussi l'horticulture y furent en honneur pendant un siècle et demi. Que devint cet héritage après le départ de la Cour en octobre 1789? Quel public succéda au souverain pour l'apprécier et le maintenir vivant?

Cette communication propose quelques pistes de réflexion et de recherches sans prétendre traiter cette question de manière exhaustive. On tentera essentiellement de saisir l'appropriation par les habitants d'un art et d'un plaisir réservés au monarque.

I. L'héritage d'un espace ordonné au château

Louis XIV avait souhaité une stricte organisation de l'espace. Le site de Versailles est celui d'un vallon, dominé par une butte et entouré de trois côtés par des forêts ; il s'ouvre à l'ouest, au delà d'un petit seuil occupé par le château, sur une plaine marécageuse. Celle-ci fut drainée, creusée; ce fut l'emplacement du grand parc, avec le grand canal et les plantations boisées. Le décor de verdure et d'eau était défini.

L'espace domanial se compose d'une part de ces forêts qui enserrent le site (sur la commune, 60 ha de celle de Fausses-reposes au Nord, 100 ha du Bois St Martin au Sud 80 ha de celle du Pont Colbert à l'Est), d'autre part des Domaines du château et des Trianons qui, de 1804 à 1870, appartinrent à la Liste Civile. Dans le domaine du château, on distingue le petit parc (94 ha), ensemble de parterres et bosquets sous les fenêtres du palais, grand parc (437 ha) à partir du bassin d'Apollon et dépendances (Ménagerie, pavillon de la Lanterne, fermes, pépinières du côté des jardins).

Vers l'ouest la façade à l'italienne débouche, au centre, sur des bassins (le parterre d'eau) et, devant les ailes nord et sud, sur des parterres fleuris, au décor renouvelé constamment; au-delà c'est une architecture de verdure, rectangle du "tapis vert", alignements d'arbres taillés, croix du grand canal et du petit canal, et au Sud pièce d'eau des Suisses. Au coeur du massif boisé, des bosquets cachés conjuguent pierre, jeux d'eaux et composition florale. C'est le triomphe du jardin à la française à la stricte ordonnance, à la triple architecture de pierre, d'arbres et d'eau.

Le jardin à l'anglaise n'apparaît qu'en 1779 au petit Trianon, séparé du nord-ouest de la ville par de vastes espaces de prairies arborées, louées à des éleveurs.

En revanche château et ville s'interpénètrent au centre. Louis XIV, éliminant le vieux bourg, a recréé une ville, élément de décor pour le château. Devant la vieille façade de Louis XIII a été aménagée la place d'armes, au-delà de laquelle ont été construites deux monumentales écuries, enserrées entre trois larges avenues. C'est un immense espace de pierre. Ce concept trouve un écho dans la place Dauphine (devenue place Hoche) qui appartient au modèle classique de la place royale pavée (ex: place des Victoires, place Vendôme... à Paris). Les avenues, qu'en revanche le roi a voulu plantées de quatre rangées d'arbres, prolongent le domaine royal au sein de la ville. Au sud si l'Orangerie est intégrée aux jardins du château, le Potager du Roi s'insère déjà dans la ville, de même que de nombreux bâtiments pourvus de cours et jardins, comme le Chenil, le Grand Commun, les hôtels du Gouvernement, de la Guerre, des Affaires Etrangères etc....

Et la ville? Aussi paradoxal que cela paraisse, la ville de Versailles ne possède au début du XIXe siècle aucun jardin public. En effet il convient de ne pas confondre la ville et le château. L'ancien bourg de Versailles disparut lors de l'extension des constructions royales. La nouvelle agglomération ne fut qu'une dépendance du palais, bénéficiant donc de ses jardins et parcs. Le roi a d'abord créé un centre de services du château au Nord, de plan géométrique, qui s'est rapidement densifié dans son axe central, la rue de la Paroisse, surtout près de l'église Notre-Dame et du marché. C'étaient, ce sont toujours des maisons de deux à quatre étages, avec d'étroites cours, sans jardins. Fin XVIIe-début XVIIIe siècle, un nouveau quartier fut construit au sud autour de l'église St-Louis avec de spacieux hôtels entre cour et jardins, puis un autre quartier au-delà de Notre-Dame remplaçant l'ancien étang et domaine de Clagny. Ce quartier des prés est très aéré, formé d'hôtels ou maisons bourgeoises avec jardins. Enfin à la veille de la Révolution, en 1787, le village maraîcher de Montreuil fut acquis par le Roi. On y comptait en dehors des cabarets et des habitations des maraîchers de nombreuses maisons de plaisance aux vastes jardins. Au total les seuls jardins de la ville étaient les jardins privés appartenant à l'élite de la ville et de la cour.

L'organisme urbain ne fut émancipé qu'en 1788; il était dépourvu d'indispensables bâtiments publics et de communaux. Dès l'abolition de la monarchie, il entama une longue lutte pour reconstituer un patrimoine communal en usages et en biens.

II. Les conquêtes du peuple

Dans la tradition monarchique française, les domaines royaux sont ouverts au public. Les Versaillais eurent, dès l'origine du château, toute latitude pour se promener dans les jardins et le parc jusqu'à la nuit, à la fermeture des grilles. Seul l'accès à Trianon fut interdit par Marie-Antoinette ce qui fut très mal ressenti. La nationalisation du domaine du château, ni son retour momentané à la Liste Civile, de 1804 à 1833 et de 1852 à 1870, ne modifièrent la tradition.

Certains bâtiments privés en bordure des jardins obtiennent des ouvertures particulières. C'est le cas de l'hôtel des Réservoirs. Régulièrement le Conservateur du château fait fermer ces ouvertures qui permettaient d'accéder au petit parc au-delà des heures d'ouverture autorisées. Ainsi fit-il, par exemple, en juillet 1870; un mouvement de pétition se déclencha alors regroupant tout l'axe du quartier Notre-Dame, densément peuplé et dépourvu de jardins privés.[129]

La municipalité soutient la revendication des habitants. Elle essaie aussi de consacrer le droit d'usage du Petit Parc au profit des Versaillais. Il se matérialise par la perception d'une taxe sur les chaises. Des adjudications régulières ont lieu

---

[129] Cf. A.M. 1 I 1038. Pétition des habitants des rues de la Pompe, des Réservoirs et environs demandant la réouverture de la grille de l'hôtel des Réservoirs : 26 juillet 1870.

au moins depuis le Second Empire[130]; le Petit parc tend à se transformer en parc municipal. Le Rond Vert ne devient-il pas à la fin du XIXe siècle le –bosquet des Nourrices'!

De la même façon, la ville, qui ne possède pas de piscine, dispose de l'usage et de l'adjudication du réservoir des Jambettes, situé à Trianon. Il s'y crée un véritable établissement de bains avec 45 cabines, fourniture de linge et buvette; l'entrée coûte 30 centimes en 1874. La ville a aussi un droit de police sur les activités de loisirs dans le parc. Elle réglemente à la belle saison les baignades dans le grand canal, autorisées dans le bras sud, après le départ des militaires à 21 heures et à la mauvaise saison le patinage[131]. C'est ainsi le Grand parc qui se laisse à son tour annexer.

L'autorité domaniale est, sous le Second Empire et aux débuts de la IIIe République, très favorablement disposée à l'égard de la ville. Napoléon III fait créer en 1854, dans la forêt domaniale de Satory, le premier parc forestier de Versailles[132]. C'est une promenade à l'anglaise selon le goût du jour.

Par ailleurs depuis Louis-Philippe, les souverains sont soucieux de mettre en valeur ce prestigieux patrimoine au profit du pays. En 1833, Louis-Philippe transforme le domaine en musée national. Dès 1832, il a autorisé un bal dans le parc, initiative reprise en 1836 et 1850. Le public visé déborde largement la population versaillaise. En 1859 est fondée la Société des Fêtes versaillaises, ancêtre du syndicat d'initiative, qui va désormais organiser régulièrement jeux d'eaux, fêtes vénitiennes sur le canal, concerts, joutes à la lance, fêtes de nuit au bassin de Neptune[133]. Le domaine autorise l'usage du parc et des fontaines, fournit le personnel, convoque les forces de police et les musiques militaires. Il s'agit d'offrir aux Parisiens et aux étrangers un divertissement à la hauteur du

---

[130] A.M. Le sigle A.M. signifie Archives municipales; en l'occurrence, il s'agit de celles de la ville de Versailles. 1 O 1739 et 1911, 1 I 1038. Dossiers de concessions de chaises: 1858-1861 et 1865-1911.

[131] A.M. 1 I 1138. Bains des Jambettes: 1873-1886.

[132] A.M. 1 O 1738. Promenade Satory.

[133] A.M. 1 I 1047 et 1054.

prestige international du régime. Au début du XXe siècle, une Société des concerts symphoniques du Parc de Versailles obtient elle aussi la disposition des lieux[134]. Ses membres, comme ceux de la Société des Fêtes versaillaises, sont pour la plupart propriétaires d'hôtels ou de débits de boissons. Pour la ville ce sont donc bien des occasions de publicité et d'importantes recettes pour aubergistes, cabaretiers, hôteliers. La ville profite ainsi pleinement du château.

L'ouverture des jardins domaniaux s'inscrit dans une double revendication démocratique. Le peuple souverain (le suffrage universel date de 1848) est sur le plan national appelé à jouir du plaisir des rois; les fêtes réservées naguère au monarque sont offertes au peuple à partir du milieu du XIXe siècle. La population locale, évincée au XVIIe siècle, reconquiert un espace économique et de loisir.

Il lui reste à reconquérir l'espace urbain encore sous l'emprise d'une vieille réglementation. Tout au long du XIXe siècle la ville tente de se faire reconnaître la propriété des contre-allées de ses avenues. Ce sont des espaces de loisirs, bien que longtemps empoussiérées avant que l'on ne pave les chaussées à partir du Second Empire. Des pelouses sont aménagées entre les rangées d'arbres; on s'y promène, on s'y repose et on s'y entretient, car elles sont équipées de bancs; on y joue aux boules. La ville en possède le droit d'usage et de réglementation et se charge de l'entretien des plantations d'arbres depuis 1793. Elle a procédé aux deux grandes remises en état après les guerres de 1870-71 et de 1914-18[135].Les archives ont gardé trace des contrats prévoyant taille, traitements contre les parasites et maladies, abattage et replantation[136]. Le gros dossier C 1577 des archives municipales contient un projet de convention de 1896 entre l'Etat et la ville pour la cession de ces contre-allées, les autorités militaires conservant un droit d'usage pour l'exercice de la troupe; ce projet n'aboutit pas et en 1900 l'Etat entame un procès contre la ville, procès suspendu...définitivement? A tout le moins, le recensement des espaces verts municipaux de 1972 ne compte pas ces contre-allées comme espace domanial. Demeure cependant un droit de regard des domaines sur l'aménagement de ces espaces. Nous y reviendrons.

---

[134] A.M. 4 Q 2040. Société des concerts symphoniques.

[135] A.M. 1 O 1744. Remise en état des plantations d'arbres après la guerre de 1914.

[136] A.M. 1 O 1744-45, 1797, I O 989.

L'esprit d'indépendance municipal est particulièrement vif de 1848 à 1889. La ville est aux mains d'une bourgeoisie de commerçants, d'artisans et d'hommes de lois. L'aristocratie n'y fait que des séjours saisonniers, même si elle donne le ton à la mondanité. Il faut donc résister à l'appel de l'espace domanial si libéralement offert au peuple, mais surtout fréquenté par les élites. Il convient de créer de nouveaux lieux de sociabilité de bon aloi. La municipalité, d'abord locataire, puis propriétaire (en 1859) de l'hôtel de Conti, s'efforce d'en faire le foyer de la ville. Les jardins en sont ouverts à la population et régulièrement prêtés pour des manifestations de prestige ou de charité. C'est le premier jardin public de la ville. Vitrines des talents municipaux, le jardin botanique, puis les parterres en mosaïculture démontrent le savoir-faire des professionnels face à celui des jardiniers fonctionnaires du domaine. Aux pieds de la mairie, l'avenue est transformée en promenade avec bancs, kiosque de fleuriste, kiosque à musique pour les concerts de plein air[137]. C'est le point de rencontre ordinaire des différentes populations, bourgeoisie de Notre-Dame, aristocratie et milieux populaires de St Louis et des Chantiers, militaires de la place d'Armes.

La ville aménage aussi l'ancienne place Dauphine. On y crée en 1853 un jardin fermé de grilles, annonçant le modèle parisien du square haussmannien, bien nécessaire dans ce quartier peuplé. Comme le jardin de la mairie, c'est aussi un manifeste politique. La statue de Hoche, installée en 1832, rappelle les gloires de la République. A partir de 1868, centenaire du héros, ce sera le lieu de manifestations républicaines volontiers particularistes. La municipalité en arrivera à ignorer le 14 juillet au profit du 24 juin[138]. Plus neutre, l'aménagement de la place St Louis reflète bien l'évolution des besoins et du rapport à l'espace vert au XIXe siècle. En 1854, la place classique est dépavée de chaque côté de la cathédrale ; on plante des quinconces. En 1863 on aménage un square côté Est avec une pelouse. La municipalité enregistre des protestations; cette modification modifie la symétrie; on se plaint aussi du dépavage. Aux voisins se plaignant de la poussière soulevée par les jeux d'enfants et de leurs cris pendant les offices à la cathédrale, la municipalité répond qu'il faut justement leur offrir un lieu de détente. En effet dans ce quartier, seul l'étage noble des habitations dispose des

---

[137] A.M. 1 O 2264. Promenade de la mairie.

[138] A.M. 1 I 1049. Centenaire de Hoche, 24 juin 1868, AM. 1 I 109: fêtes Hoche 1880-1934.

jardins privés, alors que s'entasse dans les étages une population très modeste qui ne dispose pas de nourrices pour emmener au parc sa progéniture. Enfin aux limites nord de la ville, le square Duplessis ne s'inscrit ni dans un projet d'affirmation politique, ni dans la réponse à un besoin d'espace vert. C'est un simple aménagement arboré d'une large patte d'oie. Il est dans ce sens précurseur d'une politique délibérée de la fin du XXe siècle.

A la fin du XIXe siècle, la ville compte donc quatre jardins publics. Elle s'en contente jusqu'aux années 1920. Il est significatif qu'aux archives municipales, le fichier „promenades,, s'ouvre par des documents de 1793; il faut attendre 1923 pour une rubrique „jardins,,. En dépit de la pensée hygiéniste de l'époque haussmannienne, les premiers jardins publics sont donc perçus essentiellement comme des espaces convenus de sociabilité mondaine ou politique où l'on se fait voir. Il est vrai qu'en dehors de quelques rues, la densité de population est faible; et que les espaces verts occupent plus de la moitié de la superficie de la ville (les boulevards arborés occupent plus de 10% de l'espace municipal, les bois et parcs plus de 40%).

Mais au long des deux siècles, la population croît. Elle passe de 27.000 à presque 100.000 habitants. De nouveaux quartiers bourgeois sont lotis sous le Second Empire (Clagny) et à la fin du XIXe siècle (Glatigny). Les maisons bordent de moins en moins les rues et s'isolent au milieu d'un vaste jardin. Au début du XIXe siècle, les quartiers plus populaires de Chantiers et Porchefontaine alignent de petits pavillons précédés d'un carré de verdure, mais on est proche des bois. Ce n'est qu'à partir des années 1960 que se développe de façon spectaculaire à Versailles un habitat collectif dense de type populaire ou résidentiel. L'environnement boisé, les grandes avenues arborées ne suffisent plus à la demande d'espaces verts. On réclame des squares de proximité, aménagés avec boulodromes pour les retraités et jeux d'enfants dans cette ville de familles nombreuses. Certes les familles nombreuses appartiennent surtout à la bourgeoisie des maisons avec jardins, mais le square est devenu un espace social pour tous, point de rencontre réclamé des petits.

Le „recensement du patrimoine communal en matières d'espaces verts et boisés,, de 1972 est tout-à-fait intéressant. Il dénombre un jardin de moins de 5 ha et 9 squares de moins d'un hectare; 6 d'entre eux sont distants de plus de 1,35 km du centre, le mail Moser étant à 2,2km. Les 6 stades sont aussi aménagés en espaces verts ; leur superficie varie de moins d'un hectare pour le stade des Francine, le plus proche du centre ville, à près de 15 ha pour le stade de Porchefontaine à la limite orientale de la commune en bordure du bois de Meudon. Trois stades sont à plus de 2 km du centre. Pour les squares comme pour les stades, il s'agit véritablement d'une desserte de proximité, notamment des nouveaux quartiers d'habitat collectif aux confins de la commune. Depuis ce recensement, 7 nouveaux squares ont été ouverts dans le même esprit. Par ailleurs les Domaines mettent à la disposition de la ville deux parcs forestiers dans le bois de Fausses-Reposes à l'opposé du château. L'attraction de celui-ci est désormais réduite aux habitants des quartiers ouest de Versailles et aux „Parisiens,, et touristes.

La ville a donc réussi à opérer un retournement. Les jardins du château gardent tout leur attrait; les Versaillais s'y promènent en familiers avec un sensible complexe de supériorité à l'égard des autres visiteurs. Ils ont de plus la satisfaction de bénéficier d'espaces conviviaux de proximité et d'un cadre vert protégé dans toute l'étendue de la commune.

Les Versaillais ont toujours eu le sentiment d'habiter un espace de qualité pour tous. L'horizon des forêts domaniales, les parterres du château, les jardins publics, les avenues arborées sont jalousement surveillés. Les moindres aménagements (abattage pour replantation) doivent être justifiés devant une opinion publique en alerte. Or les programmes immobiliers tendent à lotir les grandes propriétés de la fin du XIXe siècle, à supprimer des jardins privés.

L'approbation en 1997 du nouveau Plan d'Occupation des Sols a permis d'y inscrire les nouvelles dispositions prévues par la loi de 1993 sur les paysages. Avant cette loi, 225 jardins versaillais avaient déjà été classés 'espaces boisés' à préserver. Mais les jardins à pelouse, parterres et arbre isolé échappaient au classement fondé uniquement sur les peuplements d'arbres groupés.

La nouvelle loi définit des 'espaces verts intérieurs à protéger'. 71 jardins sont touchés par ce nouveau classement. Les jardins privés sont désormais surveillés. La municipalité fait appel à une équipe d'ingénieurs de l'Ecole Nationale Supérieure du Paysage qui viennent chez les habitants faire un diagnostic et envisager avec eux les moyens d'améliorer l'entretien de ce patrimoine. Les critères retenus pour le diagnostic sont notamment, outre l'âge des jardins et leur état sanitaire, l'apport paysager à l'ensemble du quartier, les sujets remarquables, les qualités ornementales. 27 jardins ont été distingués comme remarquables ou de très grande valeur. En outre 34 jardins possèdent des arbres isolés à protéger, comme ce ginkgo biloba, haut de 30 mètres, vieux de deux siècles et un des tout premiers plantés en France[139].

En ces deux siècles de la période contemporaine, le jardin, privilège d'un seul, monarque ou riche particulier, est bien devenu l'apanage de tous.

III. L'art des jardins : la démocratisation d'une science

En 1997 la ville fait intervenir les ingénieurs de l'Ecole Nationale Supérieure du Paysage comme conseils pour l'entretien des jardins. Cette école est l'héritière des créations royales: service des jardins, de l'Orangerie, du Potager. Ces institutions disparaissent à la Révolution, les collections sont dispersées. Celle du comte d'Artois, frère de Louis XVI, après quelques tribulations, se retrouve en 1808 confiée au lycée, où elle illustre le cours de Botanique. Les dynasties de jardiniers du Domaine, comme les Lemoine à Versailles et les Belleville à Trianon, sauvent le patrimoine végétal et assurent la transmission du savoir-faire

L'intérêt s'est maintenu dans la ville, tant pour les jardins d'agrément que pour les potagers. „Les jardins du roi et les hommes qui y ont été appelés ont formé des élèves qui ne se sont pas éloignés, qui en ont instruit d'autres en leur communiquant leur savoir et les stimulant par l'exemple,, [140]. La Révolution a donné une impulsion à l'horticulture 'marchande' et à la vulgarisation des sciences. Des particuliers se réunissent pour échanger leurs découvertes et techniques. Ces échanges donnent parfois naissance à des séries de conférences. François Philippar, professeur à l'Ecole d'Agriculture de Grignon, gérée par la Société d'Agriculture à proximité de Versailles, participe à toutes ces rencontres[141],. Il a laissé un précieux recensement de tous les „jardins marchands,

---

[139] Bulletin municipal „*Versailles, mensuel d'information,,*, (Novembre 1997), S.17-20.

[140] Philippar, François: *Catalogue méthodique des végétaux cultivés dans le Jardin des Plantes de la ville de Versailles précédé d'une notice historique sur les jardins royaux et sur les jardins particuliers de Versailles. Versailles.* Versailles 1843, S. 284.

[141] fondée en 1798.

jardins d'amateurs, jardins de curieux, simples jardins d'ornement,,[142]. C'est lui qui propose le 25 septembre 1830 l'ouverture d'un cours municipal gratuit de Botanique[143] à l'usage de ce public; le projet n'aboutit qu'au bout de trois ans. Philippar souhaitait en effet aussi la création d'un jardin d'application. Une souscription fut ouverte sans grand succès à la mairie; il fallut attendre une subvention de la Société d'Agriculture et des Arts de Seine-et-Oise, accordée en janvier 1833, et une autre du ministère du Commerce et des Travaux publics. La mairie céda une partie de son jardin. Le Jardin du roi, les Jardins des plantes de Paris et des villes de province, des particuliers offrirent des collections. En 1838, il comptait plus de 5000 espèces répétées en plusieurs variétés. Il avait lui-même fait plus de 9000 dons de 1836 à 38.

Le premier cours se fit le 9 avril 1833. Il y avait cours deux fois par semaine. Le Jardin botanique était ouvert pendant 6 heures le printemps et 10 heures l'été à ceux qui suivaient les cours; il leur distribuait gratuitement graines et plants. Mais l'ouverture de la voie ferrée Rive-Gauche enleva le terrain à la mairie en 1837. Philippar insista pour qu'il soit recréé. Dans son rapport de 1838 au conseil municipal, il montre l'intérêt de la Botanique dans l'éducation; il estime qu'une ville possédant grand et petit séminaires, collège royal, école normale d'instituteurs, établissements où sont donnés des cours de Botanique, une école primaire supérieure, des préparations aux Grandes Ecoles de l'Etat, trois sociétés savantes, deux hôpitaux, et quantité de médecins et de pharmaciens ne peut se passer de l'enseignement pratique de cette science. Enfin ce jardin est indispensable aux professionnels, dont le nombre est passé de deux pépiniéristes au début du siècle à une soixantaine, dont deux étrangers[144].,,Une ville comme Versailles où il y a une si grande quantité de jardins d'ornement et de jardins marchands, où il se fait un si grand commerce d'arbres, de plantes d'ornement et de légumes et où les collections végétales sont si étendues et si belles ne pouvait

---

[142] Il dénombre dans les jardins d'agrément 8 jardins hérités des personnages de la Cour (ex: parc Balbi, parc de Madame Elisabeth...), et 13 nouveaux jardins, dont certains se spécialisent dans la culture des oeillets, des dahlias, des roses, des plantes de serre etc.

[143] A.M. 2 R 2206. Jardin botanique.

[144] Philippar (Anm. 12), 43: ,,aujourd'hui tous les terrains de Montreuil sont couverts de cultures marchandes maraîchères... Elles arrivent actuellement jusqu'à Viroflay.,,

rester privée d'un jardin des plantes,,[145]. Le Jardin des Plantes fut alors déplacé. Il ne fut rouvert qu'en 1843 à côté du Collège royal.

En 1849, Philippar mourût. Personne ne prit sa succession. Le conseil supprima le cours et le jardin dont il ne pouvait plus assurer les frais en cette période de crise. Par ailleurs la République venait de créer à Versailles une Ecole Nationale d'Agriculture installée dans les Grandes écuries.

En 1839 la municipalité avait pris l'initiative d'une exposition florale. Elle remporta un grand succès. La ville demanda à Philippar d'en assurer la pérennité par la fondation d'une société d'Horticulture. Créée le 7 avril 1840[146], elle lui survécut, prospéra et fut reconnue d'utilité publique le 1er avril 1868. Ses adhérents passent de 150 en 1840 à 375 en 1905. Elle assure des cours et un bulletin mensuels, entretient une caisse de secours aux jardiniers malades ou âgés et organise au moins une exposition annuelle à l'occasion de laquelle elle distribue des prix d'innovation ou de performance. Sous le Second Empire l'exposition annuelle a lieu fin mai ; certaines années, une seconde exposition a lieu à l'automne, privilégiant les fruits (en 1853, en 1868, en 1875). En 1878 l'exposition devient internationale. Cette activité suscite un nombreux courrier et gonfle le bulletin. La Société crée dès 1852 5 comités chargés respectivement de l'arboriculture, des cultures potagères, de la floriculture, des sciences appliquées (statistiques, économie horticole) et des arts et industries (instruments, outils, objets d'art, composition des jardins, architecture horticole).

En 1854 furent distribués 58 prix ; en 1874 109 prix ; les concours relèvent de 8 rubriques:

introduction la plus réussie de plantes (à fleurs, à feuillage ornemental, collection),

meilleur succès de semis (de plante d'ornements, de fruits, de légumes),

plus belle culture (de fleur, de plante à feuillage ornemental, de collection),

---

[145] A.M. 2 R 2206. Rapport du 11 octobre 1838.

[146] A.M. 3 F 2268. Sociétés d'Horticulture.

plus belle plante de serre chaude (il y a ici 20 prix selon les catégories, notamment pour palmiers, orchidées, gloxinia, cactées, fougères, bégonia),

plus belle plante de serre tempérée (33 prix, notamment azalées, pélargonium, fuchsia, agrumes),

plus belle plante de pleine terre (fleur, arbuste, notamment rosier),

plus bel arbre fruitier et plus beau fruit (notamment ananas, fraises, melons),

plus beau légume.

Les premières expositions eurent lieu dans la galerie municipale à la mairie ; en 1852, elle se tint dans les Grandes écuries, où venait de s'établir l'Ecole nationale d'Agriculture. A partir de 1853, les expositions se firent dans le parc du château, sous une tente, dans le quinconce du Nord. L'exposition du centenaire de 1789 fut particulièrement brillante[147]. La société reçoit des subventions du conseil général, de la ville et de la compagnie du chemin de fer de l'Ouest. Ces expositions devaient donc susciter une grande affluence de Parisiens, provinciaux ou étrangers. Cette ouverture à l'étranger se manifeste dès 1851; la Société prépare alors l'envoi d'une délégation à l'exposition universelle de Londres; elle compte y apprendre de nouvelles techniques, rapporter de nouveaux plants et ouvrir à l'horticulture versaillaise de nouveaux marchés.

C'est un des aspects les plus intéressants de cette société. Héritière des travaux réalisés par les jardiniers royaux et du cours municipal de Philippar, elle s'est fixée pour but la vulgarisation de ces savoirs non seulement parmi les professionnels, mais aussi parmi les amateurs, dont certains réunissent des collections remarquables. Son prestige culmine à la veille de la guerre de 1914. Ainsi en 1911 la remise des prix est faite par le ministre de l'agriculture; la cérémonie est accompagnée par la musique de la garnison et se termine par un grand banquet à l'hôtel des Réservoirs.

Depuis le 16 décembre 1873 la promotion de l'horticulture par les Versaillais a abouti à la création de l'Ecole nationale d'horticulture, installée dans l'ancien Potager du roi. Elle forme une centaine d'élèves, horticulteurs ou architectes-paysagistes. Elle a été récemment subdivisée entre Ecole nationale supérieure du

---

[147] A.M. 1 I 1268. Exposition d'Horticulture. Centenaire de 1789.

Paysage maintenue à Versailles et Ecole nationale supérieure d'Horticulture partiellement délocalisée à Blois. La délocalisation s'est heurtée à une vive résistance des élèves et des professionnels, soutenus par la population. Pourtant l'activité horticole a déserté maintenant la ville.

L'activité maraîchère s'est développée tout au long du XIXe siècle et atteint son apogée au début du XXe siècle avec une cinquantaine d'entreprises. Dès 1851, le secrétaire général de la Société d'Horticulture parle de Versailles comme „placée par son sol, par son climat et par l'habileté de ses horticulteurs à la tête de l'industrie maraîchère, florale et forestière de la France„. En 1868, quand la municipalité souhaite supprimer la subvention à la Société d'horticulture, le secrétaire Hardy plaide la cause de 'l'horticulture, la principale des industries productrices de Versailles'. L'horticulture était surtout établie dans l'ancien village de Montreuil. La création d'ensembles résidentiels, tant au Grand et au Petit Montreuil que dans la commune limitrophe du Chesnay, entraîna dans les années 1970 la disparition des pépinières de Moser et Truffaut, deux grands noms de l'horticulture versaillaise du XIXe siècle avec Bertin, Dieuzy, Saintin etc... Elles se sont repliées dans les communes avoisinantes.

En revanche les jardins ouvriers fondés au début du XXe siècle se sont maintenus. La Société de Versailles[148] est affiliée à la Ligue française du Coin de terre et du Foyer de l'abbé Lemire. A la création, les membres du bureau appartiennent à la bourgeoise; le président est un officier en retraite, un vice-président est rentier, l'autre cadre à la compagnie des chemins de fer de l'Ouest, le trésorier est architecte. Aucun ne semble avoir de lien direct avec l'horticulture. La Société met à la disposition des ouvriers, à titre gratuit ou moyennant une légère redevance, des terrains „destinés à être cultivés par eux et à leur profit„; le but est de „relever progressivement la famille ouvrière, en rendant plus favorable les conditions de sa vie morale et matérielle„. L'objectif premier est moral plus qu'économique. Cependant il est intéressant de relever que les jardins ouvriers sont soutenus par la Société d'horticulture, qui chaque année couronne les meilleures réalisations, les jugeant sur des critères techniques et esthétiques comme les réalisations de tout professionnel ou amateur. La réussite est celle d'un jardinier, sans considération spécifique du caractère ouvrier.

---

[148] A.M. 4 Q 2039. Société des jardins ouvriers de Versailles et des environs.

La Société des jardins ouvriers démarre avec 22 jardins rue de Montreuil dans le quartier maraîcher. Les ressources proviennent des cotisations, des redevances (fixées de 6 à 18 francs par an), des subventions et des dons. Ces derniers ne doivent pas être négligeables, puisque qu'en 1906 elle loue, rue des Petits Bois dans le même quartier, un terrain de 20 000 m². On le distribue entre 131 jardins de 125 m² en moyenne[149]. En 1912 elle ouvre 126 nouveaux jardins sur un terrain de 18 000 m² dans un autre secteur maraîcher de Versailles à la limite du Chesnay et 18 jardins dans la commune voisine de Ville d'Avray. L'offre est cependant inférieure à la demande. Elle touche en 1908 une population de 760 personnes (dont 498 enfants) et en 1912 1400 personnes dont 842 enfants[150]. 23% des bénéficiaires sont des employés (du chemin de fer, du gaz, de l'administration militaire, des postes et des tramways), 16% des ouvriers jardiniers et maraîchers, 14% des ouvriers du bâtiment, le reste se partageant entre veuves (7%), paveurs, serruriers, peintres, tanneurs, cochers, fossoyeurs...Plus de la moitié (65%) habite Montreuil, un tiers se partage entre Notre-Dame et St Louis, 4 ménages viennent des Chantiers et du Chesnay. C'est donc une activité de proximité pour les habitants de Montreuil, sans doute issus de famille de maraîchers. Les 21 ménages de St Louis sont les plus éloignés des jardins.

En 1907 la Société fonde l'oeuvre de l'Ecole Ménagère[151] "qui enseigne aux filles des jardiniers à préparer économiquement les légumes récoltés dans les jardins; elle leur donne en même temps de bonnes habitudes d'ordre et de politesse, pour qu'elles deviennent de parfaites ménagères". Certes ces propos sont bien l'expression d'une sensibilité conservatrice pour laquelle la terre est un enracinement moral, mais ils sont aussi l'écho des propos de Philippar en 1838 pour lequel l'horticulture est un élément de la culture humaniste.

---

[149] Dimension assez modique par rapport à la moyenne française. Cf. Béatrice Cabedoce, Philippe Pierson, *Cent ans d'histoire des jardins ouvriers 1896-1996. La ligue française du Coin de Terre et du Foyer*, Grâne 1996.

[150] Ce qui indique des familles de 3 à 4 enfants en moyenne. Les familles nombreuses étaient prioritaires pour l'attribution d'un jardin.

[151] C'est la première société de jardin ouvrier à le faire, elle sera imitée par d'autres. Cf. Cabedoce, Pierson (Anm.21)

Une seconde société, l'Union Potagère, est fondée le 11 octobre 1920[152]. Elle a son siège dans le quartier St Louis et rassemble surtout des employés (de banque, des chemins de fer, du tramway). Est-elle concurrente (autre sensibilité politique?) ou complémentaire de la première qui n'avait aucun terrain à St Louis? Les documents conservés ne proposent aucune réponse.

Dans cette ville non industrielle, où les classes populaires se rattachent à l'artisanat et au monde de la boutique, dans cette ville aérée où l'approvisionnement est bon marché et de première fraîcheur, les jardins ouvriers répondent-ils véritablement à un besoin? Quel patronat cherche ainsi le maintien de l'ordre social? Quels travailleurs cherchent ainsi un exutoire à un travail déshumanisant? Ne peut-on pas y voir simplement la permanence d'une tradition répandue dans tous les groupes sociaux de la ville? C'est le témoignage du succès de la Société d'horticulture dans son oeuvre de vulgarisation.

La ville suscite-t-elle cette passion horticole? Les Versaillais, anciens ou nouveaux, sont amoureux des fleurs et des jardins. Il ne s'agit plus de rivaliser avec le domaine royal. Le plan vert municipal, adopté en 1979, a pour objectif d'offrir à chaque Versaillais ce qui correspond à ses envies du moment: footing dans un domaine forestier, rencontre conviviale dans un square familial avec jeux d'enfants, promenade au milieu de parterres fleuris historiques...Les Versaillais suivent les cours ouverts au public du Potager du roi ; ils en achètent les fruits. Leurs enfants participent aux ateliers de la ferme pédagogique de Gally, dépendance du château. Ils fréquentent, outre le marché aux fleurs proche du château, quatre fois par semaine, les jardineries des centres commerciaux limitrophes, aux mains des vieilles dynasties d'horticulteurs versaillais.

Les parterres se répandent dans la ville. Vulgarisateurs, en même temps que le Service des Jardins de la ville de Paris, de la 'mosaïculture' dès les années 1880, les édiles aménagent maintenant, comme partout en France, le moindre carrefour en jardin. C'est l'occasion d'une polémique avec 'le Château'[153]. Les défenseurs du patrimoine du Grand siècle prétendent que l'harmonie prévue par Louis XIV pour le château devait opposer, en contrepoint des parterres de fleurs et d'eau

---

[152] A.M. 4 Q 2040 Union Potagère.

[153] C-à-d les architectes des Monuments Historiques et Conservateurs du Patrimoine.

côté jardins, un décor urbain de pierre et d'arbres côté cour. La ville se refuse à cet ascétisme.

Encore une querelle de vieux couple, le destin ayant irrémédiablement lié la ville à son château dans le même goût d'une nature à l'échelle de l'homme.

149

Gärten in der Lyrik Stefan Georges

Armin SCHÄFER

0. Gardens in Stefan George's Poetry (Summary)

Of course, the motive of the garden in poetry can be traced back to the classics. With romanticism, however, a specific use of the garden motive has been established. Since then, this motive also refers to poetological reflection; in poetry as well as in criticism and theory the garden stands as a metaphorical poem and vice versa. Throughout the 19th century this particular use of the garden motive seems to follow the development of poetics: the garden as a simple motive becomes a metaphor and then turns into a symbol. This development reaches its climax in the poetry and the poetics of the late 19th and early 20th century.

The garden is also in Stefan George's poetry a recurring motive. The gardens in his poetry, however, are not unreflected mimetic attempts at picturing existing gardens, and they are not representations of an aesthetically designed nature. Therefore, an immediate correlation of the garden motive in George's poetry with a social history of the garden must remain speculation.

With the use of the garden motive George's poems reflect the process of pictorial creation: for the lyrical self regarding nature space loses its depth of focus and turns into a two-dimensional tableau. Accordingly, the social and historical index of these tableaux or pictures remains vague, and the places and locations that appear in the poems are situated in undefined surroundings, since the poetical uses create a representation that seems peculiarly out of focus. The refusal of realistic mimetic relations in the representation of gardens appears to suggest, that the constitution of the object is mainly a linguistic process. Consequently, the poems do not picture any gardens, but the linguistic conditions and literary environment that allow gardens to become the subject of a poem.

The lyrical images of gardens in George's poetry result from perceptions that successively, sentence by sentence and verse by verse, are turned into linguistic and literary movements. The constitution of the image follows mainly two principles: the stand-still of any movement and the framing of optical perception. And in this aspects George's poetry touches on the results of phenomenological analyses: seeing the object, the spectator has to perform a specific act of constitution, i.e. creating a form, and as a consequence, the object perceived is transformed into an aesthetic subject.

1.

Die Anfänge des Gartenmotivs in der Lyrik lassen sich in die Antike zurückdatieren. Seit der Romantik jedoch gibt es eine spezifische Verwendung des Gartenmotivs. Es verweist seither auch auf eine poetologische Reflexion: Gedicht und Garten werden dazu wechselseitig metaphorisiert. Diese Entwicklungslinie vom Garten als Motiv über den Garten als Metapher findet ihren Kulminationspunkt in der Lyrik und den Poetiken um 1900, in denen der Garten als Symbol erscheint.

Die Geschichte der Metaphorisierung des Gedichts als Garten und umgekehrt ist von der Forschung umfassend dargelegt worden: Mit Werner Vordtriedes Buch *Novalis und die französischen Symbolisten* reüssierte eine These, die besagt, daß es seit Novalis eine spezifische Verwendung des Gartenmotivs in der Literatur bzw. der Lyrik gebe.[1] Vordtriede konnte zeigen, daß erstens seit der Romantik das Gartenmotiv mit signifikant erhöhter Frequenz und in anderer Art und Weise als zuvor verwendet werde und zweitens am Gartenmotiv sich zugleich auch eine poetologische Reflexion entzünde. Schon bei Novalis, so Vordtriede, werde das Motiv des Gartens zur eigentlichen Metapher für das Dichterische und zum existentiellen Symbol für den Dichter selbst. Seinen Motivfundus aus der Literaturgeschichte extrapolierte Vordtriede dann zur aufsteigenden Linie: vom Garten als Motiv über den Garten als Metapher bis hin zum Garten als Symbol. Diese Entwicklungslinie finde ihren Abschluß in der Lyrik und in den Poetiken der Jahrhundertwende. Im Symbolismus, Jugendstil, Ästhetizismus, Fin de siècle

---

[1] Vgl. Vordtriede, Werner: *Novalis und die französischen Symbolisten. Zur Entstehungsgeschichte des dichterischen Symbols.* Stuttgart u.a.: Kohlhammer 1963.

– für keine andere literaturhistorische Epoche konkurrieren so viele heuristisch unergiebige Etikettierungen – gebe es dann in den Gedichten die vollständige Gleichsetzung von Garten und Gedicht: Ein Garten ist ein Gedicht, das wie ein Garten ist, der wie ein Gedicht ist ... Oder: Das Buch der Natur ist wie ein Garten, der wie ein Buch ist, das wie das Buch der Natur ist ...

In der poetologischen Reflexion, die ihre Kulminationspunkte in Hofmannsthals *Das Gespräch über Gedichte* (1903) und in dessen Aufsatz *Gärten* (1906) hat, wird der romantische Topos zur Tautologie entleert. Hofmannsthal, der in diesen beiden poetologischen Texten bezeichnenderweise den Begriff des Symbols durch die Ausdrücke Hieroglyphe und Chiffre ersetzt, erklärt die Jahreszeiten, die Landschafts- und besonders die Gartenmotive der Gedichte zum nie ganz zu entschlüsselnden Geheimnis: „Diese Jahreszeiten, diese Landschaften sind nichts als die Träger des *Anderen*."[2] Und dieses *Andere* meine nichts anderes als die Poesie, die wiederum wie ein Garten sei. Die Konjunktur des Gartenmotivs hielt bis ungefähr 1914 an; erst mit dem Ende des Symbolismus verschwindet dann das Gartenmotiv zunehmend aus der Literatur.

2.

Auch in der Gedichten Stefan Georges findet sich häufig das Gartenmotiv. Die Gärten in seinen Gedichten erscheinen nicht als unmittelbare Abbilder realer Gärten, und sie sind keine Wiedergabe einer nach ästhetischen Prinzipien gestalteten Natur. Eine unmittelbare Korrelation des Gartenmotivs bei George mit einer Sozialgeschichte des Gartens bleibt daher ebenso spekulativ wie die Versuche, die Gartenmotive als Metaphern zu begreifen und aufzulösen oder sie als Symbole zu dechiffrieren.

George schrieb die meisten seiner Gedichte im Zeitraum von 1880 bis 1914. Danach entstanden nur noch einige wenige Gedichte, die er 1928 in seinem letzten Gedichtband *Das Neue Reich* zusammen mit bis dato Unveröffentlichtem und verstreut Veröffentlichtem publizierte. Konsens der Forschung zu George ist:

---

[2] Hofmannsthal, Hugo von: *Das Gespräch über Gedichte*. In: ders.: *Erzählungen. Erfundene Gespräche und Briefe. Reisen.* Gesammelte Werke in Einzelbänden. Bd. 7. Hrsg. von Bernd Schoeller in Beratung mit Rudolf Hirsch. Frankfurt/M.: Fischer TB. 1979. S. 495-509. Zitat S. 497.

Mit diesem letzten Gedichtband wie mit seinem vorherigen, *Der Stern des Bundes*, der 1914 erschien, wurde George zum Wortführer des reaktionären Deutschlands. Alle im Folgenden angeführten Beispiele sind um 1900 entstanden; nach 1908 finden sich bei George kaum mehr Gartenmotive.

Bei keinem anderen Autor, weder bei Hofmannsthal, Borchardt, Dehmel oder Rilke noch in den Erzählungen Thomas Manns wurden an das Gartenmotiv so unterschiedliche Wertungen geknüpft. Von seinen Zeitgenossen wurde George sehr geschätzt. Hofmannsthals Gleichsetzung von Gedicht und Garten in seinen poetologischen Ausführungen findet ihr Beispiel in der Lyrik Georges. In ihr liege eine Ausdrucksqualität, die sich begrifflicher Darstellung entziehe, und darum stelle die Lektüre dieser Gedichte eine Erfahrung dar, die nirgends sonst zu gewinnen sei: „Ja, sie bedeuten, aber sprich es nicht aus, was sie bedeuten: was immer du sagen wolltest, es wäre unrichtig. Sie bedeuten hier nichts als sich selber".[3] Nach 1945 hat sich diese Hochschätzung, für die Hofmannsthal hier nur exemplarisch steht, in ihr genaues Gegenteil verkehrt; vor allem die komplizierte Wirkungsgeschichte Georges im Nationalsozialismus provozierte zu extremen Applikationen. Einerseits galt George als Steigbügelhalter der Nationalsozialisten oder ihm wurde gar eine direkte Vorläuferschaft zum Nationalsozialismus attestiert, andererseits waren es trotz der, wie Frank Schirrmacher schreibt, „bemerkenswerte[n] und deprimierende[n] Übereinstimmung zwischen George, Teilen des George-Kreises und dem Nationalsozialismus"[4] gerade Mitglieder des „Kreises", die versuchten, Hilter zu beseitigen und dafür ermordet wurden: die Brüder Berthold und Claus Graf Schenk von Stauffenberg waren, wie eine neuere Biographie minutiös darlegt, entscheidend von George geprägt.[5] Solche Deutungen wie auch die ihnen entgegengesetzten, die George in die Kontinuität zum Nationalsozialismus stellen, schütten den Abgrund, der zwischen dem Gebrauch, der von den Gedichten gemacht wurde, und deren wortkünstlerischen Verfahren liegt, indes wieder zu. Der Übergang von Texten zu Taten bleibt ungewiss. Auch das Schlagwort Antimodernismus, das die neuere Forschung gebraucht und das

---

[3] Hofmannsthal: *Das Gespräch über Gedichte*. S. 501.

[4] Schirrmacher, Frank: *Die Stunde der Welt. Fünf Dichter – ein Jahrhundert*. Berlin: Nicolai 1996. S. 108.

[5] Vgl. Hoffmann, Peter: *Claus Graf Schenck von Stauffenberg und seine Brüder*. Stuttgart: DVA 1992.

sich zumeist auch an der Motivik der Gedichte festmacht, hilft da nicht weiter.[6] Nicht weil es eine unüberschaubare Vielzahl konkurrierender Modernetheorien gibt, sondern weil der Zusammenhang von ästhetischer und politischer Moderne trivial bleibt (und desavouiert ist): Es ist hinzunehmen, daß Georges Gedichte eine ästhetische Modernität aufweisen.

Während die einen den Ästhetizisten vom politisch reaktionären Autor zwecks moralischer Rettung des Frühwerks (und das heißt: der Gartengedichte) abspalten oder eine Wende vom Ästhetischen zum Ethischen um 1907 diagnostizieren, beharren die andern auf einem durchgängigen Amoralismus im Werk, der aus dem Ästhetizismus in einen Kryptofaschismus umgeschlagen sei: Es musste ja schlimm enden.

Dieser Antagonismus der Parteien bestimmte lange Zeit die Forschung, die sich durch den Austausch antinomischer Wertungen reproduziert hat. Das, was in den Gedichten unausgesprochen bleibe, bestimmt sowohl für die Apologeten Georges, als auch für die, die ihn ideologiekritisch zu entlarven suchen, die Deutung der Lyrik: Dieses Unausgesprochene gewinne seine wahre Gestalt, wenn es nur richtig, und das heißt allemal in die politisch gewünschte Gesinnung übersetzt werde. Entsprechend werden die Gartenmotive in den Gedichten als Chiffren gelesen, die keinesfalls wörtlich zu verstehen seien. Maxime solcher Deutung ist vielmehr, daß die Gedichte die Übersetzung eines Ungesagten sind, das nur die Deutung auszusprechen vermag. Für Georg Lukács, der 1908 noch seine Lyriktheorie am Beispiel von *Das Jahr der Seele* entwickelte und dabei – ganz konventionell – die Gärten als Spiegel einer neuen Seele begriff[7], zählte George seit den 1950er Jahren umstandslos zu den Zerstörern der Vernunft, da es „keine Entlastung für Spengler und Stefan George als Vorläufer Hitlers bedeutet, daß der verwirklichte Nationalsozialismus ihrem persönlichen Geschmack nicht ganz entsprach"[8]. Lukács munitionierte seine Kritik mit Motivparaphrasen: Er sprach

---

[6] Vgl. Breuer, Stefan: *Stefan George und der deutsche Antimodernismus.* Darmstadt: Wissenschaftliche Buchgesellschaft 1995.

[7] Vgl. Lukács, Georg von: *Die neue Einsamkeit und ihre Lyrik: Stefan George.* In: ders.: Die Seele und die Formen. Essays. Berlin: Egon Fleischel & Co. 1911. S. 171-194.

[8] Lukács, Georg: *Die Zerstörung der Vernunft.* Werke. Bd. 9. Neuwied, Berlin: Hermann Luchterhand 1974. S. 34.

von der „imperialistisch-reaktionären Parklyrik eines Stefan George"[9]. Im Anschluß daran wurde es üblich, die Motivik der Gedichte als Symptom der sozialen Bedingungen zu lesen, unter denen sie entstanden seien, und dieser Befund wurde schließlich zum Argument gegen die Gedichte selbst gewendet. Die vielleicht wichtigste Quelle dieses Gedankens ist der Heidelberger Soziologe Max Weber, mit dem George in den 1910er Jahren in Heidelberg gelegentlich persönlich zusammentraf. Weber hat das Argument formuliert, daß „ohne die Enthebung aus den Wirtschaftskämpfen durch Begrenzung der im eigentlichen Sinn Berufenen auf wirtschaftlich Unabhängige (also Rentner)", die im George-Kreis als das „Normale" galt, der Ästhetizismus unmöglich wäre. Trotzdem entziffert Max Weber – anders als Lukács und die sich daran anschließenden Verurteilungen – eine Dialektik von sozialer Erfahrung und ästhetischem Exil: Unverständlich bleibe, so Weber, der Ästhetizismus ohne die Voraussetzung, „daß der Lyriker [George] die Eindrücke der modernen Großstadt, die [...] seine Seele zerrütten und parzellieren will [...], dennoch voll durch sich hat hindurchgehen lassen"[10]. Theodor W. Adorno hat diesen Gedanken, allerdings ohne ihn zu zitieren, zum Programm einer immanenten Kritik erweitert, das er in seiner *Ästhetischen Theorie* an George exemplifiziert. „Die Doppelschlächtigkeit der Kunstwerke als autonomer Gebilde und gesellschaftlicher Phänomene läßt leicht die Kriterien oszillieren: autonome Werke reizen zum Verdikt des gesellschaftlich gleichgültigen, schließlich des frevlerisch reaktionären; umgekehrt, solche die gesellschaftlich eindeutig, diskursiv urteilen, negieren dadurch die Kunst und mit ihr sich selbst. Immanente Kritik dürfte diese Alternative brechen. Wohl gebührt Stefan George der Einwand des sozial Reaktionären längst vor den Kernsprüchen seines geheimen Deutschland; nicht minder der Arme-Leute-Dichtung der späten achtziger und frühen neunziger Jahre, Arno Holz etwa, der des unterästhetisch Plumpen. [...] Das Gewaltsame von Georges sozialer Attitüde [im *Algabal*-Zyklus], einer mißglückten Identifikation, teilt seiner Lyrik in den Gewalttakten der Sprache sich mit, welche die Reinheit des ganz auf sich selbst gestellten Gebildes beflecken, der George nachhängt.

---

[9] Lukács, Georg: *Heinrich Heine als nationaler Dichter*. Werke Bd. 7. Neuwied, Berlin: Hermann Luchterhand 1964. S. 321.

[10] Weber, Max: *Diskussionsrede zu W. Sombarts Vortrag über Technik und Kultur*. Erste Soziologentagung Frankfurt 1910. In: ders.: *Gesammelte Aufsätze zur Soziologie und Sozialpolitik*. Hrsg. von Marianne Weber. [1924] 2. Auflage Tübingen: J.C.B. Mohr (Paul Siebeck) 1988. S. 459-456. Zitat S. 453.

Falsches gesellschaftliches Bewußtsein wird im programmatischen Ästhetizismus zum schrillen Ton, der jenen Lügen straft."[11] Während also Adorno seine immanente Kritik nicht primär an den Motiven Georges, sondern an dessen Sprache festmacht, greift der Adorno-Schüler Gert Mattenklott in seiner Arbeit *Bilderdienst. Ästhetische Opposition bei Beardsley und George* noch einmal auf Lukács zurück: „Evident erscheint mir", schreibt Mattenklott, „indes dies: die Wahrnehmung von Sensationen der Art, denen das zitierte Herbstgedicht Georges [*Komm in den totgesagten park und schau*] zuzuschauen einlädt, ist an eine Disposition gebunden, die nicht zum geringsten durch Muße und die Fähigkeit zur Kontemplation charakterisiert ist."[12] Ohne eine ideologiekritische Wertung der Haltung der Kontemplation sei eine angemessene Kritik des Ästhetizismus nicht möglich. Die dialektische Denkfigur Max Webers ersetzt Mattenklott dabei durch das Deutungsprinzip der Allegorie: Bei George erscheine das Zufällige, Individuelle als bedeutsam Allgemeines; gerade die fehlende soziale Referenz der Gartenmotive verbürgt Mattenklott, dass sie etwas anderes als Gärten, nämlich etwas politisch Reaktionäres meinen.

3.

Der Häufigkeit des Vorkommens von Gärten in Georges Gedichten geht die Beliebigkeit des Motivs einher: Kaum ein Garten in den Gedichten ist konkretisiert. Es ist schwierig, die Gartenmotive zu referentialisieren, denn die Gärten in den Gedichten sind keine Abbilder realer Gärten; und selbst dort, wo es scheinbar eine konkrete Referenz auf einen bestimmten Garten gibt, bleibt diese unspezifisch. Die Gärten in den Gedichten sind mit nur vagen räumlichen und historischen Indizes – die hängenden Gärten, der verwunschene Garten – versehen, so daß eine unmittelbare Korrelation des Gartenmotivs mit einer Sozialgeschichte des Gartens spekulativ bleiben muß. Die Rücknahme abbildlicher Relationen in der Darstellung von Gärten bei legt es vielmehr nahe, die Konstitution des Referenten als einen sprachlichen Prozeß zu fassen. Statt also Georges Lyrik auf ein Modell von Mimesis zu verpflichten, soll ihre prozes-

---

[11] Adorno, Theodor W.: *Ästhetische Theorie.* Frankfurt/M.: stw 1973. S. 368f.

[12] Mattenklott, Gert: *Bilderdienst. Ästhetische Opposition bei Beardsley und George.* Frankfurt/M.: Syndikat/EVA 1985. S. 257.

suale Bedeutungskonstitution verfolgt werden. Die Bilder der Gärten bei George resultieren aus Wahrnehmungen, die sukzessiv, Satz für Satz bzw. Vers für Vers in sprachliche Bewegungen umgesetzt werden. Wahrnehmung und sprachlicher Ausdruck folgen in den Gedichten nicht aufeinander, indem das Gesehene später zur Formulierung findet, sondern Wahrnehmung und Ausdruck sind unmittelbar miteinander kurzgeschlossen: In der gewonnenen Formulierung des Wahrgenommenen ändert sich die Wahrnehmung. Ein erstes Beispiel ist das Herbstgedicht, *Die Gärten schließen*, das die erste Gedichtsammlung Georges, *Hymnen* (1890)[13], beschließt.

DIE GÄRTEN SCHLIESSEN

Frühe nacht verwirrt die ebnen bahnen ·
Kalte traufe trübt die weiher ·
Glückliche Apolle und Dianen
Hüllen sich in nebelschleier.

Graue blätter wirbeln nach den gruften.
Dahlien levkojen rosen
In erzwungenem orchester duften ·
Wollen schlaf bei weichen moosen.

Heisse monde flohen aus der pforte.
Ward dein hoffen deine habe?
Baust du immer noch auf ihre worte
Pilger mit der hand am stabe? (I,22)

Gesetz des Gedichts ist, nur das zu sagen, was wahrgenommen werden kann. Weil die Dunkelheit bereits eingesetzt hat („Frühe nacht"), tritt die optische Wahrnehmung zurück und eine Tendenz zur Entfiguration („verwirrt die ebnen bahnen") setzt ein. Ob der zunehmenden Dunkelheit wird die optische durch andere Sinneswahrnehmungen ersetzt. Das einzige Farbadjektiv im Gedicht bezeichnet deshalb auch eine Nichtfarbe („Graue blätter"); die Blumen „Dahlien levkojen rosen" sind über den Geruchssinn identifiziert, die „weichen moose []" über das Haptische. Daß diese Wahrnehmungsfolge vom Fernsinn zum Nahsinn, vom Gesehenen („nebelschleier") über die Temperatur („kalte traufe") und den Geruch zum Tastsinn verläuft, entspricht dabei der fortschreitenden Dunkelheit.

---

[13] Hier und im Folgenden wird zitiert nach der Ausgabe George, Stefan: *Werke*. Ausgabe in zwei Bänden. [Hrsg. von Robert Boehringer] Bd. 1. München, Düsseldorf: Helmut Küpper vormals Georg Bondi 1958.

Dieses Prinzip, wie aus der Wahrnehmung eine Formulierung gewonnen wird, lässt sich bereits am ersten publizierten Gedicht Georges, *Weihe*, beobachten, das die Sammlung *Hymnen* eröffnet. Der Zusammenhang von Wahrnehmung und Bildkonstitution wird dort thematisch, wo er sich verliert. Gegen verschiedene Bewegungsformen und nicht-optische Sinneswahrnehmungen ist ein Prozeß der Bildwerdung abgegrenzt, der schließlich in die Inszenierung einer kontemplativen Naturwahrnehmung als Bildkonstitution mündet.

WEIHE

Hinaus zum strom! wo stolz die hohen rohre
Im linden winde ihre fahnen schwingen
Und junger wellen schmeichelchore
Zum ufermoose kosend vorzudringen.

Im rasen rastend sollst du dich betäuben
An starkem urduft · ohne denkerstörung ·
So dass die fremden hauche all zerstäuben.
Das auge schauend harre der erhörung.

Siehst du im takt des strauches laub schon zittern
Und auf der glatten fluten dunkelganz
Die dünne nebelmauer sich zersplittern?
Hörst du das elfenlied zum elfentanz?

Schon scheinen durch der zweige zackenrahmen
Mit sternenstädten selige gefilde ·
Der zeiten flug verliert die alten namen
Und raum und dasein bleiben nur im bilde.

Nun bist du reif · nun schwebt die herrin nieder ·
Mondfarbne gazeschleier sie umschlingen ·
Halboffen ihre traumesschweren lider
Zu dir geneigt die segnung zu vollbringen:

Indem ihr mund auf deinem antlitz bebte
Und sie dich rein und so geheiligt sah
Dass sie im kuss nicht auszuweichen strebte
Dem finger stützend deiner lippe nah. (I,9)

Das Gedicht fordert dazu auf, Sinneswahrnehmungen zu halluzinieren. Die Sinne werden in der Vorstellung einzeln adressiert, synästhetische Wahrnehmungskomplexe aufgetrennt und die übliche Hierarchie der Wahrnehmung zugunsten nichtoptischer Wahrnehmung verkehrt. Am Ufer des Flusses werden dessen plätschernde Wellen und schwankende Schilfrohre am Ufer akustisch („Junger wellen schmeichelchore") und akustisch-haptische („Im linden winde", „kosend") perzipiert. Die reflektierende Wahrnehmung wird zurückgedrängt und der Geruchssinn zum Nahsinn, die flüchtigen „linden winde" weichen einem „starken urduft", die vormals detaillierte Wahrnehmung von Kleinteiligem („wellen") löst sich auf in farblose Oberflächen („glatten fluten dunkelglanz"). In dieser Situation enthierarchisierter Wahrnehmung kann der reflektierende Fernsinn Sehen eine andere, von „denkerstörung" unbeeinträchtige Wahrnehmungsform erproben: die Kontemplation. Der Blick wird nicht zur Ordnung des Raumes genutzt, indem dieser etwa sukzessive durchmessen und perspektivisch geordnet wird. Ungerichtet und interesselos umherschweifend bietet sich dem Blick einzig dort Halt, wo ungerichtete Bewegungen und entkonturierte Gestalten wahrgenommen werden: das zitternde Laub und der „glatten fluten dunkelglanz". Das Auge erreicht eine kontemplierende Wahrnehmung noch nicht; diese bleibt vorerst von der Phantasieleistung des Perzipierenden verstellt. In die konturlosen Nebelschwaden auf dem Fluss werden Gestaltphantasmen projiziert und von der Halluzination akustischer Phantasmen begleitet („Hörst du das elfenlied zum elfentanz?". Erst nachdem die enthierarchisierte Wahrnehmung kein synästhetisches Phantasma (überdies mit imaginierten Bewegungen: elfenlied und elfen*tanz*) mehr stimuliert, erst nachdem die Disjunktion der Sinne greift, die unterschiedliche Sinneswahrnehmungen trennt, und nur eine Wahrnehmungsform, der Blick, dominiert, gelingt die Kontemplation. Erst als der Blick einen Rahmen findet („Schon scheinen durch der zweige zackenrahmen"), mit dem er das Wahrgenommene ins Bild bannen kann, kontempliert das Auge. Alle Bewegungen sind erst jetzt endgültig stillgestellt („Der zeiten flug verliert die alten namen"). Weil dem kontemplierenden Auge alles nur Bild ist („Und raum und dasein bleiben nur im bilde"), verändert sich die Zeitwahrnehmung, und das gesehene Bild ist das Emblem der *aeternitas* selbst: ein Sternbild.

Denn alle Wahrnehmung im Gedicht, die genaue Verzeichnung der Wahrnehmungen, das unvollständige Sehfeld, die Oberfläche, die aus Linien sich zusammensetzt, der zunächst scheiternde Versuch, im Gegenstand Bedeutungen zu gewinnen, zielen nicht auf die Überwindung eines Illusionismus, sondern auf dessen Restauration, einen neuen Illusionismus, der nichts abbildet und keinen Gegenstand repräsentiert, sondern den Gegenstand selbst schafft. Das Bild bleibt nicht auf der Ebene des Geschauten. Das imaginierte Bild leitet sich vom Modell des Fensters her, das sich aber nicht zur Wirklichkeit, sondern zur Transzendenz hin öffnet. Im durch den Rahmen der Zweige eröffneten Tiefenraum wird eine Illusion gewonnen, die ein vollständiges und geschlossenes Sehfeld gibt und die Dualität von Form und Farbe überwindet. Die farb- und ausdehnungslosen Lichtpunkte am Himmel ordnen sich zu den unsichtbaren Formen der Sternbilder, denen immer schon Bedeutung zukommt. Aus dem Firmament steigt die Himmelskönigin herab, das Fernste wird zum Nächsten und gewinnt nahezu taktile Qualität. Doch die Szene, der Kuss der Himmelskönigin, geschieht nie oder ist immer schon geschehen; der Tempuswechsel ins Imperfekt stellt die Bewegung zum Bild still.

Im Gedicht vollzieht sich ein Übergang von den fluktuierenden Trugbildern der Wahrnehmung („nebelschleier") zum gerahmten Tiefenraum, von der formüberfluteten Oberfläche („wellen") zur klar figurierten Gestalt („herrin"), vom diskontinuierlichen Raum des Ufers, der aus diskreten Sinnesdaten zusammengesetzt wird, zum Kontinuum einer Bewegung im Illusionsraum („nun schwebt die herrin nieder"). Die vormals diffuse und richtungslose Aufmerksamkeit wird im Blick durch der „zweige zackenrahmen" gebündelt. Die halluzinierte Szene, deren zeitlicher Ablauf entlang einer geordneten Perspektive erfolgt, steht wie ein Gemälde im Modus des Abgelaufenseins, einer präsentischen und zugleich ewigen Bewegung.

Dieses Verfahren, wie optische Wahrnehmungen in sprachliche Ausdrücke übersetzt werden, zieht sich durch die gesamte Lyrik Georges, sofern optische Wahrnehmung ihr Gegenstand ist. Die Standardsituation der Gedichte ist dabei, daß ein Ich sich zumeist an einem umgrenzten Ort (in einem Interieur) befindet und durch ein Fenster ins Freie blickt oder aber einen Landschaftsausschnitt betrachtet, der durch einen Rahmen vorgegeben ist. Im Blick auf die Welt durch einen Rahmen verwandelt sich dann die gesehene Landschaft. Statt eines Bildraums, wie er normalerweise gesehen werden müsste und bei seiner Wiedergabe perspektivisch mit Fluchtpunkt und Augpunkt zu organisieren wäre, sind die Verse sprachlicher Ausdruck einer subjektiven Wahrnehmung, die kaum noch Ähnlichkeit mit der Erfahrung des natürlichen Sehens hat. Der Blick entkonturiert die Gegenstände und der wahrgenommene Raum verliert seine Tiefenschärfe. Dabei wird der Akt der Wahrnehmung simultan in ein Bild übersetzt.

Die optischen Wahrnehmungen in den Gedichten Georges werden dezidiert zu Bildern umgeformt und mit Rahmungen versehen. Ein gerahmtes Bild ist, wie der Philosoph Georg Simmel einmal feststellt, „keiner Beziehung zu einem Draußen bedürftig, jeden seiner Fäden wieder in seinen Mittelpunkt zurückspinnend:

indem das Kunstwerk ist, was sonst nur die Welt als ganze oder die Seele sein kann: eine Einheit von Einzelheiten – schließt es sich, als eine Welt für sich, gegen alles ihm Äußere ab."[14] Statt das gerahmte Bild nun mit dem naheliegenden Begriff der Monade zu verbinden, soll der Bildrahmen als eine Unterscheidungsform von Innen und Außen begriffen werden, die aber noch zum Bild gehört. In diesem Sinne hat auch José Ortega y Gasset in seiner Medidation über den Rahmen dessen Funktion bestimmt: „Um zwei Gegenstände gegeneinander zu isolieren, bedarf es eines dritten, der weder das eine noch das andere ist."[15] Der Rahmen ist das ins Bild eingeschlossen-ausgeschlossene Dritte; er ist im Bild, aber zunächst weder Bild noch Nicht-Bild. Er ist eine Unterscheidungsform, die nicht vom unterschiedenen Objekt ablösbar ist (auch ohne opulenten Stuckrahmen hat jedes Gemälde etwas, das die Rahmenfunktion einnimmt, z.B. die vier Bildkanten). Die Systemtheorie schlägt vor, eine solche Funktion als *reentry* zu bezeichnen; im *re-entry* aktualisiere sich eine Seite einer Unterscheidung, das von einer Form Unterschiedene und zugleich diese Form durch eine Unterscheidung als Form Konstituierende tritt wieder in die Form ein. Erst ein Rahmen schließt Sichtbares zu einem Bild, weil es nur durch eine geschlossene Linie ein Bild gibt. In diesem Sinne nimmt bei George der Rahmen die Funktion einer Grenze ein, selbst dann, wenn er ein Fenster ist, das einen Ausblick gewährt.

Die Bilder bei George resultieren aus unterschiedlichen Blicken zugleich. Wie in einem gemalten Bild findet sich wahrnehmungspsychologisch Unvereinbares, etwa Nahsicht und Fernsicht, als eine Verräumlichung von Zeit zusammen. Das ist genau die besondere Leistung des Gemäldes, wie sie die Phänomenologe immer wieder beschrieben hat. Maurice Merleau-Ponty hat die klassische, geometrisch-perspektivische Malerei als die Darstellung von gleichzeitig unvereinbaren Wahrnehmungen bestimmt: „Während ich vorher die Erfahrung einer Welt von wimmelnden, exklusiven Dingen gemacht hatte, die jedes für sich

---

[14] Simmel, Georg: *Der Bildrahmen. Ein ästhetischer Versuch.* [Erstdruck in: Der Tag (Berlin), Nr. 541. 18.11.1902] In: ders.: *Aufsätze und Abhandlungen 1901-1908*. Band I. Hrsg. von Rüdiger Kramme, Angela Rammstedt und Otthein Rammstedt. Frankfurt/M.: Suhrkamp 1995. S. 101-108. Zitat S. 101.

[15] Ortega y Gasset, José: *Meditation über den Rahmen.* In: ders.: *Triumph des Augenblicks, Glanz der Dauer.* Auswahl aus dem Werk. Stuttgart: Deutsche Verlags-Anstalt 1960. S. 63-70. Zitat S. 68.

den Blick ansprechen und die insgesamt nur in einem zeitlichen Durchlauf erfaßt werden können [...], kristallisiert sich jetzt [bei der Betrachtung eines Gemäldes] dieselbe Welt zu einer geordneten Perspektive: die Fernen sind jetzt nurmehr Fernen, unzugänglich und vage, wie es ihnen zusteht, die nahen Gegenstände verlieren einen Teil ihrer Aggressivität [...]; der Blick bleibt zuletzt an nichts mehr hängen und nichts tritt mehr als Gegenwärtiges auf. Das ganze Gemälde steht in der Vergangenheit, im Modus des Abgelaufenen oder des Ewigen."[16] Merleau-Pontys Ausführungen legen nahe, dass die Bildkonstitution sich nicht allein über die Rahmung vollzieht, sondern auch durch ein besonderes Verhältnis zur Zeitlichkeit sich auszeichnet. Die Bildkonstitution wäre also nicht einfach nur als Rahmung, sondern auch als ein Prozess der Formbildung zu bestimmen.

IM PARK

Rubinen perlen schmücken die fontänen ·
Zu boden streut sie fürstlich jeder strahl ·
In eines teppichs seidengrünen strähnen

Verbirgt sich ihre unbegrenzte zahl.
Der dichter dem die vögel angstlos nahen
Träumt einsam in dem weiten schattensaal ..

Die jenen wonnetag erwachen sahen
Empfinden heiss von weichem klang berauscht ·
Es schmachtet leib und leib sich zu umfahen.

Der dichter auch der töne lockung lauscht.
Doch heut darf ihre weise nicht ihn rühren
Weil er mit seinen geistern rede tauscht ·

Er hat den griffel der sich sträubt zu führen. (I, 10)

Georges Gedicht *Im Park* reflektiert an einem Formprinzip die Bildkonstitution als Stillstellung von Bewegung. Vier Terzinenstrophen werden von einem dreizehnten Vers abgeschlossen. Die erste Strophe setzt ein mit der Metaphorisierung der Wassertropfen einer Fontäne als „Rubinen perlen". Qua Verb („streut") des zweiten Verses wird die Metapher reifiziert. Die nachfolgende Metapher, die für den Rasen einen Teppich mit seidengrünen Strähnen setzt, ist jedoch abhängig von genau dieser Reifikation. Nur als „Rubinen perlen" können die

---

16 Merleau-Ponty, Maurice: *Die Prosa der Welt*. München: Wilhelm Fink 1984. S. 74.

Wasserstropfen sich im Teppich verbergen: Die Wassertropfen verschwinden im Rasen, wie sich Rubine und Perlen im den Strähnen eines Teppichs verlieren. Der unmerkliche Übergang von den beiden Metaphern zu einem Bild funktioniert über eine Rückkopplung. Das Bild gibt ein Ganzes, das, indem es seine Form schließt, die es konstituierenden Elemente verändert. Die ersten vier Verse sind ein Bild, das aus zwei ineinander verwobenen Metaphern besteht, die aber nur dann konsistent aufeinander aufbauen können, wenn die erste Metapher ins Reale zurückgleitet. Und so funktioniert auch das Formprinzip der Terzine. So wie drei Verse keine Terzine sind, sondern diese erst ihre Form gewinnt, wenn zum zweitem Vers ein vierter sich reimt, so wie erst beim Zurückgleiten des Reims im vierten Vers zum zweiten der ersten Strophe sich die Terzinenform konstituiert, so auch das Bild vom Teppich, in dem sich „Rubinen perlen" verbergen. Dem optischen Bild des Teppichs tritt im Gedicht eine akustisch-sinnliche Welt, bei deren Beschreibung Metaphern gänzlich fehlen, entgegen: Dort berauscht weicher Klang und Töne locken. Mit dem Schlußvers „Er [der Dichter] hat den griffel der sich sträubt zu führen" wird das Bewegungsmoment der Terzinenform stillgestellt (und die Metapher kehrt wieder in das Gedicht zurück). Die – potentiell unendliche oder sich kreisförmig schließende – Verkettung, die das Prinzip der Terzine ist, wird abgebrochen.

Der Prozeß der Bildwerdung bei George läßt sich folgendermaßen resümieren: Beim Blick auf die Natur verliert der Raum seine Tiefenschärfe, die Bewegungen in der Natur werden stillgestellt und zum zweidimensionalen Bild umgeformt. Der soziale und historische Index dieser Wahrnehmungsbilder bleibt vage und die Orte, die in den Gedichten erkennbar werden, verharren in einem räumlichen Ungefähr; die wortkünstlerischen Verfahren erzeugen eine Unschärfe im Abbildlichen. Die Bilder erscheinen nicht einfach als Wahrnehmungen, sondern bedürfen eines Rahmens, um sich als Bilder überhaupt erst zu konstituieren. Eine Distanznahme zur Natur leitet eine Bildproduktion ein, die kein Abbild einer realen Landschaft gibt, sondern die Landschaft in der Imagination entstehen läßt. Termini aus dem Atelier des bildenden Künstlers, die George häufig verwendet, reflektieren diesen Prozess der Bildwerdung nochmals als einen Prozess des Malens. Insofern wäre die „starke Betonung des Visuellen und Ornamentalen" bei George, die bereits Gottfried Benn an dem, „was geistig das ganze Werk durchzieht", festmacht,[17] mit jener Tendenz zur Bildwerdung zu identifizieren. Es wird dabei aber kein Abbild der Natur zu geben versucht, sondern eben der Prozess reflektiert, wie ein Bild wahrgenommen wird, und dieser in ästhetische Formen nachgebildet.

Die Bilder bei George konstituieren sich mittels der Unterscheidungsform Rahmen wie Gärten mit der Unterscheidungsform Grenze: Der Garten ist ein Ort, dessen entscheidendes Merkmal ist, abgeschlossen und selbst bereits bildhaft zu sein; er entspricht dem Typus des *hortus conclusus*. Sozial fungiert der Garten als Rückzugsort: Sein Ort ist der einer Ferne, auch wenn der Betrachter sich in ihm befindet. Er ermöglicht eine Distanznahme zur Umgebung und zu sich selbst.

Wie die phänomenologische Analyse zeigt, erbringt beim Sehen eines Gegenstands der Betrachter eine spezifische Konstitutionsleistung. Die wahrgenommene Natur wird in einen ästhetischen Gegenstand umgeformt. Das heißt, Landschaften kommen in der Natur ebensowenig wie Gärten vor. Oder mit anderen Worten: Landschaften wie Gärten sind nur über ihre Konstitutionsbedingungen zu definieren, nicht aber über ihre Gegenständlichkeit. Diese Konstitutionsbedingungen des Gartens erscheinen in den Gedichten im Prozeß einer Bildwerdung, der sich durch Rahmung und Stillstellung von Bewegung vollzieht. Gegenstand der Gedichte sind demzufolge die Wahrnehmungsbedingungen und die sprachlichen Bedingungen, unter denen diese zum Gegenstand werden können. Die Bilder der Gärten bei George resultieren aus Wahrnehmungen, die sukzessiv, Satz für Satz bzw. Vers für Vers in sprachliche Bewegungen umgesetzt werden, und die Bildkonstitution in den Gedichten folgt vor allem zwei Prinzipien: der Stillstellung von Bewegungen und der Rahmung von optischer Wahrnehmungen. Hierin trifft sich Georges Lyrik mit den Ergebnissen phänomenologischer Analysen: Der Betrachter erbringt beim Sehen eines Gegenstands eine spezifische Konstitutionsleistung durch Formbildung, und dabei wird der wahrgenommene Gegenstand in einen ästhetischen umgeformt. Diese phänemologischer Präzision, mit der die Gedichte in sprachlichen Bewegungen verzeichnen, wie Wahrnehmung funktioniert, geschieht allerdings um den Preis der Ausschlusses von sozialer Erfahrung.

---

17 Benn, Gottfried: Rede auf Stefan George. In: ders.: Essays und Reden in der Fassung der Erstdrucke. Hrsg. von Bruno Hillebrand. Frankfurt/M.: Fischer Taschenbuch 1989. S. 479-490. Zitat S. 480.

„An Island of Civilization Set in a Wilderness of Savagery"
Europäische Gärten im kolonialen Kontext

János RIESZ

Das Zitat in der Titelankündigung meines Vortrags – „a little island of civilization set in a wilderness of savagery" – stammt aus dem 1915 in englischer Sprache erschienenen Reisebericht der deutschen Filmschauspielerin Meg [d.i. Emma Augusta] Gehrts: *A Camera Actress in the Wilds of Togoland.*[1] Das Buch erzählt die sechsmonatige Reise einer deutsch-englischen Filmexpedition im Jahr vor dem Ausbruch des Ersten Weltkriegs (August 1913 – März 1914), an dem die damals 22-jährige Meg Gehrts als weibliche Hauptdarstellerin der ersten deutschen kolonialen Spielfilme teilnahm. Das Buch unterscheidet sich durch eine gewisse (z.T. gespielte) Naivität und jugendlich-weibliche Frische von den meisten kolonialen Reiseberichten der Zeit. Es erschien in englischer Sprache – vermutlich unter Mithilfe eines muttersprachlichen englischen Lektors – u.a. deswegen, weil die kolonialen Filme im Auftrag englischer Produzenten gedreht worden waren und zunächst in London gezeigt wurden. Da zwischen dem Abschluss des Manuskripts (die beiden Vorworte sind vom 1. und 9. Juli 1914 datiert) und dem Erscheinen des Buches der Erste Weltkrieg ausbrach, wurde es in Deutschland so gut wie nicht rezipiert und auch von der kolonialen Geschichtsschreibung nicht wahrgenommen.

---

[1] Der vollständige Titel lautet: *A Camera Actress in the Wilds of Togoland. The Adventures, Observations & Experiences of a Cinematograph Actress in West African Forests Whilst Collecting Films Depicting Native Life and When Posing as the White Woman in Anglo-African Cinematograph Dramas.* With an Introduction by Major H. Schomburgk. With 65 Illustrations & a Map. London, Philadelphia 1915. – Die französische Übersetzung erschien 1996 unter dem Titel: *Une Actrice de Cinéma dans la Brousse du Nord-Togo (1913-1914),* Lomé, Paris 1996. – Die deutsche Übersetzung von Bettina Schiller: *Weiße Göttin der Wangora. Eine Filmschauspielerin 1913 in Afrika,* Wuppertal 1999.

Wir sind im zehnten Kapitel des Reiseberichts. Die Film-Expedition unter Leitung von Major Hans Schomburgk ist im als besonders wild und gefährlich verschrieenen Norden Togos auf dem Weg zur nördlichsten Station der deutschen Kolonie, Sansane-Mangu, die von einem Hauptmann von Hirschfeld und zwei weiteren Vertretern der Kolonialverwaltung (einem Militär, einem Zivilisten) geführt wird. Keine andere weiße Frau vor Meg Gehrts war je soweit in den wilden Norden Togos vorgedrungen. Das Ereignis wird entsprechend festlich inszeniert und begangen. Als die Kolonne den langen Weg vom Tal des Oti-Flusses zur Station Sansane-Mangu emporsteigt, erkennt Meg Gehrts schon von weitem durch ihr Fernglas die zahlreichen Fahnen und Flaggen, die man überall an der Station zur Feier ihrer Ankunft angebracht hat. Das Gebäude selbst, auch das kann man schon von weitem erkennen, erglänzt weiß im Sonnenschein und vermittelt den Eindruck von Helligkeit und Sauberkeit, „the impression of extreme neatness and cleanliness" (126). Der Eindruck aus der Ferne wird aus der Nähe bestätigt. Die europäischen Besucher sind in einem geräumigen und sauber hergerichteten Gästehaus untergebracht, und dieser Eindruck einer Rückkehr (oder: Einkehr) in die 'Zivilisation' wird vervollständigt durch die Versuchsgärten, die man um die Station herum angelegt hat, in denen einheimische (afrikanische) Pflanzen und Nutzhölzer auf ihre Eignung für den Plantagenanbau erprobt werden. Das Ganze erscheint – wie 'eine kleine Insel der Zivilisation inmitten der Wildnis (der Natur) und der Wildheit (der Bewohner)', „a little island of civilization set in a wilderness of savagery" (130).

Die Episode lässt zweierlei Lektüre zu: einmal eine – im engeren Sinn – historische, die nach der Bedeutung solcher Versuchsgärten und Versuchspflanzungen im deutschen Kolonialsystem und speziell in Togo fragt, zum andern eine auf das Ganze der europäischen Kolonisation in Übersee bezogene, die verstehen möchte, was europäische Gärten im kolonialen – überseeischen – Rahmen insgesamt bedeuten, in der kolonialen Imagination, ihrer Wirtschaft und Geographie, Grammatik und Rhetorik.

Ich will den ersten Punkt – die Bedeutung und Funktion solcher Versuchsgärten im deutsch-kolonialen Kontext Togos – nur kurz andeuten und anschließend daran einige Hypothesen zu Gärten im kolonialen Kontext insgesamt zur Diskussion stellen. In dem 1935 erschienenen 'Rückblick' auf *Fünfzig Jahre*

Togo von August Full[2] heißt es über die deutschen Versuchsgärten und Versuchspflanzungen in Togo (223):

> Mehr als anderwärts erwies es sich in Togo als nützlich, daß die Leiter der örtlichen Verwaltungsstellen darin wetteiferten, Versuchsgärten und Versuchspflanzungen anzulegen, in denen den Eingeborenen alle für das Land in Frage kommenden Nutzgewächse sowie deren Anbau, Pflege und Aberntung vorgeführt wurden. [...] Mit diesen Versuchspflanzungen wurden landwirtschaftliche Schulen für Eingeborene verbunden. Die Schüler lernten nicht nur den Gebrauch verbesserter Geräte kennen, sie wurden auch in der Verwendung des Pfluges unterwiesen. Nach Absolvierung des dreijährigen Lehrgangs wurden jedem Schüler 10 ha Land zur Bewirtschaftung unter Anleitung der Versuchsanstalt zur Verfügung gestellt. Aus all dem ergab sich die Einstellung der landwirtschaftlichen Entwicklung auf die Eingeborenenkultur und gleichzeitig eine große Vielseitigkeit in der landwirtschaftlichen Erzeugung.

Aus den beiden kurz zitierten Texten – Meg Gehrts' Reisebericht und dem kolonialen Programm in Togo nach der Darstellung August Fulls – lassen sich einige für unser Thema signifikante Fragerichtungen ableiten, die ich anschließend an weiteren Beispielen erläutern und vertiefen möchte:

(1) europäische Gärten erscheinen als Gegenpol und Kontrastfolie zu einer als 'wild' oder 'bedrohlich' empfundenen tropischen Natur; Zivilisation gegen Wildheit; sie stellen sich dar

(2) als 'Inseln' europäischen Lebens und europäischer Standards – wie 'Ordnung' und 'Sauberkeit' – in einem Meer von Fremdheit, Wirrnis und Unübersichtlichkeit;

(3) damit verbunden sind die Indienstnahme der tropischen Natur, der Verwertungsstandpunkt mit dem Ziel der Nutzbarmachung der fremden Erde „in der Landwirtschaft bzw. in der Entwicklung eines exportfähigen Agrarbereichs"[3];

(4) in engem Zusammenhang damit steht das 'wissenschaftliche' Interesse an den tropischen Pflanzen, das Experimentieren mit verschiedenen Varietäten im Blick auf Widerstandsfähigkeit, Ertrag u.a.m.;

---

[2] August Full: *Fünfzig Jahre Togo*. Mit 27 Bildern auf 16 Tafeln, 27 Textfiguren und einer Übersichtskarte, Berlin 1935.

[3] Trutz von Trotha: *Koloniale Herrschaft. Zur soziologischen Theorie der Staatsentstehung am Beispiel des „Schutzgebietes Togo"*, Tübingen 1994, S. 113.

(5) schließlich die pädagogische Zielsetzung einer 'Erziehung' der Eingeborenen und damit verbunden deren 'Zivilisierung' im europäischen Sinne, die Zurichtung der tropischen Natur und ihrer Bewohner im Sinne ihrer Integration in die globale kapitalistische Wirtschaft.

Ich kann im Folgenden nicht jeden dieser fünf Punkte einzeln und quasi systematisch abhandeln, sondern muß mich darauf beschränken, das Thema historisch und exemplarisch anzugehen und in dem Zeitraum zwischen 1750 und 1950 etwa zu situieren. Zweifellos könnte man auch schon mit Columbus und dem ersten Zeitalter der Entdeckungen beginnen; auch Kolumbus betrachtet die fremde Natur schon von einem Verwertungsstandpunkt aus, auch er hat schon Samen und Pflanzensetzlinge in die Neue Welt gebracht (andere wiederum aus der Neuen zurück in die Alte Welt), aber es gibt bei ihm und in den ersten zweieinhalb Jahrhunderten danach noch nicht die bewusste und systematische Verbindung der 'zivilisatorischen Mission' Europas mit europäischen Gartenanlagen, Plantagen von tropischen Nutzpflanzen und deren Identifikation mit dem europäischen Herrschafts- und Überlegenheitsanspruch.[4]

Die Verbindung von 'Zivilisation' als globalem Programm der Europäisierung und europäischer Gärten und Pflanzungen in Übersee möchte ich ins Zentrum meiner Überlegungen stellen. Wie bekannt, erscheint der Begriff 'Zivilisation' (frz. *civilisation*) um die Mitte des 18. Jhs. etwa gleichzeitig in Frankreich und England. Das Adjektiv 'zivilisiert' und das Verb 'zivilisieren' waren schon lange vorher in Gebrauch.[5] Rousseaus erster Diskurs über das Thema, ob der Fortschritt der Künste und Wissenschaften zur Besserung der Sitten beigetragen

---

[4] Das Motiv klingt allerdings an vielen Stellen an, etwa in dem Essay (nr.46) „Of Gardens" von Francis Bacon: „God Almighty first planted a Garden. And indeed it is the purest of human pleasures. It is the greatest refreshment to the spirits of man; without which, buildings and palaces are but gross handy-works: and a man shall ever see that when ages grow to civility and elegancy, men come to build stately sooner than to garden finely; as if gardening were the greater perfection." – Francis Bacon: *The Essays or Counsels Civil and Moral*, ed. with an Introduction and Notes by Brian Vickers, Oxford, New York 1999, S. 104.

[5] Zur Wortgeschichte von „Zivilisation" und „Kultur" vgl. Jörg Fisch: „Zivilisation, Kultur". In: *Geschichtliche Grundbegriffe. Historisches Lexikon zur politisch-sozialen Sprache in Deutschland*, hrsg. Otto Brunner, Werner Conze, Reinhart Kosellek, Bd. 7, 1992, S. 679-774. – Ferner Jean Starobinski: „Le mot 'civilisation'". In: *tr (Le temps de la réflexion)*, Paris 1983, S. 13-52.

habe („Si le rétablissement des Sciences et des Arts a contribué à épurer les mœurs", 1750) kann schon als Kritik der 'Zivilisation' gelesen werden, auch wenn der Begriff selbst noch nicht erscheint; ebenso kann man Voltaires groß angelegten welthistorischen *Essai sur l'Histoire générale et sur les mœrs et l'esprit des nations* von 1756 im Grunde schon als eine Geschichte der Zivilisation(en) ansehen, auch wenn bei ihm ebensowenig wie bei Rousseau der Begriff als solcher schon vorhanden ist. Dieser, das Wort „civilisation" ist zum ersten Mal nachweisbar in einem Werk, das im gleichen Jahr 1756 erschien: *L'ami des hommes ou Traité de la population* ('Der Menschenfreund oder Abhandlung über das Bevölkerungswachstum')[6] aus der Feder von Victor de Riqueti, Marquis de Mirabeau (1715–1789). Dieser, der ältere Mirabeau (Mirabeau père), gehört zur Schule der Physiokraten, die als die Begründer einer modernen, 'wissenschaftlichen' Volkswirtschaftslehre angesehen werden. Ihre Grundthese ist einfach: aller Reichtum beruht letztlich auf der Landwirtschaft, diese ist die Quelle des Bevölkerungsreichtums; das Grundprinzip („principe fondamental") lautet lapidar: „Plus vous faites rapporter à la terre, plus vous la peuplez." (27) Doch die Landwirtschaft – und Mirabeau schließt den Gartenbau explizit ein – ist nicht nur die Quelle allen Reichtums, sie ist auch der Anfang aller Soziabilität, Gastfreundschaft und – ich greife vor – *Civilisation*:

> Wo Felder sind, gibt es auch Menschen, wären sie selbst unter der Erde. Wo die Felder mehr Ertrag liefern, leben mehr Menschen. Man teile ein Stück Land in Gärten auf (die man in Paris „marais" nennt), und man wird sehen, daß es das ganze Jahr über zu arbeiten und zu ernten gibt: alles wird zur Wertschöpfung. Um von einem Stück dieser fruchtbaren Erde zum nächsten zu gelangen, reicht ein Pfad von einem Fuß Breite. [...] der Gärtner dehnt das von ihm kultivierte flache Erdreich auf einen steilen Hang aus und erweitert damit sein Reich. Er erobert eine Provinz von zehn Fuß Erde, die ihm keine Macht der Welt streitig machen kann. (27)

Das allgemeine Prinzip vom Ackerbau als Quelle allen Reichtums wird hier um die Aspekte der Stetigkeit der damit verbundenen Arbeit (das ganze Jahr über) und ihrer Intensität (ihre Ausdehnung auch auf schwer zugängliches Gelände) erweitert und gewissermaßen präzisiert. Beide Aspekte werden bei der Übertragung europäischen Land- und Gartenbaus auf die überseeischen Kolonien

---

[6] Victor de Riqueti, Marquis de Mirabeau: *L'ami des hommes ou Traité de la population*, vol.I, partie 1-3. Réimpression de l'édition Avignon 1756, Aalen 1970. – Die Übersetzung dieses wie der nachfolgenden französischen Zitate ist vom Verfasser dieses Aufsatzes (J.R.).

ebenso eine Rolle spielen wie der Aspekt der Eroberung neuer Provinzen, auf die man ein Anrecht durch die daran gewendete Arbeit und Mühe gewinnt. Das enge Beieinander der Menschen im Gartenbau, ihr Aufeinander-Angewiesensein in einer intensiven Landwirtschaft, trägt zu ihrer Zivilisierung bei: Wie die Kiesel im Bachbett durch ständiges Aneinanderreiben glatt und rund werden, so die Menschen in Gesellschaft von ihresgleichen: „les hommes se civilisent par la société". (152)

In den Berichten der Weltreisenden der zweiten Hälfte des 18. Jahrhunderts – der Franzosen Bougainville (1766-69) und Lapérouse (1785-87), oder der Deutschen Johann Reinhold und Georg Forster, die mit Kapitän Cook um die Welt fuhren (1772-75), finden sich deutliche Spuren der physiokratischen Lehre.[7] Wenn etwa das Hinterland von Buenos Aires in Südamerika – trotz eines fruchtbaren Bodens und eines günstigen Klimas – nicht kultiviert wird, dann erscheint das dem Reisenden wie ein (ungehörter) 'Schrei der Natur'; die Arbeit und die Pflege, die man der Natur angedeihen lässt, sind Ausweis und Gradmesser ihrer Zivilisation. Der Mensch im Naturzustand – so Lapérouse gegen die Philosophen, die sich ihre Theorien zuhause am Kaminfeuer ausdenken – ist 'barbarisch, bösartig und hinterlistig' („barbare, méchant et fourbe") (122). Dagegen bedeuten Fortschritte in der Landwirtschaft fast automatisch auch einen höheren Grad an Zivilisation. (388f.)

Georg Forster, der das englische „civilization" manchmal mit „Zivilisation", manchmal mit „Kultur" und gelegentlich mit „Gesittung" übersetzt, sagt von den eingezäunten Gärten der Bewohner einer Südsee-Insel: „die Verzäunung ihrer Ländereyen schien einen höheren Grad von Cultur anzudeuten, als man hier wohl hätte vermuthen sollen." (344) Ein Nachlassen der Kultur-Anstrengungen bedeutet auch eine Regression der Sitten und der Moral: „Auf den Societäts-Inseln ist das Erdreich in den Ebenen und Thälern so fett und reich und bekommt durch die vielen Bäche so viel Zufluß an gehöriger Feuchtigkeit, daß die

---

[7] Jean-François de Lapérouse: *Voyage autour du monde sur L'Astrolabe et La Boussole (1785-1788).* Choix de textes, introduction et notes de Hélène Minguet, Paris 1991. – Louis Antoine de Bougainville: *Voyage autour du monde par la frégate du Roi La Boudeuse et la flûte L'Etoile.* Edition présentée, établie et annotée par Jacques Proust, Paris 1993. – Johann Georg und Reinhold Forster: *Reise um die Welt während den Jahren 1772 bis 1775 in dem [...] durch den Capitain Cook geführten Schiffe. Vom Verfasser selbst aus dem Englischen übersetzt,* 1. Bd., Berlin 1784.

mehresten Gewächse fast ohne alle Cultur gedeihen. Diese ungemeine Fruchtbarkeit veranlaßt und unterhält dann auch die Üppigkeit und Schwelgerey unter den dortigen Vornehmen." (377) 'Kultur' bedeutet Anstrengung, 'Zivilisation' ist das Resultat von Disziplin und Beschränkung, sichtbar in der „Verzäunung" des Landes.

Dennoch finden sich auch bei den Weltreisenden des späten 18. Jahrhunderts nicht nur die Forderung nach Kultur-Anstrengung und Zivilisations-Disziplin, sondern es tauchen durchaus auch Erinnerungen an ältere Glücksvorstellungen wieder auf, an Paradiese ohne Mühe und Schweiß, an eine Menschheit, die sich nicht durch Zäune eingrenzt. Als die Reisenden von Tahiti absegeln und die „überschwenglich schöne Ansicht" auf die Insel noch vor sich haben, faßt Georg Forster seine Eindrücke von der glücklichen Insel wie folgt zusammen:

> Der fruchtbare Boden und das wohlthätige Clima bringen von selbst so vielerley Arten nahrhafter Gewächse hervor, daß die Einwohner in dieser Absicht wohl auf eine ungestörte sorgenfreye Glückseligkeit rechnen können und in so fern unterm Monde nirgends etwas vollkommnes, Glückseligkeit immer nur ein relativer Begriff ist, in so fern, dürften, im Ganzen genommen, schwerlich mehrere Völker der Erden sich einer so erwünschten Lage rühmen können! Da nun alle Lebensmittel leicht zu haben, und die Bedürfnisse dieses Volks sehr eingeschränkt sind, so ist, natürlicherweise, auch der große Endzweck unseres körperlichen Daseyns, die Hervorbringung vernünftiger Creaturen, hier nicht mit so vielen drückenden Lasten überhäuft und beschweret, als in civilisirtern Ländern, wo Noth und Kummer den Ehstand oft so mühselig und sauer machen. Die guten Leute folgen hier dem Triebe der Natur ganz ohngehindert, und daraus entsteht eine Bevölkerung, die im Verhältniß zu dem angebauten, nur kleinen Theile der Insel sehr groß ist. (298)

Wie man sieht, ist das physiokratische Ziel der Bevölkerungsvermehrung unter günstigen Bedingungen auch ohne intensive Bodenbewirtschaftung und zivilisatorischen Zwang zu erreichen.

Bei Bougainville treffen in der Darstellung Tahitis die beiden Glücksvorstellungen aufeinander, die alte von einem Leben ohne Schweiß und im Überfluß, und die neue eines arbeitsamen, geordneten und eingezäunten Lebens der Zivilisation. Bougainville spricht vom Inneren der Insel Tahiti:

> Ich glaubte mich in den Garten Eden versetzt; wir gingen über eine grasbewachsene Ebene, auf der schöne Obstbäume wuchsen und die von kleinen Bächen durchzogen war; dadurch entstand eine angenehme Frische ohne die Nachteile der Feuchtigkeit. Eine zahlreiche Bevölkerung genießt hier die Reichtümer, welche die Natur mit vollen Händen über sie ausschüttet. Wir trafen auf Gruppen von Männern und Frauen, die im Schatten der Obstbäume saßen; alle grüßten freundlich; diejenigen, die uns auf dem Wege entgegenkamen, traten zur Seite, um uns vorbeizulassen; überall herrschte

Gastfreundschaft, Frieden, eine sanfte Freude, und wir sahen alle Merkmale des Glückes. (235 f.)

Die topische Prägung des Passus ist unmittelbar ersichtlich: der Garten Eden als *locus amœnus*, ein Leben in Muse und heiterem Lebensgenuß. Doch anders als in der Pastoraldichtung setzen sich die Wanderer nicht zu den Einheimischen, um mit ihnen das frugale Mahl zu teilen und die Zeit mit Gespräch und Gesang zu verbringen.

Bougainville schenkt dem Anführer der Tahitianer je ein Paar (ein Männchen, ein Weibchen) Enten und Truthühner und er macht ihm den Vorschlag, 'einen Garten *nach unserer Art* zu machen', „de faire un jardin à notre manière et d'y semer différentes graines", der mit Begeisterung aufgenommen wird:

> In kürzester Zeit ließ Ereti [der Anführer] das Terrain, das unsere Gärtner ausgesucht hatten, mit Palisaden umzäunen. Ich ließ es mit der Hacke bearbeiten; sie bewunderten unsere Gartenwerkzeuge. Sie haben selbst um ihre Häuser herum eine Art von Gemüsegärten mit Kürbissen, Kartoffeln, Ignames und anderen Knollenwurzeln. Wir säten ihnen Weizen, Gerste, Hafer, Reis, Mais, Zwiebeln und Samen von Gemüsen aller Art. Wir haben Grund zu der Annahme, daß diese Pfanzungen gut gepflegt werden; denn dieses Volk schien uns die Landwirtschaft zu lieben, und ich glaube, man könnte es leicht daran gewöhnen, (mehr) Nutzen aus dem fruchtbarsten Erdreich der ganzen Welt zu ziehen. (236)

Wir haben hier eine Art *kolonialer Urszene*: die Europäer, die den Eingeborenen zeigen, wie man einen Garten anlegt, die ihre eigenen Erzeugnisse mitbringen, um sie in die fremde Erde zu säen oder zu pflanzen, die dadurch vielleicht auch – später einmal – die Eingeborenen zu diesen Erzeugnissen 'bekehren'; die Hoffnung, daß diese gärtnerische Erziehung Früchte tragen wird und daß damit die Eingeborenen auch ihr Leben ändern werden: von einer selbstgenügsamen Subsistenzwirtschaft zu einer fremdbestimmten, vielleicht auch für fremde Märkte bestimmten Produktion.

Die Szene kehrt so oder so ähnlich Hunderte von Malen in den Reisebeschreibungen wieder. Stets führen die Schiffe einen ausreichenden Vorrat an Samen und Setzlingen, an Haustieren und Gartengeräten mit sich und sind bemüht, die Eingeborenen von deren Nutzen zu überzeugen. In dem Beispiel Bougainvilles spielen die Einheimischen das Spiel mit (wobei freilich ungesagt bleibt, ob sich die Hoffnungen des Erzählers erfüllen); in vielen anderen Fällen treffen die europäischen Zivilisatoren auf Verhaltensformen der Verweigerung und des Widerstandes.

Von den Reiseberichten ist der Konnex: Kontakt zu fremden Völkern – europäische Zivilisationsoffensive, die sich u.a. in der Anlage von Gärten und der Aussaat europäischer Nutzpflanzen manifestiert – auch in andere Bereiche des allgemeinen Bewußtseins übergegangen. Ich wähle als – eher zufällig herausgegriffenes – Beispiel die Komödie *Der Neue Menoza oder Geschichte des cumbanischen Prinzen Tandi* von Jakob Michael Reinhold Lenz, dem Stürmer und Dränger (geb. 1751), der sich 1771 in Straßburg dem Kreis um Goethe angeschlossen hatte. Die Komödie ist von 1774 und bedient sich des seit Montesquieus *Lettres persanes* (1721) populären Verfahrens, einem exotischen Reisenden die Kritik an Europa in den Mund zu legen. Es ist „ein Prinz aus einer andern Welt", wie es gleich in der ersten Szene heißt, „der unsere Europäische Welt will kennen lernen und sehen, ob sie des Rühmens auch wohl werth sey. Also müssen wir [sagt Herr von Biederling, nomen est omen!] an unserem Theil unser Bestes thun, ihm eine gute Meynung von uns beyzubringen."[8]

Der gelehrt schwätzende Bakkalaureus Zierau weiß auch genau, weshalb der fremde Prinz die weite Reise angetreten hat:

> die Sitten der aufgeklärtesten Nationen Europens kennen zu lernen und in ihren väterlichen Boden zu verpflanzen. [...] Die Verbesserung aller Künste, aller Disciplinen und Stände ist seit einigen tausend Jahren die vereinigte Bemühung unserer besten Köpfe gewesen, es scheint, wir sind dem Zeitpunkte nah, da wir von diesen herkulischen Bestrebungen endlich einmal die Früchte einsammeln und es wäre zu wünschen, die entferntesten Nationen der Welt kämen, an unserer Ernte Theil zu nehmen. (14 f.)

Was im aufklärerisch-optimistischen Diskurs des Bakkalaureus bloße Metaphorik ist: „in den Boden verpflanzen", „die Früchte einsammeln", „an der Ernte Theil nehmen", wird im Munde von Herrn Biederling ganz konkret auf den Land- und Gartenbau bezogen: „Ich wünschte gern, daß Sie eine gute Meynung von uns nach Hause nähmen. Sie haben sich noch nicht um unsern Land- und Gartenbau bekümmert." (22) Land- und Gartenbau, darf man schlußfolgern, erscheinen dem Durchschnittseuropäer (den Herren und Damen Biederling) der Zeit als dasjenige, was die europäische Ausdehnung nach Übersee notwendigerweise begleitet, ein Teil dessen, was man von Europa lernen, was dieses die anderen lehren kann.

---

[8] Jacob Michael Reinhold Lenz: *Der neue Menoza, oder Geschichte des Cumbanischen Prinzen Tandi*. Eine Komödie, hg. Walter Hinck, Berlin 1965.

Nachdem so die Theoretiker der Nationalökonomie (die Physiokraten) das Terrain vorbereitet und die Weltreisenden die neuen Weltteile in Augenschein genommen und schon überall erste Gartenexperimente gemacht haben, darf man gespannt sein, wie die modernen Kolonisatoren und Imperialisten dieses Programm umsetzen. Man kann in diesem Zusammenhang Napoleons Ägypten-Feldzug als ersten modernen Kolonialkrieg ansehen.[9] Am 22. Juni 1798, noch auf See, erlässt der junge General eine Proklamation an seine Armee, die mit den Worten beginnt: „Soldaten! Ihr seid auf dem Wege zu einer Eroberung, deren Auswirkungen auf die Zivilisation und den Welthandel unabschätzbar sind." („Soldats! Vous allez entreprendre une conquête dont les effets sur la civilisation et le commerce du monde sont incalculables.") (101)

Was man sich unter den Auswirkungen, insbesondere auf die 'Zivilisation', vorzustellen hat, erhellt am besten, wenn man sich die Liste derjenigen Personen und Gegenstände vor Augen hält, die Napoleon – schon von Kairo aus – mit dem Datum vom 28. Juli 1798 aus Frankreich anfordert; es sind zwölf an der Zahl, die auf drei Schiffen (Fregatten) geliefert werden sollen. Jeder der zwölf Punkte verkörpert einen Teilaspekt des Gesamt-Komplexes 'Zivilisation', wie er sich dem 'naiven' französischen Bewußtsein nach der Französischen Revolution und am Beginn der modernen Kolonialära darstellen mochte:

1. Eine Truppe Schauspieler;
2. eine Truppe Tänzerinnen;
3. für das Volk ein paar Marionettenspieler, mindestens drei oder vier;
4. etwa 100 französische Frauen;
5. die Frauen von all denen, die hier im Lande zu tun haben;
6. 20 Wundärzte, 30 Apotheker, 10 Allgemeinmediziner;
7. Eisenschmelzer;
8. Likörfabrikanten und Destillateure;
9. etwa *50 Gärtner* mit ihren Familien und *Samen von allen Arten von Gemüse*;

---

[9] Napoléon Bonaparte: *Raconté par lui-même, 1769-1806*, Paris 1912, S. 101.

10. jedes Schiff mit 200.000 Schnapsflaschen (*pintes*) und einer Million Weinflaschen;
11. 300.000 Ellen blaues und rotes Tuch;
12. Seife und Öl.

'Ich will dieses Land kolonisieren. Wir sind erst 29 alt [Napoleon ist 1769 geboren], wir werden dann 35 sein; das ist noch kein Alter; diese sechs Jahre werden ausreichend sein, wenn mir alles gelingt, um bis nach Indien zu kommen.' (108)

„Je coloniserai ce pays." – Bemerkenswert daran ist, daß für diese Aufgabe außer Schauspielern und Tänzerinnen, Ärzten und Marionettenspielern, Frauen verschiedener Kategorien, Schnapsbrennern und Eisenschmelzern, auch Gärtner in nicht geringer Zahl gebraucht werden, die den europäischen Samen in die fremde Erde senken sollen.

Man könnte jetzt anhand vieler literarischer Texte, exotistischer Romane von *Paul et Virginie* (1788) Bernardin de Saint-Pierres an, kolonialer Lebensbeschreibungen wie *La Chaumière Africaine* (1824) von Charlotte-Adélaïde Dard, u.a. Beispiele für Gärten im kolonialen Kontext in aller Ausführlichkeit präsentieren, welche die fünf eingangs genannten Bedeutungen dieser Gärten bis zum Ende der Kolonialzeit und darüber hinaus verdeutlichen und die Herrschaft Europas über Völker begründen, „deren wesentliches Merkmal es ist", wie Hannah Arendt in ihrer Darstellung des Imperialismus[10] durchaus affirmativ schreibt, „von der Natur zu leben, ohne sie für den eigenen Nutzen herrichten zu können, das, was die Erde gibt, hinzunehmen, ohne aus den geschenkten Schätzen eine für den Menschen brauchbare und von ihm beherrschte Welt zu erzeugen". (420 f.)

Ich will stattdessen aus diesem weitverzweigten Komplex nur ein einziges Motiv herausgreifen und etwas vertiefen, weil es mir von unverminderter (eigentlich von erhöhter) Aktualität scheint. Ich meine die Tatsache, dass die Zurichtung der außereuropäischen, tropischen Natur für die Bedürfnisse der Europäer, sei es in

---

10 Hannah Arendt: *Elemente und Ursprünge totaler Herrschaft. Antisemitismus, Imperialismus, Totalitarismus*, München, Zürich 1998 (EA: *The Origins of Totalitarianism*, 1951).

Form von Gärten oder Kulturen, Pflanzungen oder Plantagen, vorgängig die Zerstörung einer anderen Natur bedeutet, dass das europäische Zivilisationsideal – „refaire l'Europe en Afrique", 'Afrika in ein anderes Europa zu verwandeln'[11], eine vorausgehende Zerstörung / Vernichtung Afrikas beinhaltet, wie sie idealtypisch in der Figur des „broussard" (des Kolonialfranzosen, der im Busch sein zivilisatorisches Handwerk verrichtet) Gestalt gewinnt: „Le type du gentilhomme campagnard, devenu ici défricheur, organisateur et chasseur infatigable." (ebd. 139) 'Der europäische Landedelmann, der in Afrika unermüdlich rodet, organisiert und jagt'. Die Kolonisation erscheint aufs Ganze gesehen wie ein besessener Kampf gegen eine fremde Natur, die in Versuchsgärten eingefangen, wissenschaftlich beschrieben, verwandelt und zerstört wird, wobei zugleich die Einheimischen ihres Lebensraumes und oft ihrer Subsistenz beraubt und zuletzt dazu erzogen werden, an dem Zerstörungswerk mitzuarbeiten – selbst ihre 'Zivilisierung' zu betreiben.

Octave Homberg, in einem programmatischen Buch über 'die Schule der Kolonien'[12], der von Frankreich als „notre jardin métropolitain" (19) spricht, sieht die große koloniale Aufgabe darin: „accomplir à la surface du monde [...] des transformations prodigieuses" (69), 'auf der Oberfläche der Erde gewaltige Umwandlungen vorzunehmen'. Friedrich Ratzel, den man als Vater der deutschen Geographie (als universitärer Disziplin) bezeichnet hat, wendet die Beziehung von ungezähmter Natur und für den Menschen nützlicher Bebauung in die andere Richtung und stellt in seiner Anthropogeographie[13] die Frage, „inwieweit verschiedenartige Ausstattung mit nutzbaren Pflanzen und Tieren die *Kulturfähigkeit* der verschiedenen Erdteile bestimme" (502), dabei riskiert er die These, die den Determinismus von natürlicher Ausstattung und zivilisatorischer Entwicklung wieder aufzuheben scheint, dass nämlich „das kulturarme Afrika vielleicht ebensoviele Schätze im Verborgenen hegt, die aber seine begnügsame Bevölkerung nie zu heben unternahm". (511).

Wie angekündigt, möchte ich im letzten Teil meiner Überlegungen den Aspekt des *Kampfes* gegen die tropische Natur herausstellen, an deren Stelle eine

---

[11] Pierre de Vaucleroy: *Noirs et Blancs*. Préface de Pierre Daye, Bruxelles 1934, S. 34.

[12] Octave Homberg: *L'Ecole des Colonies*, Paris 1929.

[13] Friedrich Ratzel: *Anthropogeographie*, Stuttgart 1899.

europäischen Nützlichkeitserwägungen untergeordnete, domestizierte Natur tritt. Zur Illustration wähle ich zunächst zwei französische Werke, die im Abstand eines Jahres – 1931 und 1932 – erschienen und die beide von französischen Kolonialbeamten verfasst sind (beide schreiben übrigens unter einem Pseudonym) und die jeweils schon im Titel den *Kampf gegen den Wald* als Thema ihrer kolonialen Monographie ankündigen. Der erste ist François Valdi: *Le Gabon, l'homme contre la forêt* von 1931 ('Gabun, der Mensch gegen den tropischen Regenwald'); der zweite verwendet das Pseudonym Jean de la Brousse und schreibt über die Elfenbeinküste; sein Titel: *La Forêt Vaincue,* der 'besiegte Wald'.[14]

Die aufwendig illustrierte Monographie von François Valdi beschreibt die Eroberung und Nutzbarmachung des Landes als Epopöe eines Kampfes Mensch gegen tropischen Regenwald. Nicht das Klima ist der gefährlichste Feind, sondern der Wald (30), die weißen Eindringlinge erscheinen auf ihre Funktion als Holzfäller („bûcherons", 38) reduziert. Die Verbündeten des Menschen im Kampf gegen den Wald sind die Flüsse, der Ogooué und seine Nebenflüsse vor allem; sie sind wie breite Pisten und schlagen Breschen des Lichtes in das undurchdringliche Dunkel des Waldes („des couloirs de lumière dans la nuit de la Forêt").

Aus dem dunklen, unzugänglichen, feindseligen Regenwald macht der Eingriff der weißen Kolonisatoren einen humanen Lebensraum, mit seinen Militär- und Verwaltungsposten, Missionsstationen, Holzfabriken, Parks und Versuchsgärten. Im Kampf gegen und der Domestikation des wilden Waldes kann der weiße Mann auf den Jahrtausende alten Erfahrungen der Schwarzen („ses frères attardés", 80) aufbauen; ehe die Weißen ihre Zivilisation brachten, hatten die Waldbewohner bereits ihre Kultur und Lebensformen an das 'dunkle Gefängnis des Waldes' (la „sombre prison végétale") angepasst und Charaktereigenschaften entwickelt, die im Überlebenskampf unerläßlich sind: Misstrauen und Wagemut, List und stets wache Vorsicht, Fressen oder Gefressenwerden. Somit ist der Wald sowohl die Ursache („la vraie coupable", 126) der für den Überlebenskampf wichtigen Eigenschaften, aber auch der 'Primitivität' und 'Zurückgebliebenheit'

---

14   François Valdi: *Le Gabon, l'homme contre la forêt.* Documentation de Pierre Deloncle, Paris 1931. – Jean de la Brousse: *La Forêt Vaincue. Récits de la Côte d'Ivoire,* Paris, Limoges, Nancy 1932.

der Waldmenschen; der Kampf gegen den Urwald ist also im doppelten Sinn ein Kampf für Kultur und Zivilisation – für eine andere Art von Naturbeherrschung und für eine Umerziehung der Menschen.

In dem Werk über die Elfenbeinküste erscheint die Konstellation Mensch gegen Wald in ihrer letzten – neurotischen – Zuspitzung. Das vorletzte Kapitel ist überschrieben: 'Der mörderische Wald', „La forêt homicide"; es erzählt die Geschichte eines Unteroffiziers, der von dem Wahn befallen ist, daß der Wald ihn verfolgt, sich an ihm rächt, so daß er sich zuletzt nicht mehr aus seiner Hütte traut. In dem Bericht des Arztes über den Selbstmord des Soldaten ist die Rede von einer „neurasthénie aigue, qui se traduisit chez lui par la phobie maladive de la forêt" (211). Der Wald, dessen Rodung er überwachte, hatte zurückgeschlagen und sich am Menschen gerächt.

Aber am Ende siegt doch der Mensch, der Kolonisator: auf die Holzfäller folgen die Pflanzer, die längs der Pisten Pflanzungen von nützlichen Bäumen („arbres utiles") anlegen; der ehemals feindliche Wald ist gezähmt und wird zur Nahrungsquelle. Als Losung stehen am Ende die Namen der drei Eigenschaften, welche diese Siege des Menschen ermöglicht haben: ABNÉGATION. – INTELLIGENCE. – TÉNACITÉ. Selbstverleugnung – Planende Voraussicht – Ausdauer.

In dem Buch von Emile Perrot aus dem Jahre 1939 (es erschien kurz nach Kriegsausbruch), das man als Bilanz der französischen Kolonialherrschaft in Westafrika bis zu dem Zeitpunkt ansehen kann[15], erscheint das koloniale Unternehmen als in die Vergangenheit zurückprojizierte Utopie, die in der Zwischenzeit zum großen Teil verwirklicht ist: als Kampf gegen eine feindselige Natur und widerstrebende ('faule' oder 'kleinmütige') Eingeborene, die Verwandlung der Kolonie des Senegal in einen Erdnußspeicher und einen Obstgarten, „un grenier d'arachides et un jardin fruitier" (104), insgesamt als die Fruchtbarmachung immenser Flächen: „fertiliser d'immenses espaces".

Wie eingangs am Beispiel der deutschen Kolonie Togo gesehen, spielen bei diesem Unternehmen die kolonialen Versuchsgärten eine bedeutende Rolle, im französischen System heißen sie *Stations expérimentales officielles* (317ff.),

---

[15] Emile Perrot: *Où en est l'Afrique Occidentale Française? Ouvrage illustré de 104 dessins, cartes, graphiques ou photographies et de 2 cartes hors texte*, Paris 1939.

staatliche Versuchsstationen, in denen systematisch die verschiedensten Pflanzen und Nutzhölzer erforscht und auf ihre Eignung für ihre Verwendung im tropischen Land- und Gartenbau untersucht werden. Eingeteilt sind sie in:

Espéces fruitiers – Avocado-Bäume, Zitrusfrüchte, Mangos...

Arbres d'Avenues – Bäume, die sich als Alleebäume und für die Begrünung der Städte eignen;

Plantes industrielles et médicinales – Pflanzen, die für den Plantagenanbau und für die pharmazeutische Industrie von Nutzen sind.

Als Beispiel für eine solche *Station Expérimentale Officielle* mag der Versuchsgarten von Hann, einer Vorstadt von Dakar (der Hauptstadt Französisch-Westafrikas) dienen. Er wurde 1905 gegründet und mit 70 Hektar fruchtbaren Bodens ausgestattet; 1908 hat man ihn um eine Forst-Station, eine Art Baumschule, erweitert, ein chemisches und ein bodenkundliches Labor sind 1914 und 1921 dazu gekommen. Von dieser Station, von diesem Versuchsgarten aus wird die ganze Stadt und ihre Umgebung mit Samen und Setzlingen versorgt. Das Ziel der Station ist: „nourrir une grande ville et la parer" – 'eine große Stadt zu ernähren und für ihren Schmuck zu sorgen'. Im Jahre 1937 hat die Station gratis verteilt: 10.000 Setzlinge von Kokospalmen, 1.000 Mandarinen-Setzlinge, 1.200 von Orangenbäumen, 2.100 Papayabäume, 800 Guyavensetzlinge. Zugleich ist die Station selbst, der Versuchsgarten von Hann, ein Ort öffentlicher Lustbarkeit geworden, ein Park, in den die Einwohner von Dakar zum Spazierengehen und zu Erholung kommen, und er hat sich in dieser Funktion auf das Erscheinungsbild der Stadt Dakar selbst ausgewirkt, wo man jetzt schon viele Gärten von Privatleuten und mit Bäumen gesäumte Straßen sieht.

Man kann vielleicht von diesen Auswirkungen eines Versuchsgartens auf eine koloniale Kapitale eine Brücke schlagen zu einer städtebaulichen Utopie, die ebenfalls um die Jahrhundertwende entstanden ist und die sich ebenfalls in den europäischen Kolonien in Afrika ausgewirkt hat. Ich meine die Garten-Städte, Garden-Cities, Cités-Jardin, deren Konzeption und Realisierungsversuche Catherine Coquery-Vidrovitch unlängst im Blick auf das koloniale Afrika untersucht hat.[16] Die Idee stammt von dem Engländer Ebenezer Howard, der sie 1898 unter dem Titel *Tomorrow: a Peaceful Path to Real Reform* propagierte, vier Jahre später erschien das Buch in einer Neuauflage unter dem Titel: *Garden-Cities of To-Morrow* (1902). Was Howard im Auge hatte, war in erster Linie das unkontrollierte Wachstum der englischen Vorstädte, in die als Folge der Industrialisierung Hunderttausende und Millionen von Arbeitern zugezogen waren, wo sie unter z.t. katastrophalen hygienischen und gesundheitlichen Umständen eng zusammengepfercht lebten. Howard selbst durfte zu seinen Lebzeiten zwei solcher Gartenvorstädte unweit Londons realisieren.

Die Idee hatte aber insbesondere Auswirkungen auf die Städteplanung in den Kolonien, sei es des britischen Empire, sei es in den französischen Besitzungen, vor allem in Afrika. In den Kolonien waren die Bedingungen vergleichsweise günstig, weil in der Regel genug Platz vorhanden war, man nicht sehr auf Eigentumsrechte Rücksicht nehmen musste und die Kolonialverwaltung auch sonst recht frei schalten durfte (u.a. auch die einheimische Bevölkerung zur Zwangsarbeit rekrutieren konnte). Entstanden sind daraus Europäer-Wohnviertel, heute Wohnviertel der Privilegierten, wie am Beispiel von Nairobi-Lasaka-Harare – bis zu den „Garten-Städten der APARTHEID" gezeigt wird.

Zuletzt möchte ich nochmals auf zwei literarische Texte zurückkommen, die in gewisser Weise den europäischen Umgang mit der tropischen Natur auf den Punkt bringen: den Kampf gegen und die Zerstörung der tropischen Natur einerseits; der koloniale Anspruch andererseits, die neuen Weltgegenden neu zu gestalten, den eigenen Vorstellungen von Nützlichkeit und Rentabilität, von 'menschlicher' Landschaft und europäischer 'Zivilisation' zu unterwerfen.

Der eine Text ist André Gides Reisebericht in den Kongo und Tschad (von 1925-1926), der nach seiner Veröffentlichung 1927/1928 in Frankreich heftige Diskussionen ausgelöst hat.[17] Man kann darüber streiten, ob Gides Kritik an gewissen Auswüchsen des französischen Kolonialsystems in Zentralafrika schon als

---

[16] Catherine Coquery-Vidrovitch: „A propos de la cité-jardin dans les colonies: l'Afrique Noire". In: *La ville européenne outre mers: un modèle conquérant? (XVe-XXe siècles)*, sous la dir. de C. Coquery-Vidrovitch, O. Goerg, Paris 1996, S. 105-123.

[17] André Gide: *Voyage au Congo. Carnets de Route*, in: A.G.: *Journal – Souvenirs*, Paris 1972, S. 679-864. – Ders.: *Le Retour du Tchad*. In: ebd., S. 865-1046. – Zu den Debatten um Gides Kongo-Reisebericht im deutsch-französischen Kontext vgl.

Antikolonialismus oder bloß als kolonialismuskritisch und reformerisch anzusehen ist. Für unsere hier verhandelte Fragestellung – tropische Natur versus europäischer Garten – ist der Befund eindeutig: Gides Beschreibung der tropischen Natur, die Ästhetik seiner Wahrnehmung, etwa des Regenwaldes im Gegensatz zu den von Europäern kultivierten Räumen – Gärten, Versuchsstationen, Plantagen –, ist nicht wesentlich verschieden von derjenigen der kolonialen 'Praktiker'. Was bei diesen von Nützlichkeitserwägungen bestimmt und dem Zivilisationsgebot gehorchend erscheint, präsentiert sich bei Gide (der auf seinem Afrika-Trip u.a. Goethes *Wahlverwandschaften* liest und kommentiert) in ästhetischen Kategorien: der Wald erscheint als monoton, endlos, ohne klare Gestalt, oppressiv, uniform, es fehlt ihm an klaren Linien, an Punkten, an denen man sich orientieren könnte; er wird als feindlich und aggressiv erfahren: „dans ce pays, les herbes coupent, les arbres griffent, les lianes déchirent" (911). Erst wenn sich der Urwald öffnet, in einer Lichtung, einer Missionsstation, einem Garten oder in Pflanzungen, findet Gide einen Zugang: „paysage moins vaste [...] il se tempère et s'organise" (872). Der Schmetterlingssammler Gide besucht öfter auf seiner Reise die schon mehrmals erwähnten Versuchsgärten. So gleich zu Beginn, als man in Dakar Station macht. Die schmalen Wege des Gartens geben ihm einen Vorgeschmack („avant-goût") des tropischen Regenwaldes; bei einem Abstecher nach Eala, im Belgischen Kongo, besuchen sie ebenfalls einen Versuchsgarten, wo ihnen der Leiter, ein Herr Goosens, seine 'Schüler' vorstellt: Kakaobäume, Kaffeesträucher, Hunderte von Baumsorten, über die Herr Goosens Auskunft gibt, die Neugier der Reisenden ist kaum zu sättigen: „Inépuisable science de M. Goosens, et complaisance inlassable à satisfaire notre insatiable curiosité." (704) Am Tag darauf ist Gide vom Regenwald enttäuscht: „il faut bien avouer que cette forêt me deçoit". – Solche Aussagen ließen sich vervielfachen, sie gehen alle in die gleiche Richtung; die tropische Natur entspricht nicht dem Schönheitssinn Gides.

Ich bin mir nicht sicher, inwieweit man die Perzeption Gides verallgemeinern kann; ich weiß auch noch nicht ganz genau, ob die Gidesche Wahrnehmung der tropischen Natur als Resultat eines jahrhundertelangen europäischen Kompromisses zu sehen ist – verbunden eben mit der Geschichte der europäischen Kolonisation – oder ob nicht beide, der koloniale Blick und der des

---

Véronique Porra: *L'Afrique dans les relations franco-allemandes entre les deux guerres*, Frankfurt a.M. 1995, S. 154-177.

reisenden Schriftstellers, auf einem gemeinsamen mentalitätsgeschichtlich zu erfassenden Grund ruhen: europäische Begrenzungen und Reklusionen gegenüber tropischer Unvertrautheit und Unübersichtlichkeit?

Vielleicht bekäme man eine Antwort, wenn man den Blick auf die andere Seite richtete, die Seite der ehemals Kolonisierten. Ich kann das hier nur andeutungsweise und an einem einzigen Beispiel tun und wähle dazu den Roman des im vergangenen Jahr verstorbenen Autors aus der Volksrepublik Kongo (Congo Brazzaville), Sony Labou Tansi, *La vie et demie* von 1979, der 1981 in deutscher Übersetzung unter dem Titel *Verschlungenes Leben* erschienen ist[18].

Es ist der Blick auf eine 'End-Zeit', deren Elemente freilich aus Gegenwart und Vergangenheit – nicht allein Afrikas – nur allzu vertraut sind: diktatorisches Verfügen über den Einzelnen, institutionalisierte Grausamkeit, Folter, Erschießungen, bis hin zu den Visionen von Massenvernichtungen im 'Gemeinschaftsofen', kurz: die 'Hölle', ein Schlüsselwort auch anderer zeitgenössischer afrikanischer Romane. In der Tradition der Höllenwanderungen seit Dante hat auch diese ihre genaue Topographie, ihr Personal und ihre sorgsam ausgesuchten Qualen und Martern, einschießlich der genauen (und bisweilen phantastisch-unglaubhaften) Aufzählungen endloser Reihen von Daten und Namen.

Die Anspielungen auf politische Realitäten des heutigen Afrika sind mit Händen zu greifen: die zahlreichen Militärputsche und Bürgerkriege, der unverhüllte Machtgenuß der Führungsschichten, der sich im Roman in Freß-, Sauf- und Sexorgien manifestiert; die Privilegien der Reichen und das Elend der Armen; die politischen Rechtfertigungsideologien, die der ‚schweren Enttäuschung der Unabhängigkeit' folgten ('tropisches Gemeinwesen', 'Jahrhundert der Verantwortung'); die aufgeblähte Bürokratie.

Eine Handlung ist allenfalls noch in Umrissen erkennbar: Im ersten Teil erscheint der als Anführer des Widerstandes vom Machthaber ('Führer der Vorsehung')

---

[18] Sony Labou Tansi: *La vie et demie*, Paris 1979. – Dte. Übers. von Bettina Kobold, Zürich 1981. – In meiner Darstellung des Romans greife ich auf meine (J.R.) Besprechung zurück, die am 10. November 1981 in der *Neuen Zürcher Zeitung* erschien.

umgebrachte 'Jammervater' Martial seinem Mörder immer wieder als Revenant und versetzt diesen dadurch in Angst und Impotenz. Chaidana, Martials schöne Tochter, vergiftet nahezu die gesamte politische und militärische Führungsschicht von Katamalanasien mittels eines beim Schäferstündchen eingeschenkten Champagners.

Im zweiten Teil treten Martials und Chaidanas gleichnamige Kinder auf, die sich in den Regenwald zu den Pygmäen geflüchtet haben; deren Giftanschlag tötet Martial, während Chaidana (die jüngere) überlebt. Der Pygmäenjäger Kabahashu wird ihr Begleiter während acht Jahren im Regenwald, von wo aus die Welt draußen als 'Draußen vor der Welt' escheint: 'das verfluchte Land der begrabenen Toten'. Doch auch den Pygmäen bleibt die Integrationsjagd nicht erspart. Der Totalitätsanspruch der 'zivilisierten' Welt duldet keine Ausnahme: 'Tötet alle, die Widerstand leisten. Drei Millionen Hände dürfen unserem Vaterland nicht fehlen.'

Der Wald als letzte Zuflucht. Die afrikanischen Staaten als Nachfolger der Kolonisatoren. Die Zerstörung durch die Zivilisation. Die Rettung durch die Natur bleibt auch nur ein Traum, eine Utopie. Nicht Skepsis (wie bei Goethe in dem Beitrag von Herrn Klotz), sondern Hoffnungslosigkeit.

Weder hilft es, seinen Garten zu kultivieren, noch hilft es, sich in den Urwald vor der bösen Welt zu flüchten.

LITERATUR

Hannah Arendt: *Elemente und Ursprünge totaler Herrschaft. Antisemitismus, Imperialismus, Totalitarismus*, München, Zürich 1998 (Erstausgabe: The Origins of Totalitarianism, 1951).

Francis Bacon: *The Essays or Counsels Civil and Moral*, ed. With an Introduction and Notes by Brian Vickers, Oxford, New York 1999.

Napoléon Bonaparte: *Raconté par lui-meme, 1769-1806*, Paris 1912.

Louis Antoine de Bougainville: *Voyage autour du monde par la frégate du Roi* La Boudeuse *et la flûte* L'Etoile. Edition présentée, établie et annotée par Jacques Proust, Paris 1993.

Catherine Coquery-Vidrovitch: „A propos de la cité-jardin dans les colonies: l'Afrique Noire". In: *La Ville européenne outre mers: un modèle conquérant? (XVe-XXe siècles)*, sous la direction de C. Coquery-Vidrovitch, O. Goerg, Paris 1996, S. 105-123.

Jean de la Brousse: *La Forêt Vaincue. Récits de la Côte d'Ivoire*, Paris, Limoges, Nancy 1932.

Jörg Fisch: „Zivilisation, Kultur". In: *Geschichtliche Grundbegriffe. Historisches Lexikon zur politisch-sozialen Sprache in Deutschland*, hg. Otto Brunner, Werner Conze, Reinhart Kosellek, Bd. 7, Stuttgart 1992, S. 679-774.

Johann Georg und Reinhold Forster: *Reise um die Welt während den Jahren 1772 bis 1775 in dem /.../ durch den Capitain Cook geführten Schiffe. Vom Verfasser selbst aus dem Englischen übersetzt*, 1. Bd., Berlin 1784.

August Full: *Fünfzig Jahre Togo. Mit 27 Bildern auf 16 Tafeln, 27 Textfiguren und einer Übersichtskarte*, Berlin 1935.

Meg / = Emma Augusta/ Gehrts: *A Camera Actress in the Wilds of Togoland. The Adventures, Observations & Experiences of a Cinematograph Actress in West African Forests Whilst Collecting Films Depicting Native Life and When Posing as the White Woman in Anglo-African Cinemograph Dramas*. With an Introduction by Major H. Schomburgk. With 65 Illustrations & a Map. London, Philadelphia 1915.
Deutsche Übersetzung durch Bettina Schiller: *Weiße Göttin der Wangora. Eine Filmschauspielerin 1913 in Afrika*. Wuppertal 1999.
Französische Übersetzung: *Une Actrice de Cinéma dans la Brousse du Nord-Togo (1913-1914)*, Lomé, Paris 1996.

André Gide: *Voyage au Congo. Carnets de Route*. In: A. G.: *Journal - Souvenirs*, Paris 1972, S. 679-864.

Ders.: *Le Retour du Tchad*. In: Ebd. S. 865-1046.

Octave Homberg: *L'Ecole des Colonies*, Paris 1929.

Lean-Francois de Lapérouse: *Voyage autour du monde sur* L'Astrolabe *et* La Boussole *(1785-1788)*. Choix de textes, introduction et notes de Hélène Minguet, Paris 1991.

Jacob Michael Reinhold Lenz: *Der neue Menoza oder Geschichte des Cumbanischen Prinzen Tandi*. Eine Komödie, hg. von Walter Hinck, Berlin 1965.

Victor de Riqueti, Marquis de Mirabeau: *L'ami des hommes ou Traité de la population*. Vol. I, partie 1-3. Réimpression de l'édition Avignon 1756, Aalen 1970.

Emile Perrot: *Où en est l'Afrique Occidentale Française? Ouvrage illustré de 104 dessins, cartes, graphiques ou photographies et de 2 cartes hors texte*, Paris 1939.

Véronique Porra: *L'Afrique dans les relations franco-allemandes entre les deux guerres*, Frankfurt/M. 1995.

Friedrich Ratzel: *Anthropogeographie*, Stuttgart 1899.

Sony Labou Tansi: *La vie et demie*, Paris 1979.

Jean Starobinski: „Le mot, civilisation". In: *tr (Le temps de la réflexion)*, Paris 1983, S. 13-52.

Trutz von Trotha: *Koloniale Herrschaft. Zur soziologischen Theorie der Staatsentstehung am Beispiel des „Schutzgebietes Togo"*, Tübingen 1994.

François Valdi: *Le Gabon, l'homme contre la forêt*. Documentation de Pierre Deloncle, Paris 1931.

Pierre de Vaucleroy: *Noirs et Blancs*. Préface de Pierre Daye, Bruxelles 1934.

In the night and rain in the forest

Abb. S. 147 aus: Henry M. Stanley: *In Darkest Africa or the Quest, Rescue, and Retreat of Emin Governor of Equatoria, with two steel engravings and one hundred and fifty illustrations and maps in two volumes.* Vol. I: New York: Charles Scribners Sons 1890

Ölpalme *(Elaeis guineensis)*.
a) Jüngere Palme, $1/50$ nat. Gr.
b) Fruchtstand mit reifen Früchten, $1/12$ nat. Gr.
c) Reife Frucht, $4/5$ nat. Gr.
d) Der noch von der Steinschicht, die oben zwei Keimlöcher zeigt, umgebene Kern, $4/5$ nat. Gr.

Abb. S. 47 aus: D. Westermann: *Die Nutzpflanzen unserer Kolonien und ihre wirtschaftliche Bedeutung für das Mutterland.* Berlin 1909: Dietrich Reimer (Ernst Vohsen)

Edward S. Morse's „Japanese Homes and Their Surroundings"

Kazuyasu HIRAMATSU

I.　E. S. Morse

Edward Sylvester Morse was born in Portland, Maine in 1838. He was thirtynine years old when he visited Japan to study a Brachiopod. It is a kind of mollusc, a so-called living fossil which looks like a bivalve in shape, but it is not a shellfish but Lingula, namely, quite a different kind of creature in the classification of animals. In Japan, Morse wanted to observe Mollusca in order to know whether or not they produce evidence against the theory of Darwinism. His academic adviser, professor Agassiz, thought of them as a strong objection to Darwin's *Origin of Species*. At first, Morse's plan was only a short stay and he thought he would come to Japan in the summer of every year. In spite of his first schedule, Morse's activity and achievement were so outstanding that he was to be invited to give lectures on zoology at Tokyo University. For he discovered Shell Mounds of Omori on the day after he arrived in Japan. Tokyo University had been founded only two months before Morse came to Japan. His talk gripped the audience and he made excellent sketches during his lecture, which were very popular all over Tokyo. Thus he became the Father of biology, archaeology, and cultural anthropology in Japan over a century ago. I cannot help regarding this as a strange chance of fortune to the Japanese. If he had not become a professor at Tokyo University, if he had not stayed in Japan for two and a half years, we wouldn't have his interesting writings such as *Japanese Homes and Their Surroundings* or *Japan Day by Day*, not to mention the famous Morse collection now kept with care in the Peabody Museum of Salem, Massachusetts. This collection consists of a variety of tools that ordinary Japanese people used everyday. It is often said that the collection has little value in the aesthetic sense. Still, it is of great value to us because we have already lost most of the tools and the way of life our grandparents had known calmly, confidently, and vividly.

II. Morse's accurate sketches

I must say it was a godsend to the Japanese that a capable scientist like E. Morse decided to live in Tokyo in the tenth year of the Meiji Period, when the modern education system was just about to start after a long period of isolationism. Thanks to his burning curiosity, careful observation, and unique ability to make a sketch, ninety elite students, divided into two classes, were able to learn the newest academic approaches directly. A lot of beautiful, exotic even to us, drawings in his books show accuracy with which he looked at things and people. His detailed explanation of the culture gap indicates a cool head, a warm heart, and intellectual honesty. Morse seems to have been unprejudiced and have taken great care to form his own judgement. That's why his books are quite valuable not only to students of architecture but to men of letters in point of comparative culture. In this connection, professor Takeshi Moriya at the National Ethnological Museum said, „We go to an exhibition and sometimes notice a distorted view of Japanese culture. Then we feel like crying furiously, 'Beside the point!'", but there is not a trace of distortion in Morse's writings or his collection. Yes, how true! As he looked at things and people as they were, as you know, easier said than done, his moderate attitude made us feel desirable and satisfied.

Let us take some concrete instances of Morse's own illustrations about Japanese gardens. Please look at handout No.1. This sketch shows a middle-class house seen from the backyard in Tokyo a century ago. Rooms look out into the garden directly. There is a wide veranda along the rooms. In order to block off the sunlight, bamboo screens are hung at the windows both on the first and the second floor. Rooms downstairs are open-constructed with good ventilation. At the left end of the veranda, you can see a lavatory.

Sketches No.2 and No.3. There are peaceful landscapes of the courtyard and backyard in an old house in Kyoto. This house has a steeply pitched, thatched roof surrounded by a tiled roof as eaves. The courtyard is swept neatly, though weeds grow. A very tall old tree and palm trees are noticeable. In the backyard there is a pond to which the attention of guests is directed from the drawing room. Stepping stones lead to the pond for those who want to see and enjoy it more closely. A small flower bed is beside the stepping stones. There are some flowers such as lilies or lotus in the pond. Beyond the wall, long bamboo poles are assembled and tied to help wisterias or sponge cucumbers to wind. In the past, a sponge cucumber trellis gave charm to the hot summer in Japan.

No.1 庭からながめた住宅——東京

No.2 中庭のながめ——古い京都の家

No.4 is a view from the upstairs of an ordinary house in Tokyo. A short partition between the gate and the dwelling stands out on the cross. This is a sleeve fence which is quite rare today. Behind the fence is a washroom planned not to be seen from the veranda and the living rooms. A washbasin and a dipper on it can be used. Morse highly praised the Japanese for their cleanliness.

To get the whole image of the Japanese house and the garden, the following sketches are useful. In No.5 and No.6, both gardens must be on the south of the houses to get much sun. A long passageway and veranda faces on each garden.

Such a veranda is a middle space between the Japanese-style *tatami* room and the garden. Morse drew a good picture of a man going out onto a veranda and using a washbasin. That's No.7. You can easily understand that the veranda is part of both the inside of the house and the outside world. *Shoji*, or sliding doors with Japanese paper pasted on wooden frameworks are opened. Sliding shutters are put into a doorcase. Morse liked such well-ventilated rooms in Japan better than humid, suffocating rooms in America. He defended Japanese houses against the accusation that they were too cold in winter. They might be much better for health, he said.

No.8 is a cross section of a veranda and a drawing room. It clearly shows the sliding door is between the room and the veranda, with the function of a window or a curtain. This veranda has a subordinate roof which appears to be a part of the main roof. There are several rain shutters which are easy to get in and out in the mornings and evenings.

If the houseowner teaches tea ceremony, the garden may be built elaborately in good taste. Morse left a sketch of strange gate in such a garden. Look at the sketch No.9. The building on the right beyond the gate is a tea house. The fish made of wood hung on the left-hand side is a kind of bell to call the guests into the tearoom. A stone lantern is set at the corner of this quiet garden. Morse probably felt a great interest in stone lanterns, and there are six different drawings of garden lanterns in the chapter about the Japanese garden. In No.10, it is made out of natural stones. The artificial part is the cavity in which a candle is placed and lighted. And the stream seems quite natural as if it had been there from time immemorial, although it is made by professional gardeners. The stone bridge is suited to the landscape because an artless stone is used without ornament. Morse suggested that Americans adopt the way stone bridges were used in the Japanese garden. No.11 is a copy of illustrations in an old guidebook on how to make

No.3 庭のながめ——古い京都の家

No.4 二階からながめたすまい——東京イマドの住宅

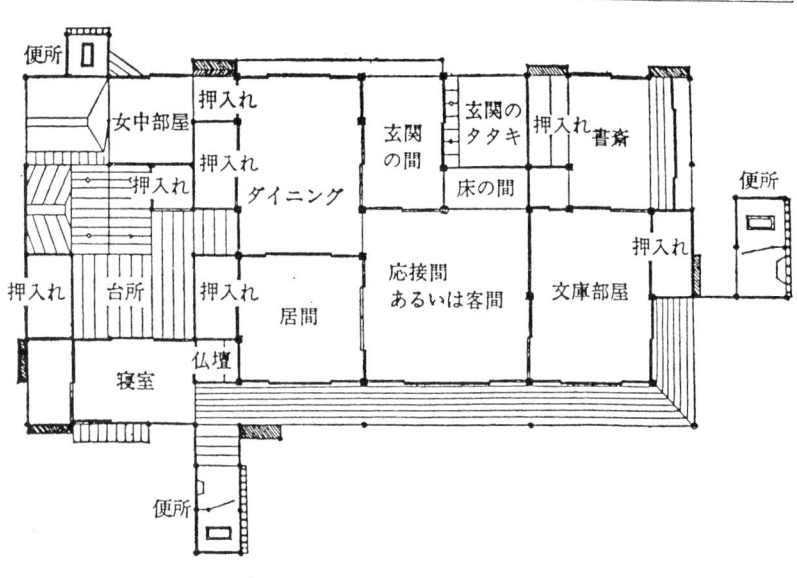

No.5　東京のある住宅の平面図

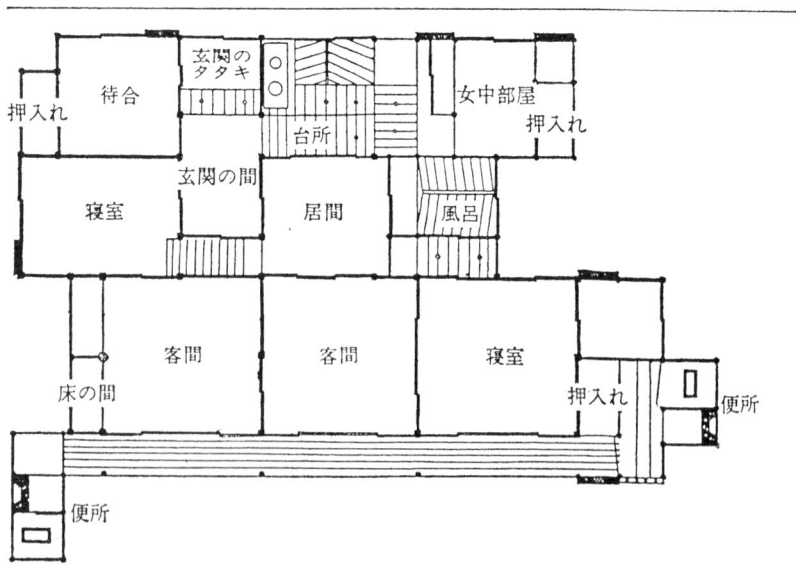

No.6　東京のある住宅の平面図

No.7　京都の年代をへた住宅の縁側

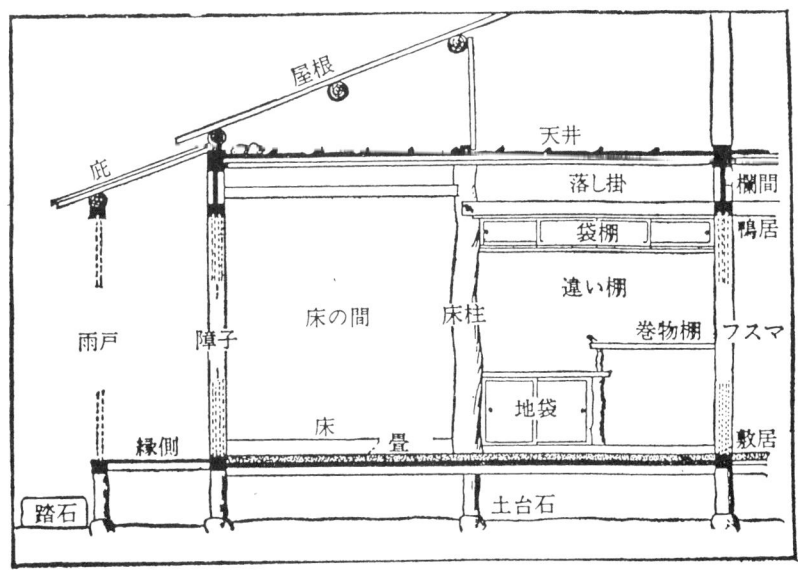

No.8　縁側と客間の断面図

No.9　庭の門

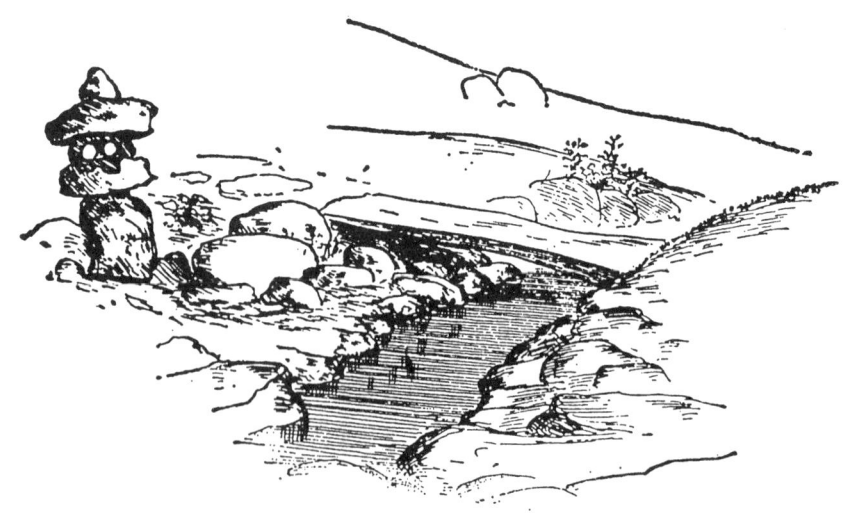

No. 10　庭の小川と石橋

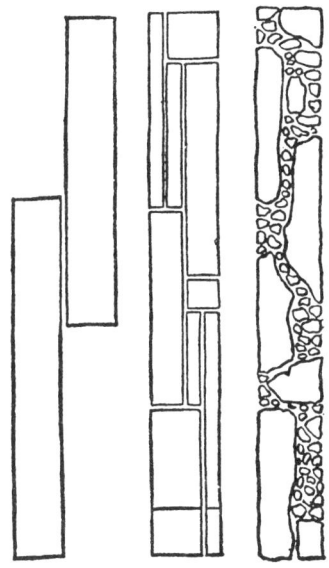

No.11 庭の小道の変化

No.12 商人の家の庭（『築山庭造伝』より複製）

No.13 大名屋敷の庭（『築山庭造伝』より複製）

No.14 仏教寺院の住職の小庭（『築山庭造伝』より複製）

gardens, Chronicle of Gardening. This shows a variety of stone pavements. Along these walkways, visitors go through an inner court to the second gate, then to the doorway of the house. Sketches 12 to 14 are gardens in a rich merchant's residence, a feudal lord's mansion, and a Buddhist temple. They are said to be made in the 17th century or before in Osaka.

III. Morse's admiration for Japanese culture

In Chapter 6 Morse described other components of a garden such as a stone monument, a summerhouse, a pond, and Bonsai or a pot plant. His description and many illustrations prove that he had strict representation of nature as well as unusual ability for observation. In *Japan Day by Day* there are more than 700 drawings, among which are those of flags in front of Buddhist temples. Morse wasn't able to read or write Chinese characters, but his drawings are so accurate that we can easily understand his Chinese characters on the flags. He wrote a very good hand, though in fact his handwriting in English was hard to read. He was really notorious for his illegible letters.

In observing Japanese houses and gardens, Morse apparently had no prejudice. He sympathized with the Japanese who had to open their country to Europe and America after a 250-year closed-door policy. He wrote in the preface of *Japanaese Homes and Their Surroundings* that Japan was forced to have diplomatic relations with the strong, selfish, and commercial West European countries. His friend professor Bigelow shared this sympathy and then regarded themselves as the last men to witness the existence of such people, so in his letter Bigelow eagerly recommended Morse to record things Japanese and the life-style of the people. To them the Japanese were, so to speak, an endangered species which would disappear within ten years. Without their sense of crisis and probably, of special mission, Morse's report might be neither so detailed nor so earnest. If he hadn't had a sense of mission, perhaps he would have been a complaining visitor like not a few foreign teachers in those days.

Some writers criticized Japanese houses harshly for the lack of coziness, privacy, and solidity. Morse admitted to some extent that a Japanese-style room seemed empty and rather embarrassing to the people who visited Japan for the first time. They felt uncomfortable because they could hardly find a piece of furniture or a carpet there, especially in a drawing room. However, Morse didn't jump to the conclusion. As he pointed out, the Japanese of those days led simple lives in modest houses. In fact Japan was very poor compared with the civilized nations. Morse was surprised at many homes which were homes in name only, and were in reality just like shelters. Nevertheless, Japanese-style houses had been adjusted to the customs and needs of the Japanese from generation to generation in their environment.

Although he was understanding, Morse had a low opinion of a lot of American houses with a set of furniture and a tawdry carpet. He wrote he was unpleasant when he saw things that didn't harmonize with an atomosphere in the room. It was not a civilized way of life, he thought, to be a slave of gaudy nouveau riche interior decor. As to the criticism of the then American people, it may be true of the Japanese these days. Anyway, Japanese-style rooms went out of fashion and now become only a supplementary ornament.

Concerning the lack of privacy in a Japanese house, Morse's paradoxical description is quite provocative. In his opinion, privacy should be guarded only among the rude barbarians. While so-called civilized nations were a group of savage people, there seemed to be few barbarians in Japan. To read his praise, I feel rather embarressed. In a book based on lectures, *The Gift of Morse – recall of Japan a century ago*, some Japanese critics wonder why the Japanese have become unworthy of his great admiration. It's a very difficult, everlasting question to us the Japanese.

With thin outer walls and easily removed sliding doors or screens, Japanese houses were not strongly built. As Morse said in astonishment, they were just like shelters from the rain. The Japanese had to be in harmony with the changeable climate, whether it was merciful or brutal. A certain architect explains how different the view of nature is between the West and Japan. On the one hand, to Westerners, the prototype of a house is made up of thick walls that protect them from the opponent nature, but on the other hand, to the Japanese the model consists of a roof which protects against the very heavy rain. Morse actually had a keen insight when he said that there were a lot of houses just like shelters from the rain. As the roof and eaves have played important parts in a Japanese house, a passageway under them, also served as a veranda, has highly developed around the rooms. The veranda, *Engawa* or *Nure-en*, makes the boundary between the inside and the outside rather vague. It is said that the type of passageway between the rooms, not open to the garden, took a firm hold early in the Showa period, late 1920s, as the standard of a middle-class house.

The basic structure of Japanese houses is not the walls but the roof supported by main pillars. Because of this structure, foreign people staying in Japan felt the cold very much in winter. Looking at the banquet in the room open to the garden covered all over with snow, Morse exclaimed with astonishment how insensitive the Japanese were to the cold of winter. In Japan the most important thing to live a refreshing life is not so much to keep rooms warm as to let a cool breeze into the rooms against the heat and high humidity in summer. So Japanese houses have had as large windows as possible to reduce the heat, and what is more, have made use of the outside view to get a spacious, cool feeling.

IV. Houses in famous Japanese novels

In order to let you know the situation of houses and gardens, and the change since Morse's day as well, I want to show you several plans of houses based on the descriptions found in famous Japanese novels from the Meiji period to this day. This is a joint work of a journalist, Yojiro Obata, and an architect, Seiji Yokoshima, which gained a good reputation recently.

No.15 is a plan of the house about 90 years ago in the novel *Shanshiro* written by Soseki Natsume. The houseowner is an intelligent teacher and the author himself taught English literature at Tokyo University 30 years after E. Morse had lectures there. This house is noticeably built half in traditional style and half in Western style. Here is a Western-style room which was used as an entrance hall and must be added later onto the old building. Through the gate, there is a garden gate on the left. A cherry tree, a crape myrtle and chrysanthemums are planted in the garden. A wide veranda faces to the garden and there's no lawn at all. According to a certain architect, the functions of a veranda are 1. to give a place of relaxation to sit in the sun etc. which is neither within doors nor out-of-doors, and 2. to receive some friends in the neighbourhood comfortably and informally. The plan 16 shows a boarding house with a tea-ceremony room in the novel of Ogai Mori, *The Youth* published in 1910. A stone basin and a variety of stepping stones indicate a refined taste of the teahouse. Even two rooms, four- and-half *tatami*-mat room and six-mat room here seem to be too large for the single hero.

No.17 is an elevation of an ordinary house in the Meiji period. This is based on Katai Tayama's novel, *A teacher in the country school*. The wide veranda and

作図のポイント

畳敷石の間取りの描写は正確で、そのまま表現していってもよい住宅としても大きな違反をしたことはない

これは、もともと玄関だった所に洋間を増築したと解釈するのが自然ではなかろうか。「離さく」したために、外光が入らない位置に左の廊下よりも突き出した格好になっている。庭に百日紅の木が植えてあるという設定があるためにし、この家は広田先生に気に入られたのであろう。

また、三四郎と美禰子がきわどい接近をする階段は薄暗いという設定であるから、あえて設定してみた。畳敷らしく家の趣味が良いう全体としては和洋折衷の家である。

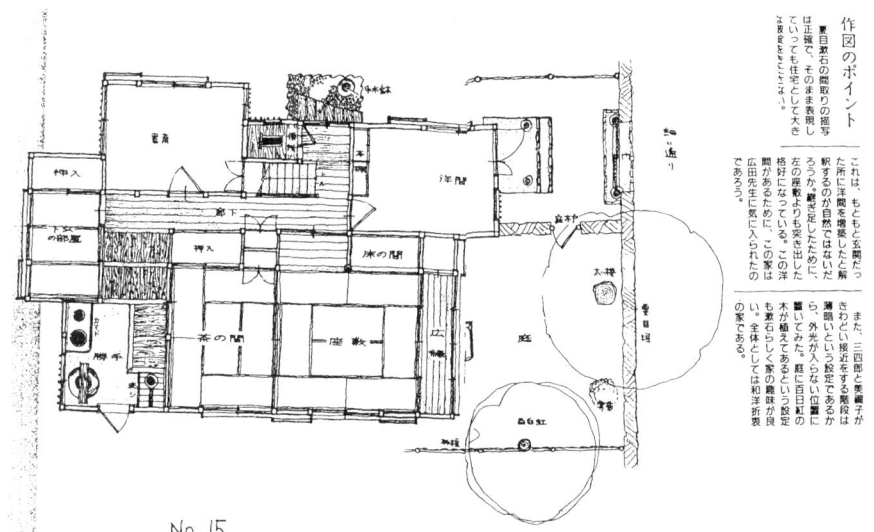

No.15

作図のポイント

な家は、昔、家主の老人が隠居していた家らしい。純一も見つけたこの小さ

老人好みの茶室風の部屋が、この家のひとつの〈顔〉になっている。庭にも茶室風の雰囲気を表現した。

純一もその茶室まがいの部屋が気に入ったらしい。茶室というのは本来、閉鎖的な構造をしており、彼もそういう先入観を持っていたらしい。この茶室風の座敷には、「茶道口」「にじり口」もしつらえてあるが、本格的な茶室ではなく、陰鬱な感じはそれほどないようである。

廊下をはさんだ六畳座敷は、東南を開け、明るさと開放感を出した。茶室の閉鎖性と対比させたつもりである。

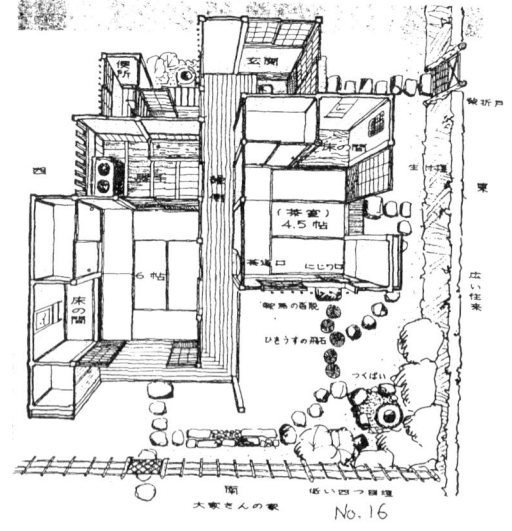

No.16

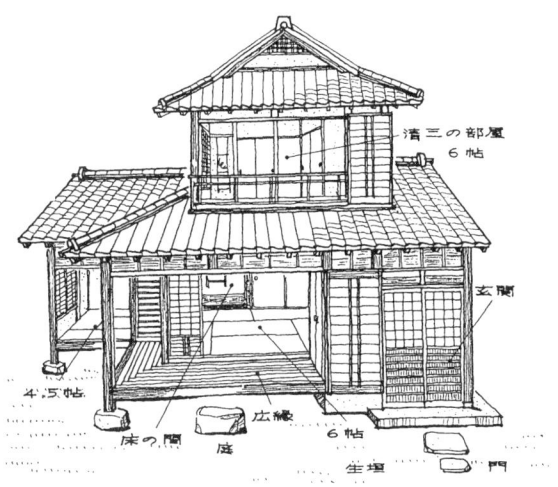

No.17

作図のポイント

明治時代の一般的な民家をパース（立体図）で描いてみた。

広い敷地の一角に小さい貧家が建っている。原作に間取りの記述は一応あるのだが、それぞれの位置関係がもうひとつよくわからない。主人公が病気で臥し、広縁越しに表通りの人通りを眺めるという記述が、重大なヒントになった。

病人だから、南に面している部屋があてがわれたであろう。また、二階の南と西北が開いているという記述もある。図正面が南である図とした。玄関も南向きとした。図では見えないが、台所など、水周りは玄関のそばにある。

No.18

作図のポイント

桐箱を見ることになる重要な電話的代表的な民家である。原作に病気には主し石を敷いた、その行き方が詳しく説明されているから、再現はしやすい。枠の厚い粗末な板塀は、敷地の形状に制約がないので、夫の形に変形されているいのて、外観に表情をつけるためにあちこちに凸凹をつけた。竹垣には少々凹凸をつけた門扉が、たたみの奥行わずけ入り、縁側に面しった門倉が、たたみの奥行わずかったか、細細に細かい心やりが与えてきそうである。

passageway is around the Japanese-style six-mat room. The frontdoor faces south and there is a persimmon tree in the garden.

Plan 18 is a house of middle-class people before World War II, that is described in detail in Kuniko Mukoda's *A-un*. There is no Western-style room here in 1930s, in the early Showa era. The six-mat family room, the eight-mat drawing room, and the six-mat bedroom are open to the garden, when the sliding screens and the rain shutters are removed. From the wooden garden gate to the long veranda, there are stepping stones. As for a garden gate, E. Morse wrote that it was usually made of woven brushwood and was really a picturesque scene.

Next plan 19 shows a company house in 1960s, in the middle of the Showa period, about which Hitomi Yamaguchi wrote in his bestseller novel, *Mr. Everyman's elegant life*. The hero, Mr. Everyman, is a so-called corporate soldier in a period of rapid economic growth. All three rooms are Japanese-style and there is no Western-style room yet. This apartment house has a nominal terrace and a small strange-shaped garden. Interestingly, Mr. Everyman's backyard is larger than his next-door family's garden, so he feels superior to his neighbour, when he is taking care of the garden eagerly. As this garden is grassed over, it is very close to the American-style lawn garden. He enjoys planting roses and a Himalayan cedar there.

From the end of the Meiji period to the middle of the Showa era, the housing in Japan had changed rather slowly compared with the radical change of food or clothing. But recently, Japanese-style rooms, the broad veranda, and the classic gardens slightly existed in the country. A certain bitter essayist accused the architects who studied and mimicked Western architecture of this destruction. In their plans, there is no room to make good use of traditional knowledge or skills. As is often the case with a unit of a housing complex or a condominium, there is only one Japanese-style room for the old people, where the imitation of *Tokonoma*, a kind of alcove, is installed perfunctorily. The garden lost its fixed form and nearly vanished in a city because the gardeners and the craftsmen began to imitate the popular architects.

The essayist referred to above wrote a remarkable essay on seeing the exhibition of the E. Morse collection in Tokyo. Morse collected used miscellaneous goods such as a pan, an iron pot, a rice bowl and a chopping board. There were Japanese wooden clogs, or *Geta*, and Japanese-style socks, *Tabi*, on exhibition. As the writer was over 80 years old, he knew well the earthenware mortar and a

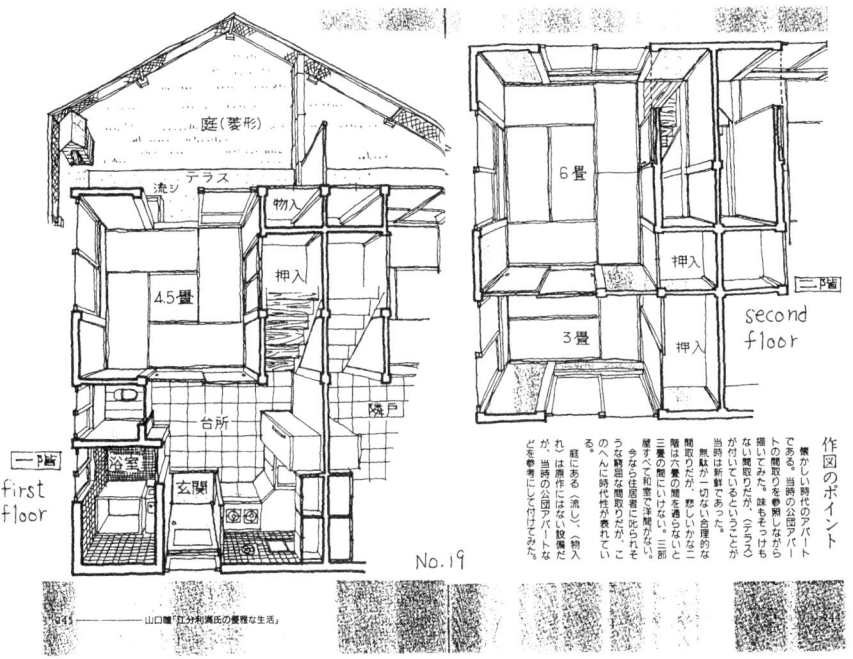

No.19 山口瞳『江分利満氏の優雅な生活』

作図のポイント

懐かしい時代のアパートである。当時の公団アパートの間取りを参照しながら描いてみた。味もそっけもない間取りだが〈テラス〉が付いているということが当時は新鮮であった。無駄が一切ない合理的な間取りだが、悲しいかな二階は六畳の間を通らないと三畳の間にいけない。三部屋すべて和室で洋間がない。今なら住居者に叱られるようなかなりな間取りだが、このへんに時代性が表われている。
庭にある〈流し〉、〈物入〉は原作にはない設備だが、当時の公団アパートなどを参考にして付けてみた。

wooden pestle. He found the expression of an old woman full of nostalgic memories or a mother telling her daughter how to use those daily necessities. This exhibition reminded him of another pro-Japanese Westerner, Lafcadio Hearn, 1850-1904, who admired Japanese culture and loved to live in Matsue. The author ends the essay as follows. „Hearn heard the chirping of insects as the Japanese did. In the Morse collection, there were bamboo works in the shape of a cicada and a dragonfly. It's a miracle to weave the wings of these insects from bamboo. They were made by unknown craftsmen in a small town. Just as Morse had been astonished at them, so the visitors to this exhibition were very surprised. What Hearn wrote sympathetically in his works did actually collect E. Morse." In fact, Morse is said to have kept gazing at traditional skills of a carpenter or a gardener all day long without getting bored with them.

V. Gardens Morse looked at in Japan

In the sixth chapter of *Japanaese Homes and Their Surroundings*, Morse compared a Japanese garden with an American garden. The comparison indicates many differences of the national character between the two countries. He said that the American wanted to plant as many species of flowers as possible in a limited place, so their narrow gardens were terrible, planted in no particular order. The gardens were so miserable with withered stems and faded leaves in winter that the American seemed to think up the way that made their gardens look undirty: that was to lay a lawn. Morse said all this revealed was their incompetence. It was as if they decided to paint over with green colour after failing to create a fresco on the ceiling. His comment is severe yet humorous. He was like a naughty boy.

Morse understood well that the secret of making a Japanese garden was not to go too far, but to leave it as natural as one could. He praised the artistic sense of the Japanese as perfect. On the other hand, he hated, for example, a cast-metal fountain generally loved by the American. What they liked was, Morse said with disgust, a statue of children with an umbrella in their hands. That sort of fountain caused Morse to think that maniacs had been recently increasing in the U.S.

Morse noticed that many Japanese gardens were comparatively small, and that in spite of this fact skilled gardeners succeeded in making the garden look much larger than what they really were. By arranging several bushes, simple wall, and quaint flower pots, attractive gardens were easily made. Morse thought even if the land was just 10 feet square, the Japanese had their own way of making a beautiful garden. How could the American use the small land? He was again very ironical. In the U.S., he thought, such a place would soon be filled with ashes, tin cans or garbage cans. He remembered an excellent small Japanese garden in a cheap inn. Seen from the round window in his room, there were a quaint stone lantern and a wonderful pine tree. He wondered, „why do they have such a splendid garden in this poor inn?" Then standing by the window, he found amazingly that the land where the stone lantern was placed and the pine tree was planted was only about three feet in width. In the U.S. this land would be used as a garbage dump or a pathway for cats. Thus Morse's sharp tongue is impressive and his figure of speech is witty and straightforward. Although his stay in Japan was less than three years, Morse was able to put himself into the Japanese's shoes. He even regarded his fellow countrymen as barbarians, because some of them wouldn't try to adjust themselves to Japanese manners and customs. It was easy for Morse to imagine what the barbarians would do in a Japanese garden. Probably they would make the ground uneven with the heels of their boots, damage the veranda, *Engawa*, and put their hands directly into the stone washbasin without using the dipper. Undoubtedly, the Japanese host who showed them the invaluable garden would surely feel unpleasant or disappointed.

VI. A lawn and a moss

Speaking of a Japanese garden, Jesuitic missionary Luis Frois, 1532-97, who came to Japan in 1562, reported on various topsy-turvydom. For one thing, the ground in a home garden was and may be still bare of grass in Japan. A lawn is quite difficult to keep in a small garden. As is widely known, the English love to drink afternoon tea and have a chat while sitting around the table on the lawn in their backyards. It is a pastoral scene. The garden appears to be another room without a roof, which you can use in a lovely day. In contrast, the home garden in Japan is designed to be seen from inside the house. The Japanese did not use the garden as a kind of expanded room. It is like a precious painting or a background to us. The Japanese prefer a moss to a lawn because of its natural beauty, the weight of years, and velvety soft impression. If you mess around the garden – trample down a moss, leave your footmarks all over – the owner would think of you as quite a rude person, a barbarian in Morse's word.

In 1926 Kafuu Nagai, a famous writer with a flowing, elegant style, wrote in his diary, *Danchotei-nichijo*, that after taking a nap he found somebody had tramped on the moss and left the tracks of the clogs in his garden. As he loved his garden very much, he raged and asked his maid who did such an unforgivable deed. The criminal was a merchant who had visited him to get several autographs to sell at a good price. He not only cursed this man but wrote down his name and the address in his diary. This diary is estimated as a masterpiece in Japanese literature. We shall remember the man as long as the works continue to be read. There is another anecdote that shows the Japanese special sentiment on the moss. During a stay in Britain, Soseki Natsume was invited to Pitlochry, Scotland in October, 1902 by a wealthy merchant who had made a Japanese garden in his large estate with the help of four Japanese gardeners and two carpenters. Soseki walked with the Scotsman in the garden. Mosses had grown everywhere. Soseki heartily praised, „How beautifully mosses have grown!" Then the Scotsman answered, „I'll order my gardeners to remove all the mosses soon." The answer disappointed Soseki. The owner was not able to grasp the traditional meaning of the moss in Japanese culture. The adjective such as 'moss-grown' or 'mossy' doesn't have a negative meaning in Japanese. These words mean ‚with history behind' or ‚venerable', not ‚out-of-date'. Soseki had had a nervous breakdown in London because of his hard study. He refreshed himself in Scotland as the landscape was similar to that of Japan. During this happy short stay, he might have realized the difficulty of understanding a foreign culture.

VII. Ikebana and Bonsai

Although Morse's major was zoology, esp. Mollusca, he had a great interest in flowers. „How eagerly the Japanese love flowers!" he exclaimed. Here again his comparison between America and Japan is significant. The American treat flowers roughly, which is clearly shown in what they call a bouquet, namely, a bunch of colorful flowers without green leaves. That was what Morse severely criticized. In Japan the delicate petals are vividly arranged in the subtle contrast with the green leaves or the branches. In this respect, a famous horti-culturist Munetami Yanagi says the aesthetic sense of the Japanese is quite different from the Western sense of beauty. For example, dahlias were so popular in Japan in 1950s that a new variety of dahlia was imported from Europe. But the European breed didn't catch on with the Japanese, because it had a large flower with the leaves hanging down loosely. The Japanese look at the flower considering the balance and harmony of the petals, the stems, and the leaves. This is true of a gerbera, or a Transvaal daisy. This flower was often used in Ikebana, or flower arrangement. The slenderness of the flower was much liked by the people. Then Dutchmen produced a variety of gerberas that had extremely big flowers with thick petals and big stems. The Dutch breed made the flower arranging people get very angry, for there was no elegance at all in the tasteless flowers.

Morse was amazed at Bonsai, a dwarf tree with pebbles or moss in an earthen pot. He made a sketch of a Japanese apricot tree, *Ume*, which looked like a dead tree, or rather a rugged stick but from which a lot of rosy flowers came out in early spring. There are three drawings of strange pine trees too. The trees, all intentionally grown into queer shapes, had branches with many joints and twisted trunks. These characteristics of Bonsai had already been pointed out by Jesuit Luis Frois. He reported that they tried hard to grow a tree straight upward, while the Japanese hung a stone under the branch on purpose. To the Westerners, the traditional skills of raising trees in Japan seemed to be incredible magic.

It was amazing for the Japanese gardeners to transport and root the trees, Morse thought. Almost everyday, he came across gardeners carrying big trees away from one garden to another, and in a few days those trees would grow lively in the new garden. Everything in a garden except the hole of a well could be carried away and transplanted like magic wherever they wanted. As a rule, gardeners were proud of their classic know-how with indescribable dignity. Katharine Sansom, whose husband was a British diplomat George Sansom, wrote in her essay, *Living in Tokyo 1928-1936* about her attractive gardener. He was very thin and old like a pine tree he took care of. Katharine friendlily called him Chaucer, for there was something about him that reminded her of *The Canterbury Tales*. She thought as if he had appeared from the Middle Age, though this was nearly 50 years after E. Morse's stay in Japan.

VIII. What we have lost

The gardening in Japan has been left to the professional gardeners who knew well the architecture, religious sects, tea ceremony, flower arrangement, ecology of animals and plants, and of course, climate and geology. A famous gardener says it takes at least three years to make a garden look right. Gardening is just like child raising. The work is said to be hard enough to shorten the gardener's life. The gardener used to quarrel over the plan with the houseowner owing to their pride. But today English gardening has become popular in Japan. A lot of books about gardening are published, some of which are translations. I notice their themes are mainly how to heal one's broken heart by looking after vegetables or herbs in the kitchen garden. These are different types of gardening from the old Japanese-style.

Edward Morse and his friend Bigelow foresaw the crisis of Japanese culture. Gardening has changed its meaning in our lives and lost the original spirit. What have we lost, and why? They are the questions the Japanese have to face. I am still on the road and happened to be here to speak about my vague impression in front of you. The culture of Japanese gardening almost died out. But why? Perhaps the words of Toemon Sano, the 16th leader of a gardening store in Kyoto, are worth listening to. It is partly because customers today just order to make a garden that needs as little care as possible. People tend to request a labor-saving garden at a low price. It is partly because gardeners and crafts-men are not respected in Japan. Instead of people who have long experience as gardeners, the green youth who has graduated from school and just got the certificate becomes a supervisor in many cases. And still worse, regardless of season or timing, efficient manuals and mechanization have made it impossible for the young apprentices to take the opportunity of learning what their predecessors acquired. The deadline to finish the job comes first.

I would like to end my talk in a quotation of Aya Koda's essay. She wrote a lot of books in beautiful Japanese. In her childhood, an old gardener advised her about consideration for a gardener in case she got married and treated him in the future. He said, „There are always a few focal points in your garden to rest your eyes. We are sensitive so that the points can catch the eyes of the host and the guest sitting on the *tatami*-mats. Such points are sure to be made. Understand? Find them and look at those points, please. Then, the gardener will be pleased to think his job worth challenging." This quotation shows vividly a good relationship between the family and the old gardener before the last war. We certainly lost not only the peaceful garden but also the direct human relationship found in the old days.

WORKS CITED

Frois, Luis: *European Culture and Japanese Culture*. Trans. Akio Okada. Iwanami-shoten, 1991.

Koda, Aya: *Sparrow's Notebook*. Shincho-sha, 1997.

Morse, Edward: *Japanese Homes and Their Surroundings*. Trans. Atsushi Ueda, Akinori Kato, and Miyoko Yanagi. Kashima-shuppan, 1979.

Morse, Edward: *Japan Day by Day*. Trans. Kinichi Ishikawa. Heibon-sha, 1970.

Nagai, Kafuu: *Danchotei-nichijo*. Iwanami-shoten, 1987.

Obata, Yojiro, and Seiji Yokoshima: *Homes in Famous Novels*. Asahi-shinbun, 1997.

Sano, Toemon: *Life of Cherry Trees and Spirit of Japanese Gardens*. Soshisha, 1998.

Sansom, Katharine: *Living in Tokyo 1928-1936*. Trans. Miharu Okubo. Iwanami-shoten, 1994.

Thayer, John, and Takeshi Moriya (eds.): *The Gift of Morse – recall of Japan a century ago*. Shogakukan, 1997.

Watanabe, Takenobu: *Representation of Our Homes*. Chuo-koron-sha, 1988.

Yamamoto, Natsuhiko: *Bustling Laggard*. Bungei-shunju, 1996.

Yanagi, Munetami: *Interview*. Serai. 18 Feb. 1998. 8-13.

Picture 1

The Garden as Insertion Means: A Centenarian Idea

Christian BRUNEAU

I. The Basic Idea: The Allotment Garden of Father Lemire

1. A visionary priest: father Lemire

Father Lemire was born in 1853 in Hazebrouck, in the north of France. As a teacher in the seminary of Hazebrouck, first, he is also in charge of Saint Vincent de Paul Association, a charity association. He visits the working families: the café frequenting is in this time the only leisure for the workman. Then father Lemire thank he had to engage himself in the political life, in order to improve the workman life condition. He resigned from teacher and became curate of a parish, then put himself up successfully at the parliamentary election. He was re-elected 7 times.

He has been at the beginning of the department of employment, of the weekly rest, of allocations for over 3 children families, and so one ... He proposed also shares distribution for salaried people, their participation to the benefits. The family protextion is above all his main preoccupation. As Mayor of Hazebrouck, he created many institutions among them „The League of the patch of land and the home", still in activity today.

2. 1896, october the 21st: birthday of 'The league of the patch of land'
   (Picture 1, 2)

During a christian seminar in Reims, 1894, father Lemire explained for the first time his ideas about the land: the land, natural partner for the man, saving value of the land work, unlike the industrial work. The social catholicism of Frédéric le Play was very influent: importance of the private property for democracy, but also necessity of a collective property to correct the drawbacks of it. „We have to put back our workers again in touch with land and the pure air of the fields, he said, to raise up their moral and physical health."

Some ideas about the land, protection of the family, here are the two basic topics of the creation of the league, in 1896.

In 1897, was published the first issue of „The land patch and the home", which became in 1934 „The allotment garden in France". Forbidden during the second world war for having refused to put out german propaganda, it has been published again in 1946 and has been called since 1978 „Family garden of France".

Picture 2

L'emblème des jardins ouvriers: bannière - dédiée à saint Fiacre, patron des jardiniers - portée fièrement en tête de file lars des fêtes de jardins. (Archives LFCTF).

3. The daily life in the gardens until 1940

The beginnings were often difficult for the gardens. For example, mistrust of the landowners: the charity character of these gardens gave low prices for rent. Sometimes but not often, the local committees become themselves owner. To get the lie of the land is a first step; then you have to clean, to bring good land, water, fences. The local group founders are often charitable people or associations, such as „Conférence Saint-Vincent-de-Paul". There are also many priests. The gardens are granted to humble families, and first to large families. Many workers, but also office workers, civil servants, little shopkeepers. Sometimes, some plays for children are fitted out.

The gardener must cultivate himself his patch, and also clean the common parts. He cannot rent his garden, or sell the products. A decent attitude, good relationship with neighbours, are necessary. Sometimes, some specific rules exist: a part of the garden for flowers, not all the garden for potatoes ...

Other activities are often spreading out: cooperative stores, libraries, brass bands ... The feasts are very important, to develop a friendly atmosphere.

Some problems however remain: land picked up again by the owners after some years, financial difficulties, relationships between gardeners and heads of the groups are sometimes difficult, robbery ... But nevertheless, these gardens have been always more successful.

4. The family gardens, an international phenomenon

Actually, the basic idea of the allotment seems to come from Belgium, with father Gruel who, in 1895, had the idea to get some lands close to Brussels, to parcel them out and to give them to workers with families for cultivating. With the help of a publisher, Joseph Goemaere, he tried to develop this idea, which was considered at this time by many as utopic. It was proposed to father Lemire, who developed it, but also to Great Britain and Germany. The collaboration between Belgians and father Lemire has been always very high, which lead to the creation, in 1926, of the „International Office for the Land Path and the allotment". This creation has been difficult, with many divergencies (registered offices, nationality of the General Secretary ... the French wanted an Office, the German wanted a Federation, the Belgians an Union ...). Despite all these difficulties, the

International Office has been created, with Germany, Austria, Belgium, France, Great Britain, Luxemburg and Switzerland. The registered office is in Luxemburg. Other countries quickly joined them: Netherlands, Poland, Tchecoslovaquia, Portugal, Hungary. The International Office is helped by international organisations such as „Société des Nations".

Since 1990, the International Office has had a consultative status at the Europe Council. In 1992, the family gardens were for the first time included in an international text, the European Urban Charter; this text concerns, in the town environment, the importance of the family gardens for environment, housing and leisure (see picture 3).

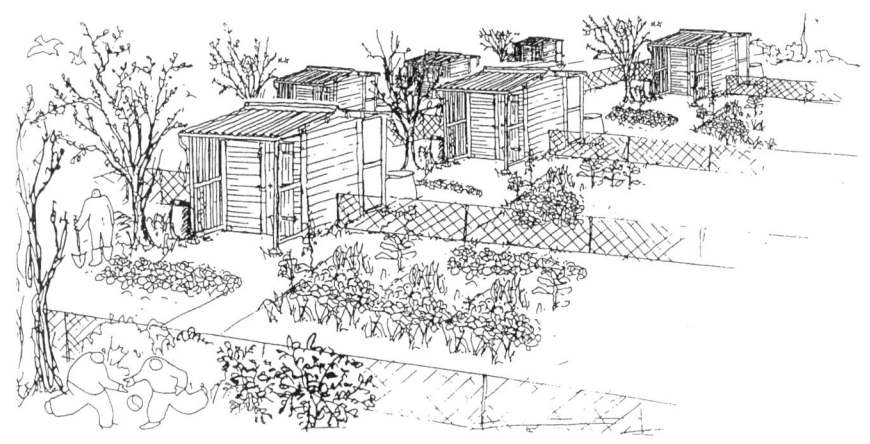

Picture 3

The gardens are not everywhere exactly the same. In some countries, one can find only a patch of land with a little shed for the tools, and against bad wheather; in some others, one can spend a night in the shed. Some others at last have true little chalets, for longer stay. (pictures, 4, 5, 6)

Presently, family gardens are being created in Japan.

Picture 4 - Picture 5

5. The family gardens today in France

First the number of family gardens. At the end of the 70ies, the situation is very bad for the gardens. It was the end of 30 years of prosperity. Most of the people thought that these gardens were definitvely out, because of the diversification of leisures, general enrichment, the developing of individual housing with gardens. And also one found them ugly; they looked like gardens for the poor, and the poor were supposed to exist no more. But at the end of the 70ies, a new period began, which leads to today's revival, of family gardens (charts 7, 8).

chart 7

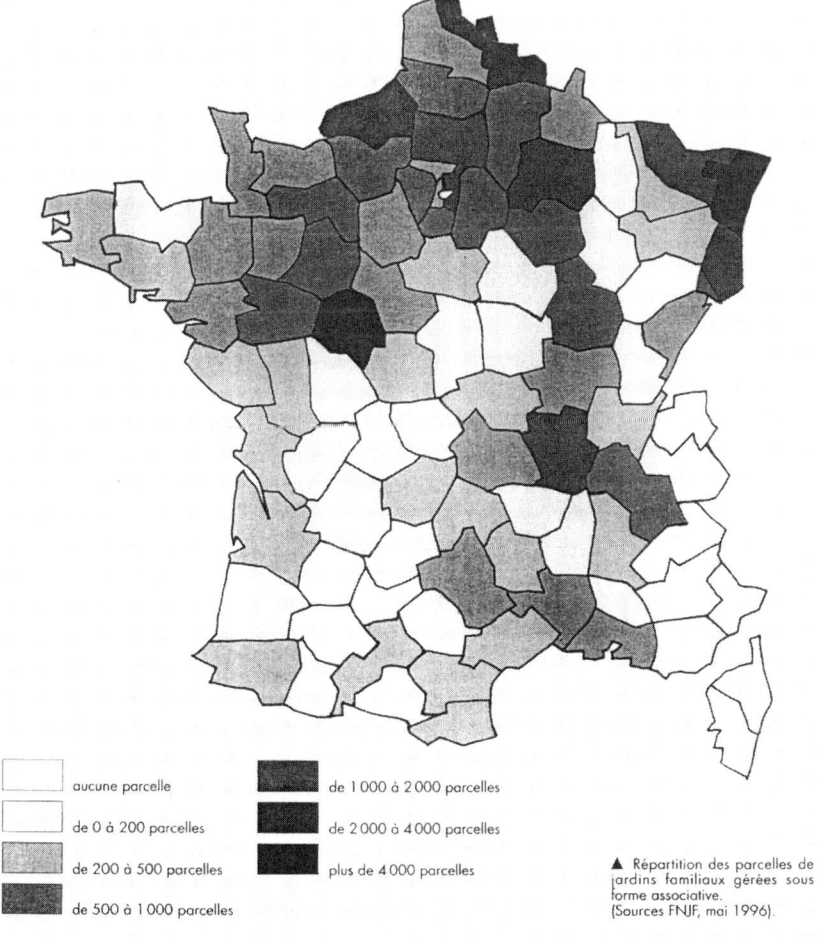

aucune parcelle
de 0 à 200 parcelles
de 200 à 500 parcelles
de 500 à 1 000 parcelles
de 1 000 à 2 000 parcelles
de 2 000 à 4 000 parcelles
plus de 4 000 parcelles

▲ Répartition des parcelles de jardins familiaux gérées sous forme associative.
(Sources FNJF, mai 1996).

220

Quelques chiffres :				
Nombre de parcelles de jardins familiaux recensées en France				
1899	1946	1950	1970	1993
655	700 000	600 000	140 000	150 000

Source : Ligue du Coin de Terre et du Foyer

1998 : 200.000

chart 8

With the economic crisis, poverty reappeared, and the contribution of the garden to the family budget seems again very useful (charts 9). They are also considered again as a solution to the problems of suburbs.

LES RESTAURANTS DU CŒUR - INSERTION

chart 9

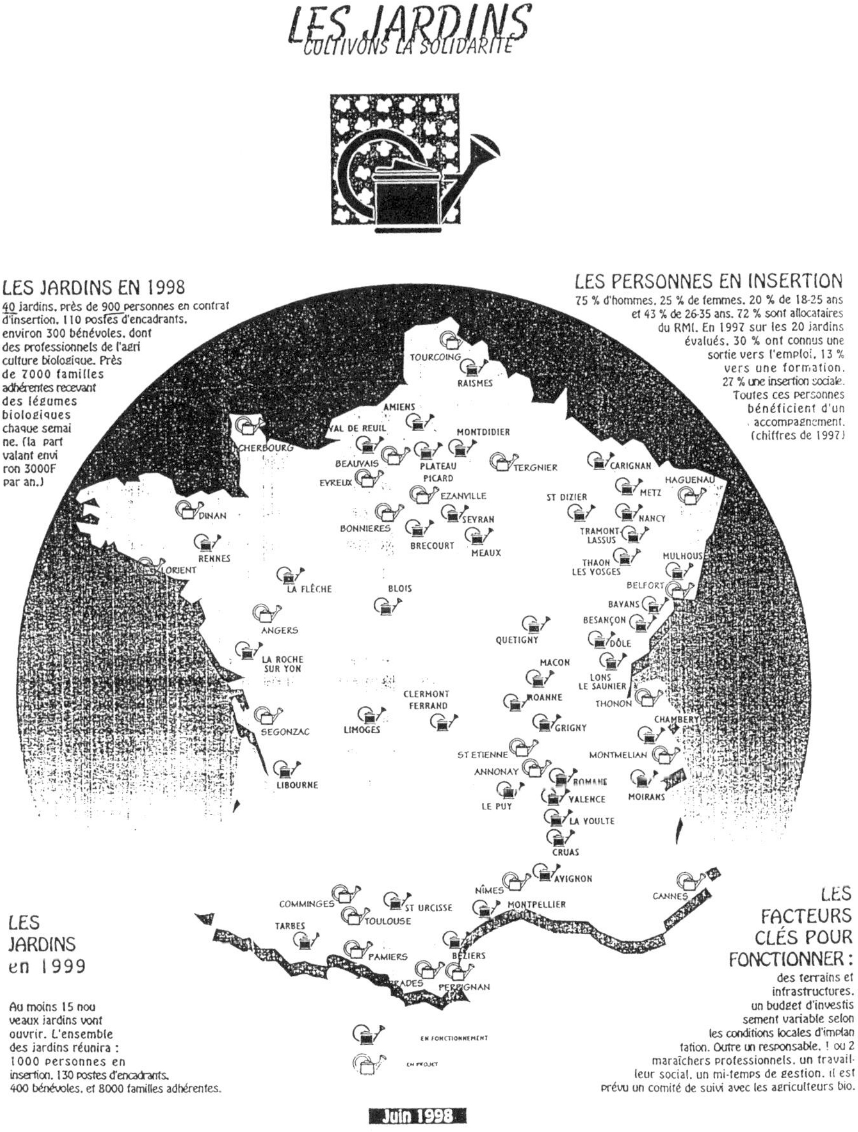

LES JARDINS
CULTIVONS LA SOLIDARITÉ

LES JARDINS EN 1998
40 jardins, près de 900 personnes en contrat d'insertion, 110 postes d'encadrants, environ 300 bénévoles, dont des professionnels de l'agri culture biologique. Près de 7000 familles adhérentes recevant des légumes biologiques chaque semai ne. (la part valant envi ron 3000F par an.)

LES PERSONNES EN INSERTION
75 % d'hommes, 25 % de femmes. 20 % de 18-25 ans et 43 % de 26-35 ans. 72 % sont allocataires du RMI. En 1997 sur les 20 jardins évalués, 30 % ont connus une sortie vers l'emploi, 13 % vers une formation, 27 % une insertion sociale. Toutes ces personnes bénéficient d'un accompagnement. (chiffres de 1997)

LES JARDINS en 1999
Au moins 15 nou veaux jardins vont ouvrir. L'ensemble des jardins réunira : 1000 personnes en insertion, 130 postes d'encadrants, 400 bénévoles, et 8000 familles adhérentes.

LES FACTEURS CLÉS POUR FONCTIONNER :
des terrains et infrastructures, un budget d'investis sement variable selon les conditions locales d'implan tation. Outre un responsable, 1 ou 2 maraîchers professionnels, un travail leur social, un mi-temps de gestion, il est prévu un comité de suivi avec les agriculteurs bio.

Juin 1998

The aim of the League is today to make the gardens considered fully as social equipment in today's towns (see again picture 3). The legislation evolves, and protects better the family gardens. Some credits are given by the environment ministry. Today, with decentralization, a partnership is developing between the garden's groups and the Cities. The law of 1952, 26th of July, gives this definition for the family garden: „Plot of land cultivated personally by the gardener, in order to provide for family's needs, to the exclusion of commercial use".

That last point is today the subject of important evolutions.

II. Some new approaches for the garden today

1. The garden, a means of struggle against exclusion

We have seen in the first part that the garden could be a valuable means of social insertion by the fulfillment of man and his family. Today, we also find the garden as a means to struggle more clearly against exclusion, poverty, delinquency, all kinds of handicaps.

For example, we know that in the big towns of the United States, violence concerns a growing part of the young. It is in this context that in Chicago, gardening becomes a means of struggle against exclusion and unemployment. The young called it „The miracle garden". Situated in the heart of the city, this ancient waste ground of one hectare and a half is covered with flowers and vegetables. Since the summer 95, 20 young people between 13 and 18 years old have been devoted their saturdays to it, and cultivate flowers, salads, cauliflowers, artichokes ... The young learns thus the basis of gardening, a precious knowledge for a job. Flowers and vegetables are then sold in the markets, or restaurants. This project is financed by the hospital of Chicago, but also supported by numerous neighbourhood associations. The inhabitants can also support this miracle garden by buying a kind of share: a vegetable basket each week.

This vegetable basket brings us back to France, where the family garden, we have seen it, is situated outside the market. The garden, means of insertion, is situated in the economic sphere. It is the case of the COCAGNE gardens, of the Gardens of the Heart, of also the SALVATION ARMY GARDENS.

2. The Cocagne gardens

They are also called „Let's cultivate the Solidarity Gardens". A job for everyone, it is the challenge that the adherent associations to the National Federation of the Associations of Social Readjustment (FNARS), daily want to take up. So the FNARS supports the creation, the developing and the running of these gardens.

Here is the description of the Cocagne Gardens:

- Production of vegetables, cultivated in biological agriculture, for proximity markets;

- This production is mainly sold to adherent households. We become adherent by buying a „vegetable-share"(3200, OOFRF per year, or 250, OOFRF per month), that is to say a vegetable-basket, which fits with the consumption of a 4 people family.

- The turnover enables to engage 1 or 2 professional market garden, to rent a land, to buy material, and mainly to engage people in social difficulties.

The situation in 1998: see chart 11.

The Cocagne Gardens in Blois (in the Loire Valley, 60 kms from Orléans); see picture 13.

These have been working since 1993 on a land of 7 hectares, lent free of charge by the City of Blois. Since the beginning of this year, 2800 m^2 of glass-houses enable to struggle against the bad weather (see picture 14). The manpower is, in december 97, 3 permanent people (the manager, a cultivation head, and a half-time book-keeper secretary); and 15 people in insertion situation. Beyond the land work, these people are helped by the Employment National Agency, and also different social actors. A help provided for debts, health and accomodation. The more and more precarious situations of these people make the management of the Gardens very difficult. Problems of alcoholism, depression; and so the bad weather of mai and june 97, which produced an important resignation of the adherents, because of baskets with too few vegetables.

224

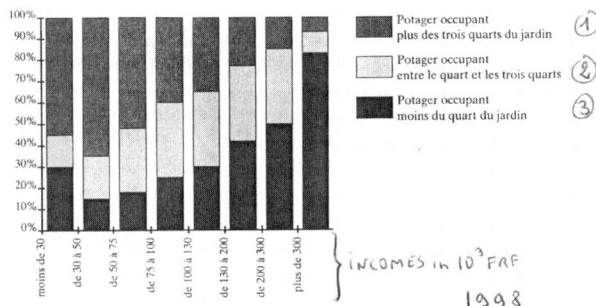

▶ Part du potager dans le jardin, en fonction du revenu annuel du ménage.
Tranches de revenu annuel du ménage, en milliers de francs. On ne peut pas tenir compte de la première tranche de revenu parce qu'elle regroupe de trop faibles effectifs de ménages avec potager.
Source : INSEE, Modes de vie.

1   over 75 % of the garden for vegetables
2   between 25 % and 75 % for vegetables
3   under 25 % of the garden for vegetables

Situation à la sortie des Jardins de 1993 à 1998
(74 contrats signés)

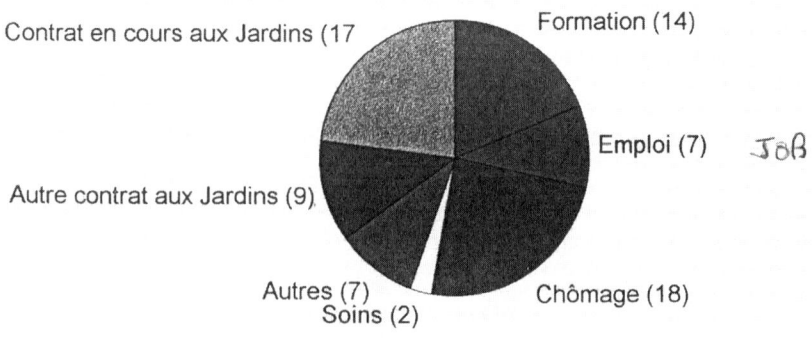

chart 11

Picture 13

Picture 14

Consequently, the 97 turnover has been 420.000FRF, instead of 600.000FRF as planned. So, the Cocagne Gardens of Blois must be subsidized for 70%, a dangerous situation, and unlike the principle of an insertion corporation.

What are the results concerning the insertion? 10% with a true job thanks to the Gardens, since 93 (chart 12). A result not very satisfactory, admits the manager; but she adds, the land work is a treating work (remember father Lemire: saving value of the land work). It requests respect, patience ... some very useful qualities for people suffering of alcoholism, drug addiction sometimes, anyway for people always very far from the possibility to be normally employed. These gardens are most often a first step before the recovery of these people and that is very important indeed.

3. The gardens of the Heart (chart 15)

These gardens are part of the Restaurants of the Heart, founded in december 95 by the artist Coluche, during the winter 85/86, 8.500.000 meals have been served by 5000 unpaid people. The second campaign, in 86, started without Coluche, who died in june because of a motorbike accident. The European Community opened his stock of goods, an arrangement claimed by Coluche to the European Parliament. In 1988, october the 20th, the Coluche law is voted unanimously: a tax reduction possible or donations to the Association. Today, after 12 years of activity, the Restaurants of the Heart continue their fight against poverty, with 27000 unpaid people who supplied this year more than 50 million meals.

In 1992, was created the Gardens of the Heart, that prepare people with great difficulties to work again; at present there are 76 Gardens in France. The people employed in these Gardens are often long-lasting jobless persons, but also under 25 young. Each Garden for a group of 8-10 gardeners, has around 1 hectare of land, given or very often rent for 1 franc by cities, or private citizens. The production of a garden enables to feed in vegetables 100 peoples of the Restaurants of the Heart, during 100 days. At the end of their contract, in the garden, generally 1 year, some find a job at a nursery gardener or a horticulturist. Some others begin a training. Anyway the frequenting of these gardens has for all of these people a positive influence on their physical and mental equilibrium.

chart 12

JARDINS D'AIDE A L'INSERTION DES RESTAURANTS DU COEUR

Création :
Premiers jardins dans la Région nantaise en 1992. Actuellement 76 jardins en activité

Population :
Très généralement des bénéficiaires des Restaurants du Coeur mais aussi des Chômeurs Longue Durée ou des jeunes de moins de 25 ans, orientés par des services sociaux ou des associations. Leur activité dans les jardins entraîne, la plupart du temps, la conclusion d'un Contrat Emploi Solidarité (250 CES en 1997).

Objectifs des jardins :
- permettre aux "jardiniers" de retrouver l'alternance travail-repos, le découpage quotidien des horaires, la fréquentation de "collègues" et de professionnels,
- leur procurer un gagne-pain : le CES entraîne un salaire et non une allocation,
- redonner à ces travailleurs le sentiment de leur utilité sociale puisque les légumes produits sont distribués aux bénéficiaires des Restaurants du Coeur,
- amorcer une formation professionnelle par l'acquisition de savoir-faire et par quelques cours théoriques (climatologie, biologie, mécanique...).

Moyen matériel :
Chaque jardin, pour un groupe de 8 à 10 jardiniers, a une surface d'environ 1 hectare de terre, donné ou loué, le plus souvent, pour un franc symbolique par les communes ou des particuliers.
Le matériel, l'équipement sont des dons ou des achats de l'association.

Moyens humains :
L'encadrement du groupe de base (10 personnes) est pris en charge par des professionnels de l'horticulture soit en retraite soit salariés de l'association (40). D'autres bénévoles prennent en charge l'accompagnement social et quelquefois, des cours de recyclage scolaire.

Les résultats
La production d'un jardin de 1 hectare environ, permet d'approvisionner en légumes verts (pommes de terre, choux, carottes, haricots, oignons, poireaux...) une centaine de bénéficiaires pendant 90 à 100 jours.

L'insertion :
La fréquentation des jardins, le contact de la terre et des plantes avec leur cycle de vie, a une influence positive manifeste sur l'équilibre physique et mental des jardiniers. Les résultats visibles de leur travail, l'acquisition de connaissances techniques les sécurisent et les valorisent quelquefois même les réconcilient avec eux-mêmes et les autres.
De plus, à l'issue de leur stage aux jardins, un certain nombre trouve un emploi chez des pépiniéristes ou chez des horticulteurs. Certains entament une véritable formation agricole.

Une idée, un projet : une identité sociale

Siège : 8, rue d'Athènes 75009 PARIS - Association reconnue d'utilité publique - Siret 339 863 417 00012
☎ Ligne directe 01 53 32 23 24 - Standard : 01 53 32 23 23 - Fax : 01 53 32 23 25

4. The gardens of the Salvation Army

The Salvation Army was founded by William Booth at the end of the XIXth century in the industrial England. From the beginning, it has been inspired by the military model, to be more efficient. Army of peace, it is the church of the street, and its evangelical message is closely linked to the social action. Its slogan: Soup, Soap, Salvation.

Today, the Salvation Army, it's 110.000 officers, 2,5 million soldiers, 1500 schools, 60 hospitals, 6500 social centres, 2000 food centres, in 104 countries. 65% of Protestants, but also 31% Catholics.

– The Salvation Army at the Auvilliers Castle near Orléans (picture 16)

This castle has been belonging to the Salvation Army since 1942, consequently to a donation.

The aim of this institution is first to help persons with mental handicaps: to enable them to have a normal professional life. Since 1997, some training period have been organized for people with difficulties, who have no more, or never, had a professional plan. 60 people work and live in Auvilliers Castle.

Presently there are 6 sections: breeding, brickwork, maintenance, flower farming, open spaces (parks ...), market gardening, nursery garden.

Conclusion

At last, see picture 18, showing from plane the surroundings of Blois. You can see a castle, with in front of it some family gardens. These belong to the owner of the castle, who rent each garden 400FRF per year; a very useful money to keep the castle in repair. Was it the original idea of father Lemire?

Picture 15

Picture 16

SOURCES

- 100 ans d'histoire des jardins ouvriers / Editions Créaphis 66400 GRANE
- Lique française du Coin de Terre et du Foyer / 11 rue Desprez 75014 PARIS
- FNARS / 76 rue du Faubourg Saint Denis 75010 PARIS
- Les Jardins de Cocagne / 7 rue de la Vacquerie 41000 BLOIS
- Restaurants du Coeur / 75515 PARIS CEDEX 15
- Armée du Salut - Château d'Auvilliers - 45410 ARTENAY

A Few Words about Gardens in Bulgaria

Alain FLEURY

Ladies and Gentlemen,

As in previous years, the theme of our symposium is particularly exciting. Nevertheless, following several attempts on various subjects, I had still not written my paper only three weeks ago. As I was to make a short trip in Bulgaria, I herefore decided to study the gardens in this country. This would be my subject then, and after twelve days spent in Bulgaria, I believe I have a better understanding of this country than before, just by looking at its gardens. In fact, I think that one can consider gardens as being the mirror of a country. Please be my guest, as I now invite you on a brief journey in five steps.

STEP 1

It is a scorching hot August in Sofia, and my friend Ilia Todev has invited me to have a drink in the « Borisova Gradina », the « Garden of Boris ». During the Communist reign, this vast garden was called « Park na Svobodata », the « Park of Liberty ». (The park includes several sports grounds as well as the Vassil-Levski Stadium.)

I drink an « Ariana » beer costing 600 Leva (approximately 50 Pfennig). Looking around, I thought that, even during the Communist rule, Bulgaria could certainly not have been decked out with red so much as at the present. Coca-Cola is everywhere. The famous American company appears to have supplied the entire country with parasols and cafétables. In this same park there are even some small sheds painted entirely in red and carrying the eight magic letters. Next to the café where I am drinking my beer, there is a little manually propulsed roundabout with wooden horses.

Boris's Garden is a very big park situated almost in the centre of the capital. The thing which surprises me most is the greenery in all its varied hues. There are no flower beds here. The grass is not mown. One would think oneself in the middle of a meadow with trees and high grass. Only the cows are missing.

One out of every two seats along the pathways is broken. In any case, who would want to come here to sit on the seats ? The little paths are overrun by weeds and are often used as rubbish tips. Bronze statues on stone bases are placed along the main paths. The lettering of the illustrious persons' names is often missing. « It's to sell the metal », my guide Ilia explains to me. Even the actual statue of Pentcho Slaveïkov, one of the greatest Bulgarian poets, has been stolen.

At the top of a small hill, a massive monument, in the purest Soviet style, rises up to the sky. In the middle, two giant statues represent a man and a woman, both armed with machine guns. They are partisans. On either side, life-size figures (men and women) are supposed to represent sacrifice before victory. On the left, men have a determined (almost menacing) look. They represent struggle and sacrifice. On the right : soldiers are kissing little girls with pigtails. These little girls are looking ahead with a look of confidence. Image of utter happiness, gained after a long fight. It's victory.

Boris's Garden does not today look anything like the photos taken in the sixties or seventies. It is not kept up and looks abandoned. Behind the statues of the partisans, I discover a graffiti message : « SEX OR DIE. » Nevertheless, I loved all the shades of green offered by this park and I think I could quite happily do my daily jogging there !

STEP 2

The scene is set in a fifth floor flat in Plovdiv. The lounge is dark. Outside the sun is shining fiercely. For the last two hours, I have been listening to Professor Athanas Tanev, whom I had already met on a previous trip two years ago. This time, though, he appears to me to be more solemn, almost desperate. The philologist and French teacher describes, in an excellent French, the present situation in his country. He calls it a catastrophe, not only economic but also moral. The country is riddled with corruption and abandoned to the mafia. « The Italian mafia is nothing compared to the Bulgarian mafia », Mr. Tanev insists. At the present the « new rich » possess all the money in Bulgaria – and therefore the power. Intellectuals, such as my friend, the retired professor, do not always have sufficient money to buy food.

But, there is the garden, which enables him to survive.

Professor Tanev's family possesses a small farm near Stara Zagora, about 8O kilometers to the East of Plovdiv. It has a vegetable garden of 8 hectars. Every weekend and during the summer holidays, the sparkling blue 1971 Soviet-made « Zhiguli » carries the Tanev family to this farm. A few sheep, two pigs and some chickens suffise to feed three families. Professor Tanev grows all sorts of vegetables in his garden. During the summer, the family prepares the preserves for the winter. Mainly tomatoes, but also courgettes and sweet peppers.

Bulgaria, which was a fairly wealthy country at the beginning of the century, was also considered to be a market garden for fruit and vegetables. At this time, before the Balkan wars (1912-1913), the beginning of an agricultural specialization was already evident. Tobacco, essence of rose, but also chickens and Bulgarian eggs were in great demand on European markets. At the present day, Professor Tanev, as many of his colleagues, really needs their gardens in order to survive. My friend also has a small orchard where he has planted a hundred apple trees. The trouble is that the trees are only three years old, so he will have to wait a little longer before he can pick the fruit.

Even in the thirties, Bulgaria was a relatively wealthy country, compared to other Eastern European states, thanks to its agriculture and market gardens which gave excellent yields due to the good climate and high rate of sunshine. Today, however, Bulgaria does not possess an independant peasant class, as opposed to former socialist countries, such as Czech Republic, Slovaquia, Polland and Serbia.

« Bulgaria is the greatest despair, deception and sorrow of my life », laments Mr. Tanev. Before I leave, he offers me a small glass of cherry liqueur. « The cherries are from my garden », he tells me. If one buys alcohol in a shop, the chances are that it will be adulterated. However, Professor Tanev has two comforts in his life: the French language which he adores and speaks so fluently, and his garden which enables him to feed his family.

STEP 3

Kouklen is a large village of about eight thousand inhabitants, situated at the foot of the Rhodopes Mountains, about fifteen kilometers South of Plovdiv. It is a residential village, where people come of on evening after their day's work in Plovdiv, the big city. Kouklen could also be considered as a summary of the Bulgarian population in all its diversity, with its three churches (two Orthodox and one Eastern rites Catholic) and one mosque.

The village is full of small gardens disposed around each little house. In August people make their preserves. Just about everything can be found here: vegetables, flowers, fruit trees, tobacco plants, goats, chickens, turkeys and ducks. There are numerous walnut, fig, cherry and plum trees and some grape vines. There are also strawberries and raspberries. For the first time in my life, I ate some delicious fresh figs.

Turkish music flutters out of the houses. It is half past five. The muezzin's voice floats down from the mosque minaret. It's prayer time. Far off, the hills around Plovdiv can be glimpsed. A man pushes his donkey along, loaded with corn. A woman is filling up bottles of tomatoes for next winter. Another is preparing fig jam. At that point, I definitely understood that Bulgaria is a big garden. I never saw a garden with a lawn, a swing, or with garden gnomes! I only saw gardens in the real sense of the term.

STEP 4

Vranya, the King's Palace, is on the Eastern edge of Sofia.

Suddenly a gate with three uniformed guardians, armed with talkie-walkies. A very long avenue, and once again, I come across the typical Bulgarian park, lacking in upkeep, but enabling me to appreciate all the different hues of green.

As in Boris's Garden, the trees appear to have been planted in a somewhat anarchic way. But this is probably only an appearance, as the different trees (firs, silver birches, oaks and many others) are sufficiently spaced out so as not to hinder each other's growth.

The ground upon which we stand was purchased by Prince Ferdinand of Saxe-Cobourg in 1899. The building of the Palace began in 1903 and was finished nine years later. It is not particularly imposing. It is a small building, with three levels, fairly charming but nothing special. An ornamental pond in front is now empty. Normally, the park is not open to the public, but if one makes an appointment beforehand, the manager enthousiastically leads you on a visit accross all the big avenues and paths. The palace and park are the property, in fact, of Sofia's Town Council. In theory, King Simeon II, living in exile in Madrid, could reclaim it. Nobody knows though, if he is really interested.

In any case, his grandfather, Ferdinand, was highly interested in botany. He called upon some famous German botanists in order to plant trees coming from all over the world. A century later, the result is a great success. The trees have reached maturity and a good height. I was particularly impressed by an imposing sequoia with a double trunk and red bark.

As in the « Sanssouci » Park of Frederic II at Potsdam, or Josephine's gardens at the Malmaison in France, the park possesses many exotic plants. A short, stocky woman wearing a blue overall and a cap on which the word « Toyota » can be deciphered, kleads us into some well maintained hot houses. She proudly shows us pineapple and banana trees, cactus, hibiscus, agaves and a plant whose delicate leaves tremble and close up when one barely touches them. If the leaf moves, she says with a malicious smile, that means you are unfaithful to your partner! There are red plants and blue plants. The atmosphere is hot and humid. Only the parrots are missing.

Exceptionally high stables once sheltered three elefants that Boris III had bought in 1926. He gave them to Sofia Zoo three years later. Further on, I discover a wooden datcha, built by the communist leaders near to a small lake. Frogs croak and jump on the water and mosquitos attack the visitors. At some time in the past, a Greek producer chose this site for his film inspired by Anton Tchekhov's play « The Cherry-Orchard ».

The visit is almost at an end. My guide draws my attention to some flat, rectangular stones on the ground. It is the cemetry of the Royal Family's dogs. Their names and dates off birth and of death are inscribed on the slabs. So, I learn that a dog named « Harmony » gambolled in this park from 1899 to 1921. Further on still, one discovers another grave, that of King Boris. Following his mysterious death in August 1943, Boris III was first buried in the Monastery of Rila, to the East of Bulgaria. Later, his wife, Queen Giovanna, had his remains transfered to this isolated tomb. It was originally a big stone slab lying under a chapel. But history left its mark. The communists exploded open the chapel and disposed of the dead monarch's remains. It is said (legend, myth ?) that the heart of Boris was hidden under a stone and thus saved, found and transfered again to the Monastery of Rila. Today, Boris's tomb remains wide open, just covered up by a few planks of wood with a cross carved on one of them.

A historian friend, Ludmilla Guenova, says to me a little later : « What a strange country, where kings are buried like dogs and dogs like kings ! »

STEP 5

Ten minutes from the center of Sofia and fifteen minutes from the airport, the Zografski Hotel constitutes an island in the midst of Bulgaria. In front of the hotel entrance, two doormen in livery and hats pass the time by pushing away a poor old dog who is certainly very thirsty at this midday. Inside, the vast and luxurious hotel lounge is totally deserted. The deep armchairs and leather sofas around the big black piano seem to come from another age. Valentina Yakimova, the Sales Manager, is a beautiful young woman and knows it. She is first of all rather straight faced, and decides that we shall speak in English as, she says, her French is insufficient. She talks with an accent which has a certain old-fashioned charm and one can imagine her playing in a spy film at the time of the cold war.

Zografski Hotel belongs to the Kempinski chain of hotels. Founded in Germany over a hundred years ago, Kempinski Hotels & Resorts have long reflected the finest traditions of European hospitality. The Kempinski collection is located in many of the world's most well known cities and resorts. Hotels of this chain are to be found all over the world, e. g. Hôtel Royal Monceau in Paris, the « Bristol » in Berlin, the « Vier Jahreszeiten » in Munich, the « Elefant » in Weimar, the « Palace » in Tokyo, and so on... The Zografski Hotel in Sofia was designed in 1979 by the renowned Japanese architect Hisho Kurokawa. The Sakura restaurant in the hotel is in fact the only Japanese restaurant in Bulgaria.

However, I have not come here today to talk about this hotel. Even if Miss Yakimova informs me in a falsely blasé voice that among recent clients were the Chancellor Helmut Kohl, Simeon II, King of Bulgaria and the daughter of the Emperor of Japan. We are here today to discuss gardens. And, at that moment, Valentina Yakimova invites me to come and see the two Japanese gardens incorporated into the hotel. The first is a Zen garden, which one can see from behind wide glass windows in a lounge where chauffeurs with moustaches wait, while smoking, sunk back into big leather armchairs. The garden immediately casts me into a Japanese atmosphere. A few rocks covered with moss on a river of light grey gravel instantly suggests the stamp of Japan. How strange this Japanese presence in the Bulgarian capital.

The Sakura restaurant looks like a tea room, which one reaches across a little wooden footbridge. Inside, the Sakura restaurant is being renovated. It is an euphemism! The heating trays are thrown on the floor. The straw panels are torn open. I rather think that the renovation will take some time. However, there is still the Japanese garden. This strange but at the same time familiar arrangement. The visitor has the privilege of being plunged instantly in the midst of natural elements. In a miniature world closed to the outside, into which noise almost magically – does not penetrate. The only sound to be heard is that of birdsong. A miniature world full of symbols and wisdom, serenity and meditation. For a few minutes – or perhaps only a few seconds – one forgets that one is in the Bulgarian capital.

As I was saying, almost all the elements are there. First of all: the plants. A Japanese maple, ornamental cherry trees, various types of firs, in almost all the shades existing between green and blue. I also recognize the graceful wisteria. And then: the water. So calm, so indispensable, so beautiful too, adorned with water lillies. Lastly: the stones. They are as one with the moss, and on the slopes of the biggest, very small trees are growing. This is life. Life in all its entirety is assembled here in this man-made natural setting. There is also a small stone bridge. In the middle of the water rises out a big lantern, also in stone. It would appear that an attempt has been made to compose a '*tobi-ishi*' (stones placed in the water to enable visitors to cross over to the other side). There is also a small wooden shed which shelters a small red hen with curiously long feathers. A fountain also exists with a pump system filling a tube which then tips the water when full into the pond in a constant repeated movement. But the tube is in metal and any case incorrectly balanced. A wasp comes to drink in the little stream of water.

The only other person I come across is the gardener, who is meticulously sweeping the little paths. Near the water where the wasp had quenched its thirst, there is a bench. It is the only one but it is empty. In fact, apart from the gardener, the hen and the wasp, I did not come across anyone else.

I notice some of the hotel guests at the side, stretched out on the lawn sloping down to the half-covered hotel swimming-pool. Apparently, they are only there to kill time or to sunbathe. A girl is lying in a deckchair, by the side of the swimming-pool. She is wearing sunglasses and has a walkman on her head. She has a look of infinite sadness on her face. I look back for the last time at the Hotel Zografski's Japanese garden. What, in fact, is so pathetic about the whole scene?

Outside in the scorching sun, I see that the old dog is lying in the shade of a big luxurious Western car.

God save Bulgaria!

Ladies and Gentlemen, thank you very much.

American-Style Tort Liability Theory as Applied to a Japanese Garden

Daryl Masao ARAKAKI

I. Introduction

Japanese gardens are places of breathtaking beauty and timeless tranquility. In such serene surroundings, one can allow one's thoughts to drift, as effortlessly and as slowly as if they were Cherry Blossom petals floating along a gently meandering stream. But what happens when the beauty of a traditional Japanese garden is disturbed by the turmoil which comes with modern American tort litigation?

In recent years, the United States has acquired the reputation of being a country which has too many lawsuits. Some critics go as far as to say that the United States has become a society of victims, and that the U.S. legal system should be reformed in order to curtail a perceived flood of frivolous lawsuits and outrageous damage awards. One issue which sometimes draws criticism is the issue of what happens when a trespasser is injured on private property. Does the landowner, who may be unaware of the trespasser's presence, have a duty to protect the trespasser from injury? Does the injured trespasser have any right to collect compensation from the landowner?

In order to address the issue of what legal liability American tort law may place upon a property owner for an accident which occurs on his premises, the following hypothetical case is presented:

Mr. Taro Kishibe, a wealthy Osaka businessman, owns a vacation home in the exclusive Kahala neighborhood near Honolulu, Hawaii. Because Mr. Kishibe has long admired the beautiful gardens of Kyôto, he decided to landscape the front yard of his vacation home with a scale replica of the Ninomaru Garden found at

Kyôto's Nijo Castle. Mr. Kishibe's garden is complete with Bonsai trees and a fishpond which is one meter deep and covered with beautiful water lilies.

Because Mr. Kishibe wants people passing his home to be able to see the full magnificence of his garden, he did not build a wall in his front yard, and in fact allows passing pedestrians to walk into his yard to take a closer look at the fish in his pond. Mr. Kishibe's garden has become so well known in the community that families often come to take pictures in front of the garden's artificial waterfall.

One night, a group of ten-year old juvenile delinquents break into the home of Mr. Kishibe's neighbor, Mr. Lee, and begin to vandalize it. Mr. Lee's home is equipped with an alarm system, and a loud siren soon sounds. Knowing that the loud alarm will attract the police, the juvenile delinquents escape Mr. Lee's home by taking a short cut across Mr. Kishibe's yard.

One of the juvenile delinquents, Victor Badboy, trips over a stone and falls into Mr. Kishibe's fishpond. Because Victor does not know how to swim, and because all of his friends are too busy running away to help him, he panics and drowns.

Victor's parents are extremely upset by Victor's death, and they decide that „someone must pay". They subsequently visit a lawyer, and they decide to sue Mr. Kishibe, the owner of the fishpond where Victor drowned.

Can the parents of Victor Badboy maintain a negligence lawsuit against Mr. Kishibe for the death of their child? Must Mr. Kishibe pay for the death of Victor Badboy? To answer these two questions, we will first examine the general requirements for a lawsuit against Mr. Kishibe, and then we will see if those requirements are met in this case.

II. General requirements for a successful negligence claim against Mr. Kishibe

In order for the family of Victor Badboy to have a cause of action for negligence against Mr. Kishibe, four elements must be satisfied: 1) there must exist, on the part of Mr. Kishibe as the landowner, some kind of duty or obligation to prevent injury to Victor Badboy; 2) Mr. Kishibe must fail to conform to his duty or obligation; 3) there must be a reasonably close connection between Mr. Kishibe's failure and the injury to Victor Badboy; and 4) there must be some form of actual loss or damage suffered by Victor Badboy.[1] If the Badboy family establishes that all four of these elements exist in their case, Mr. Kishibe may be held liable for the death of Victor Badboy.

The issue of duty – did Mr. Kishibe have a duty to prevent injury to Victor Badboy?

The first question to be resolved is whether Mr. Kishibe had some type of duty to prevent injury to Victor Badboy. If Mr. Kishibe had no duty to Victor Badboy, then there can be no negligence lawsuit.[2] The question of whether a defendant owed a duty to a plaintiff for negligence purposes is a question of law which may be decided by a judge even before a trial begins.[3] If the judge decides that there was no duty, the court may grant summary judgment in favor of the defendant, and the case will end at that point. If the judge decides that there was a duty, or that there is the possibility of a duty, then the case will proceed towards a trial where it will be heard by a jury.[4]

In Hawaii, a landowner has a special duty to use reasonable care for the safety of all persons who are reasonably anticipated to be upon his property. This duty applies regardless of the legal status of the person who enters the property.[5] In other words, Mr. Kishibe could have a duty that extends even to trespassers who are using his property as an escape route from the scene of a crime, if he should have reasonably anticipated that they could have been on his property.

---

[1] Knodle v. Waikiki Gateway Hotel, Inc. 69 Haw. 376, 742 P.2d 377 (1987).

[2] Birmingham v. Fodor's Travel Publications, 73 Haw 359, 833 P.2d 70 (1992).

[3] Doe v. Grosvenor Properties (Hawaii) Ltd., 73 Haw. 158, 829 P.2d 512 (1992).

[4] The parties may decide to waive their right to a jury trial. Such trials, called "bench trials", are heard by a single judge without a jury. In such instances, the judge makes the factual determinations which would have been made by the jury. In death cases, plaintiffs will usually prefer to have a jury trial if they believe that the jury's sympathy for the injured person will result in a larger damage award.

[5] Friedrich v. Department of Transportation, 60 Haw. 32, 586 P.2d 1037 (1978).

Could Mr. Kishibe reasonably have anticipated that there would be trespassers on his property? If this question were posed to a court via way of a motion for summary judgment, the court could easily answer in the affirmative. According to the facts in our hypothetical, Mr. Kishibe was proud of his garden, and he allowed people in the neighborhood to walk into his garden to take a closer look at the fishpond. The fact that Mr. Kishibe did not construct a wall to keep trespassers off of his property, and the fact that he allowed strangers to take photographs in his garden, will probably be enough to convince a court to rule that Mr. Kishibe could have, and should have, anticipated that people would enter his property without his permission. The court will probably further rule that, since there were no walls, Mr. Kishibe should have further anticipated that anyone, even evil-doers, would eventually find their way upon, or through, his property. And in fact, that is what actually happened.

Assuming that Mr. Kishibe did have a duty to trespassers such as Victor Badboy, what is the nature of that duty? A landowner, who knows or should have known that a condition on his property presents an unreasonable risk of harm to persons who use his land, owes a duty to those persons to take reasonable steps to eliminate the risk, or to warn them about it.[6] The existence of this duty, however, is dependent upon the landowner's state of knowledge regarding the unsafe condition. In order to support a recovery in an action where a landowner is charged with negligence, it must be shown that the landowner either knew, or should have known, of the existence of the hazard which caused the injury. Liability cannot be imposed where the landowner has not been put on actual or constructive notice of the unsafe condition or defect that caused injury.[7]

In our hypothetical, Mr. Kishibe's fishpond is one meter deep. While that is not a great depth, the court can easily find that one meter is sufficiently deep enough to drown a person, especially a young child or a person who lacks the physical strength to pull himself out of the pond. For that reason, the court could rule that the fishpond constituted an unsafe condition which had the potential to cause injury. Mr. Kishibe's knowledge of the existence of the fishpond would probably

---

[6] Corbett v. Association of Apartment Owners of Wailua Bayview Apartments, 70 Haw. 415, 772 P.2d 693, reconsideration denied Association of Apartment Owners of Wailūa Bayview Apartments v. Corbett, 70 Haw. 661, 796 P.2d 1004 (1989).

[7] Harris v. State, 1 Haw. App. 554, 623 P.2d 446 (1981).

be deemed provable because he himself initiated its construction. While Mr. Kishibe may argue that he did not know that a one-meter pond could be an unsafe condition, the court need not find that Mr. Kishibe had such actual knowledge. The court need only rule that Mr. Kishibe should have known that it could be an unsafe condition. If the court decides that Mr. Kishibe should have recognized this potential danger, then it can impose upon him the duty to either eliminate the unsafe condition or warn people of its existence.

The issue of breach – did Mr. Kishibe fail to conform to his duty or obligation to prevent injury to persons who came upon his land?

While the first question concerning whether Mr. Kishibe had a duty was a question which the judge could decide even before trial, the second question, whether there was a breach, or a failure to conform to that duty, is a question that is usually reserved for the jury to decide at the time of trial.[8] Thus it will be up to the people in the jury to decide whether Mr. Kishibe fulfilled his duty to either warn people of the depth of his fishpond or to make the fishpond less unsafe.

Assuming that Mr. Kishibe is found to have had a duty, he can discharge that duty by either providing a warning of the unsafe condition, or by eliminating the condition. When reasonable steps are taken to eliminate the unreasonable risk of harm, no duty to warn remains.[9] Thus, if Mr. Kishibe wanted to eliminate the unsafe condition, the jury will be asked to decide whether he should have made the pond shallower, placed a barrier around the pond, or perhaps even filled the pond in with earth. If he wanted to maintain the depth of the pond for aesthetic reasons, then the jury may decide that he should have posted signs warning of the depth of the water.

While some readers may at this point be asking themselves what exactly American tort law requires Mr. Kishibe to do to fulfill his duty, the answer to this question is unfortunately evasive. Because the question of whether the land owner has fulfilled his duty to eliminate or warn is reserved for the jury in each case, the answer to that question will vary with the makeup of the twelve jurors who happen to be selected for each case. Thus, the question of to what extent Mr.

---

[8] (s. Anm. 1)

[9] Richardson v. Sports Shinko (Waikiki Corp.), 880 P.2d 169 (1994).

Kishibe would have to go to avoid civil liability will depend on the jury chosen for his case. Since juries are only chosen after an accident occurs and a lawsuit proceeds to trial, it is difficult for a landowner to predict what safety measures will later be deemed to have been adequate enough. Thus, in order to avoid potential civil liabilities, many worried landowners sometimes go to the extreme precaution of destroying their fishponds altogether.

Another interesting twist is that, if the unsafe condition were one which were more dangerous to the point that it would be obvious and apparent to people entering the land, Mr. Kishibe would not have a duty to provide a warning. This is because the law does not impose a duty to warn of an obvious danger.[10] A landowner is not under a general duty to warn of the presence of known and obvious dangers which are not extreme, and which a reasonable person exercising ordinary attention, perception and intelligence can be expected to avoid, absent circumstances which excuse oversight of danger or prevent its avoidance; obviousness of risk substitutes for an express warning.[11] Thus if it were obvious that Mr. Kishibe's pond was five or six meters deep instead of only one, the court could find that he did not have a duty to eliminate the unsafe condition or warn people of it. However, since the depth of Mr. Kishibe's pond was in part disguised by a canopy of water lilies, the unsafe condition posed by his fishpond would probably not be deemed to have been an obvious one. In fact, it would probably be likened to a classical trap, safe in appearance, but deadly in reality.

The issue of proximate cause – is there a reasonably close connection between Mr. Kishibe's conduct and Victor Badboy's injury?

The question of whether there is a reasonably close connection between a defendant's conduct and the plaintiff's injury, is also normally a question for the jury.[12] In this instance, the jury will decide whether Mr. Kishibe's creation of the

---

[10] Poston v. U.S., 396 F.2d 103, certiorari denied 89 S.Ct. 322, 393 U.S. 946, 21 L.Ed. 2d 285, 10 Corbett v. Association of Apartment Owners of Wailua Bayview Apartments, 70 Haw. 415, 772 P.2d 693, reconsideration denied Association of Apartment Owners of Wailua Bayview Apartments v. Corbett, 70 Haw. 661, 796 P.2d 1004 (1989).

[11] (s. Anm. 7)

[12] (s. Anm. 1) rehearing denied 89 S.Ct. 724, 393 U.S. 1072, 21 L.Ed. 717 (1968).

one meter pond, or his failure to place warning signs, played a part in Victor Badboy's death. If there was no connection, Mr. Kishibe would not be liable even if he had been negligent. Negligence and causation are independent legal requirements, and the finding of negligence does not automatically imply causation.[13] An actor's negligence can be a legal cause of harm to another only if such negligence is causative, in other words, a substantial factor in bringing about the harm.[14] Since the depth of the water was the instrumentality of Victor's death, it might be easy for a jury to find some connection.

A related issue to be decided here is whether any negligence on the part of Victor played a part in his own demise. Whether the damages sought to be recovered by the plaintiff were caused in whole or in part by his negligence and whether it exceeded that of the defendant or not are questions that should be put before a jury.[15] Under Hawaii law, a plaintiff's recovery may be reduced by the percentage of liability the jury assigns to him for causing his own injuries. Further, if the jury finds that he is more than 50% responsible for causing his own injuries, he will be barred from recovering any money from the defendant.[16] Also, when the jury considers the issue of what liability Victor Badboy has for his own death, the jury must take into consideration that he was only ten years old. A minor is only required to exercise care appropriate to his age, experience and mental capacity.[17] Some on the jury may feel that a ten year old boy should have been able to appreciate the dangers of a fishpond and thus should have not attempted to escape through Mr. Kishibe's yard.

Thus, the jury can find that Mr. Kishibe's failure to make the pond safe, or his failure to place a warning was the cause of Victor's death, or the jury can find that, despite Mr. Kishibe's failures, Mr. Kishibe ultimately will not be liable because his negligence is overshadowed by negligence on the part of Victor.

---

[13] Craft v. Peebles, 893 P.2d 138 (1995).

[14] Dunbar v. Thompson, 901 P.2d 1285 (1995).

[15] Bidar v. AMFAC, Inc., 66 Haw. 547, 669 P.2d 154 (1983).

[16] Hawaii Revised Statutes, Section 663-31.

[17] Sherry v. Asing, 56 Haw. 135, 531 P.2d 648 (1975); Vivieros v. State, 54 Haw. 611, 513 P.2d 487 (1973).

The issue of damages – did Victor Badboy suffer damages?

The fourth question pertaining to damages is also usually reserved for the jury. Since Victor Badboy died as a result of the accident, it appears highly unlikely that a jury would find that Victor Badboy did not suffer any actual loss or damage. Of all of the questions in this analysis, this is perhaps the simplest to predict.

III. Conclusion

Can the parents of Victor Badboy maintain a lawsuit against Mr. Kishibe for the death of Victor Badboy? The answer to this question is probably "yes". There is probably enough of a factual basis to convince a court that Mr. Kishibe's fishpond could be considered an unsafe condition and that Mr. Kishibe did have a duty to either eliminate the unsafe condition or provide warnings of it.

But maintaining a suit and securing a recovery are two separate matters. Must Mr. Kishibe pay for the death of Victor Badboy? As explained above, the ultimate answer to this particular question depends on the sensibilities of the twelve citizens who are selected to serve upon the jury. Thus, the answer will depend on whether the jury decides that Mr. Kishibe failed in his duties, whether that failure was the cause of Victor's death, and whether any negligence on the part of Mr. Kishibe was overshadowed by negligence on the part of Victor. Since those twelve individuals may have very different values and ways of thinking, it is impossible to accurately predict an outcome.

This is the characteristic of the American legal system which is seen by some to be its curse and by others to be its blessing. Supporters of the system say that it is the ultimate exercise in democracy, and that it allows for a citizen's peers to judge his civil claims against a fellow citizen. Critics say that the jury is too often swayed by which side has the more charismatic attorney, and that outcomes can be bought by the party who can afford better expert witnesses.

But for better or worse, this is the American legal system. And ironically, it is the unpredictability of the outcome which usually makes the system work. Since both plaintiffs and defendants can never know ahead of time which twelve people will serve as their jurors, and can never know ahead of time how those twelve jurors will decide their case, both parties must live in a state of insecurity even up until the moment the jury verdict is announced. It is the pressure of this insecurity which usually provides the stimulus for both sides to compromise their positions and settle the dispute. And while a compromised case is rarely as satisfying as a case which is won, sometimes, for the individuals who are personally and emotionally involved, it is the most humane.

Often, when cases are fought to a bitter conclusion, the losing party initiates an appeal process which may drag on for a number of years. A settled case on the other hand, while not quite as satisfying, at least allows the parties to put the dispute behind them and to proceed with the rest of their lives. Thus, if the ultimate function of the civil judicial system is to restore peace (although not necessarily harmony) between citizens who have a dispute, in this respect it usually succeeds.

BAYREUTHER BEITRÄGE ZUR LITERATURWISSENSCHAFT

Band 1 Walter Gebhard (Hrsg.): Friedrich Nietzsche. Perspektivität und Tiefe. Bayreuther Nietzsche-Kolloquium 1980. 1982.

Band 2 Joachim Schultz: Literarische Manifeste der *Belle Epoque*. Frankreich 1886 - 1909. Versuch einer Gattungsbestimmung. 1981.

Band 3 Werner Jost: Räume der Einsamkeit bei Marcel Proust. 1982.

Band 4 W. Bader/J. Riesz (Hrsg.): Literatur und Kolonialismus I. Die Verarbeitung der kolonialen Expansion in der europäischen Literatur. 1983.

Band 5 Walter Gebhard (Hrsg.): Friedrich Nietzsche. Strukturen der Negativität. Bayreuther Nietzsche-Kolloquium 1982. 1984.

Band 6 Reinhard Sander (Hrsg.): Der Karibische Raum zwischen Selbst- und Fremdbestimmung. Zur karibischen Literatur, Kultur und Gesellschaft. 1984.

Band 7 György M. Vajda/János Riesz (Hrsg.): The Future of Literary Scholarship/Die Zukunft der Literaturwissenschaft/L'avenir des sciences littéraires. Internationales Kolloquium an der Universität Bayreuth, 15.-16. Februar 1985. 1986.

Band 8 Klaus H. Kiefer: Avantgarde - Weltkrieg - Exil. Materialien zu Carl Einstein und Salomo Friedlaender/Mynona. 1986.

Band 9 János Riesz (Hrsg.): Frankophone Literaturen außerhalb Europas. Vorlagen der Sektion 1c des Romanistentages in Siegen (30.9.85 - 3.10.85). 1987.

Band 10 Daniel Droixhe/Klaus H. Kiefer (éds.): Images de l'Africain de l'Antiquité au XXe siècle. 1987.

Band 11 Walter Gebhard (Hrsg.): Friedrich Nietzsche. Willen zur Macht und Mythen des Narziß. Bayreuther Nietzsche-Kolloquium 1985. 1989.

Band 12 Klaus H. Kiefer (Hrsg.): Carl-Einstein-Kolloquium 1986. 1988.

Band 13 János Riesz/Joachim Schultz: "Tirailleurs Sénégalais". Zur bildlichen und literarischen Darstellung afrikanischer Soldaten im Dienste Frankreichs - Présentations littéraires et figuratives de soldats africains au service de la France. 1989.

Band 14 Walter Gebhard (Hrsg.): Licht. Religiöse und literarische Gebrauchsformen. 1990.

Band 15 Arnd Flügel: 'Mit Wörtern das Ende aufschieben'. Konzeptualisierung von Erfahrung in der "Rättin" von Günter Grass. 1995.

Band 16 Klaus H. Kiefer (Hrsg.): Carl-Einstein-Kolloquium 1994. 1996.

Band 17 Gisa Hanusch: Stillgestellter Aufbruch. Bilder von Weiblichkeit in den "Deutschen Stücken" von Tankred Dorst und Ursula Ehler. 1996.

Band 18 Manuel John Kamugisha Muranga: Sprichwörter aus Uganda im europäischen Vergleich. 1997.

Band 19 Klaus H. Kiefer/Margit Riedel: Dada, Konkrete Poesie, Multimedia. Bausteine zu einer transgressiven Literaturdidaktik. 1998.

Band 20 Michael Niehaus/Hans-Walter Schmidt-Hannisa (Hrsg.): Unzurechnungsfähigkeiten. Diskursivierungen unfreier Bewußtseinszustände seit dem 18. Jahrhundert. 1998.

Band 21 Stephan Bleier: Körperlichkeit und Sexualität in der späten Lyrik Paul Celans. 1998.

Band 22 Roland Baumann/Hubert Roland (Hrsg.): Carl-Einstein-Kolloquium 1998. Carl Einstein in Brüssel: Dialoge über Grenzen / Carl Einstein à Bruxelles: Dialogues par-dessus les frontières. 2001.

Band 23 Wozan Urbain N'Dakon: Kinder lesen *Vorstadtkrokodile*. Eine empirische Studie zur Rezeption des Kinderromans Max von der Grüns. 2001.

Band 24 Walter Gebhard (Hrsg.): Sozialgeschichtliche Aspekte des Gartens. Gardens in Social History. 2002.

Hartwig Stein

Inseln im Häusermeer

Eine Kulturgeschichte des deutschen Kleingartenwesens bis zum Ende des Zweiten Weltkriegs
Reichsweite Tendenzen und Groß-Hamburger Entwicklung
2., korrigierte Auflage

Frankfurt/M., Berlin, Bern, Bruxelles, New York, Oxford, Wien, 2000.
758 S., zahlr. Abb.
ISBN 3-631-36632-9 · br. DM 168.–*

Die Studie untersucht die Geschichte des deutschen Kleingartenwesens im Spannungsfeld von Natur und Industrie-Kultur, Fluchtpunkt Paradies und Gravitationszentrum Moderne, naturistischem Exodus und großstädtischer Mietskasernierung, Frei(zeit)raum und sozialer Kontrolle, schreberpädagogischer Provinz und alternativ-ökonomischer Nische, politischer Reformbewegung und privatem Glücksverlangen. Vor diesem Hintergrund zeichnet sie mit den Methoden der Geistesgeschichte und Ideologiekritik, der Sozial- und Alltagsgeschichte, der Mentalitätsgeschichte und Verbandssoziologie ein Panorama, das von den Armengärten des Spät-Absolutismus bis zum Bedeutungsverlust der Kolonien im Zeichen von „Wirtschaftswunder" und Massentourismus reicht.
Der Autor erhielt für das vorliegende Buch den Bundeskleingartenpreis 1999.

„Eine Dissertation, ein kulturgeschichtliches Mammutwerk. Ein trockener Lesestoff? Mitnichten. Denn der Lehrer, Geschichtsforscher und bekennende Hausmann Stein hat dieses zukünftige Standardwerk der Geschichte des deutschen Kleingartenwesens mit einem ironischen Subtext unterlegt - so wie auch wir unseren Laubenbesitz gegenüber Dritten mit Attributen wie „echt spießig" oder „total normal" begleiten. Akribisch und zugleich ungebremst leidenschaftlich geht der Autor ans Werk. Wissenschaft, solchermaßen gekonnt aufbereitet, kann sehr komisch sein." (Deutsches Allgemeines Sonntagsblatt 28/1999)

„Glänzend versteht es Stein, aus diesem so ganz unheroischen Thema Funken zu schlagen ... Aufs angenehmste unterbrochen durch ausgedehnte Exkurse, behandelt Stein die Armengärten und die Ursprünge des Schrebergartens im 19. Jahrhundert, um dann exemplarisch auf die Kleingartenbewegung in Hamburg einzugehen; in weiteren Kapiteln wird den „Laubenpiepern" über den Zaun geschaut, ausführlich Hamburg vom Kaiserreich bis zum Nationalsozialismus betrachtet sowie der Niedergang des Kleingartens nach dem Zweiten Weltkrieg gestreift. Dem Autor gelingt so ein streckenweise sogar witziger Streifzug durch die Gartengeschichte." (Die Zeit 4/2000)

Frankfurt/M · Berlin · Bern · Bruxelles · New York · Oxford · Wien
Auslieferung: Verlag Peter Lang AG
Jupiterstr. 15, CH-3000 Bern 15
Telefax (004131) 9402131
*inklusive Mehrwertsteuer
Preisänderungen vorbehalten